RÉPERTOIRE MÉTHODIQUE

DE

LA LÉGISLATION DES CHEMINS DE FER.

MINISTÈRE DES TRAVAUX PUBLICS.

DIRECTION GÉNÉRALE DES PONTS ET CHAUSSÉES ET DES CHEMINS DE FER.

STATISTIQUE CENTRALE DES CHEMINS DE FER.

RÉPERTOIRE MÉTHODIQUE

DE

LA LÉGISLATION DES CHEMINS DE FER,

INDIQUANT

LES DISPOSITIONS LÉGISLATIVES ET RÉGLEMENTAIRES

INSÉRÉES AU BULLETIN DES LOIS,

AVEC UN SUPPLÉMENT AU 1ᵉʳ JUILLET 1871.

PARIS.

IMPRIMERIE NATIONALE.

1871.

TABLE DES MATIÈRES.

	Pages
NOTE PRÉLIMINAIRE	VII
PREMIÈRE SECTION. — Dispositions générales	9
DEUXIÈME SECTION. — Dispositions spéciales	33
Nord	33
Est	47
Ouest	63
Orléans	81
Paris à Lyon et à la Méditerranée [1]	97
Midi	127
Ceinture (rive droite)	138
Charentes	139
Nord-Est	141
Orléans à Châlons-sur-Marne	142
Vendée	143
Clermont à Tulle	145
Lérouville à Sedan	146
Médoc	147
Vitré à Fougères	148
Bressuire à Poitiers	149
Lyon à Montbrison	150
Épinac à Vélars	151
Sathonay à Bourg	152
Lille à Béthune	153
Valenciennes à Lille	153

[1] Et chemins algériens (p. 119)

Pages.

Perpignan à Prades.. 154
Anzin à Somain... 155
Saint-Nazaire au Croisic... 156
Saint-Dizier à Vassy... 156
Marseille à Podestat... 157
Chauny à Saint-Gobain.. 157
Hazebrouck à la frontière belge...................................... 158
Dunkerque à la frontière belge....................................... 158
La Croix-Rousse à Sathonay... 159
Enghien à Montmorency.. 159
Armentières à la frontière belge..................................... 160
Vireux à la frontière belge.. 160
Lyon à la Croix-Rousse... 160
Chemins décrétés et non concédés..................................... 161

Chemins de fer d'INTÉRÊT LOCAL....................................... 163
Chemins de fer industriels... 174
Chemins de fer sur la voie publique.................................. 189
Chemin de fer du Mont-Cenis.. 190

TABLE CHRONOLOGIQUE.. 191

TABLE ALPHABÉTIQUE... 221

SUPPLÉMENT au 1er juillet 1871.

NOTE PRÉLIMINAIRE.

En 1842, lors du classement de nos premières grandes lignes, le nombre des lois et ordonnances relatives aux chemins de fer français ne dépassait pas une centaine. Au commencement de 1852, les lois, ordonnances et décrets sur cette matière étaient au nombre de trois cents environ.

A ce groupe, encore peu considérable, les concessions de 1852, de 1853 et de 1857, ainsi que les conventions financières de 1859, pour ne citer que les documents principaux, adjoignirent une série nombreuse d'actes législatifs et réglementaires; en 1862, le Code des chemins de fer comprenait dans son ensemble près de huit cents actes officiels. Aussi l'Administration crut-elle devoir, à cette époque, livrer à l'impression un Répertoire spécial des dispositions relatives aux chemins de fer insérées au *Bulletin des lois.*

Cette publication a été l'objet de plusieurs éditions successives rendues nécessaires par les modifications résultant des décrets de 1863 et par le développement du réseau des chemins de fer d'intérêt local, depuis l'année 1865.

La dernière édition de ce Répertoire législatif était datée du commencement de 1868 et comprenait un millier d'articles; mais les importantes conventions et les décrets de concession de cette même année 1868 et de 1869, aussi bien que l'extension donnée, en même temps, au groupe des compagnies secondaires, rendaient une réimpression très-opportune.

C'est ce nouveau Répertoire qui se présente aujourd'hui avec le millésime de 1870; son classement s'étend à près de douze cents lois, ordonnances et décrets.

L'ouvrage est divisé, comme précédemment, en deux sections :

La première comprend, dans une même suite chronologique, les questions générales applicables à l'ensemble des chemins de fer;

La seconde, consacrée à chacune des compagnies de chemins de fer, renferme le chapitre des chemins d'intérêt local, ainsi que le groupe des lignes industrielles.

D'après le plan adopté, les actes concernant les anciennes entreprises fusionnées sont placés à leur date, sous le titre de la compagnie à laquelle ces entreprises ont été réunies. Cette disposition permet de suivre le développement successif des grands réseaux.

Enfin le Répertoire est suivi d'une table générale par ordre chronologique et d'un index alphabétique.

Nota. Les actes législatifs ou réglementaires sont mentionnés ci-après avec les initiales L, O, D, A, selon qu'il s'agit d'une loi, d'une ordonnance, d'un décret ou d'un arrêté; puis on trouve la date et le sommaire du dispositif avec ses annexes (convention, cahier des charges, etc.). Pour chacun des actes, le renvoi au *Bulletin des lois* est donné par l'indication du volume, au moyen du semestre et de l'année (l'abréviation *suppl.* représentant la partie supplémentaire), et par l'indication des numéros de série, de bulletin et de page.

Pour les indications recueillies en cours d'impression, voir le supplément inséré à la fin du volume.

RÉPERTOIRE MÉTHODIQUE

DE

LA LÉGISLATION DES CHEMINS DE FER.

PREMIÈRE PARTIE.

DISPOSITIONS GÉNÉRALES.

L. 27 juin 1833 [1]. . . Crédits ouverts pour divers travaux publics. Allocation et crédit pour études de chemins de fer. — Lois, sér. 9, *Bull.* 106, p. 265.

    Chambre des députés. Présentation : *Mon.* du 30 avril; rapport par M. Bérigny: *Mon.* du 25 mai; discussion et adoption : *Mon.* des 31 mai, 1ᵉʳ, 4, 5, 6 et 7 juin.

    Chambre des pairs. Présentation : *Mon.* du 11 juin; rapport par M. de Barante: *Mon.* du 26 juin; discussion et adoption : *Mon.* du 28 juin.

L. 7 juillet 1833. . . . Sur l'expropriation. . . Exécution, en vertu d'une loi, des travaux publics et des chemins de fer de plus de 20 kilomètres. — Lois, sér. 9, *Bull.* 107, p. 305.

    Chambre des pairs. Présentation : *Mon.* du 30 avril 1832; rapport par M. Devaines: *Mon.* du 3 mai; discussion et adoption : *Mon.* des 4, 5, 7, 8, 9, 10, 12, 14 et 15 mai.

    Chambre des députés. Présentation : *Mon.* du 22 mai; rapport par M. Martin (du Nord): *Mon.* du 30 mai; discussion et adoption : *Mon.* des 7 et 8 juin.

---

[1] Loi 21 avril 1832. . . . . Budget. . . art. 10. Concernant l'exécution, aux frais de l'État, des grands travaux d'utilité publique. — Lois, série 9, *Bull.* 76, p. 205.

Retour à la Chambre des pairs : *Mon.* du 16 juin, rapport par M. Devaines; discussion et adoption : *Mon.* du 21 juin.

Chambre des députés. Présentation : *Mon.* du 13 décembre; rapport par M. Martin (du Nord) : *Mon.* du 27 janvier 1833; discussion et adoption : *Mon.* des 3, 5, 5, 6, 7, 8, 9 et 10 février.

Chambre des pairs. Présentation : *Mon.* du 10 mars; rapport par M. Devaines : *Mon.* du 21 mars.

O. 24 août 1837 . . .   Première nomination (sur le chemin de fer de Saint-Germain) de commissaires spéciaux de police pour la surveillance des chemins de fer. — 2ᵉ sem. 1837, sér. 9, *Bull.* 530, p. 468.

O. 31 mai 1838 . . . .   Règlement général sur la comptabilité publique. . . Titre Iᵉʳ, *Comptabilité législative* . . . Chapitre iii, § 6, *Services à autoriser par des lois spéciales* . . . Les chemins de fer ne peuvent être exécutés qu'en vertu d'une loi, après enquête; une ordonnance suffit pour les chemins de fer de moins de 20 kilomètres. — 1ᵉʳ sem. 1838, sér. 9, *Bull.* 579, p. 829.

L. 2 juillet 1838 [1] . . .   Portant que l'impôt dû au Trésor sur le prix des places sera perçu, pour les chemins de fer, sur la partie du tarif correspondante au prix du transport. — 2ᵉ sem. 1838, sér. 9, *Bull.* 584, p. 17.

Chambre des députés. Présentation : *Mon.* du 25 avril; rapport par M. Garnier-Pagès : *Mon.* du 19 mai; discussion et adoption : *Mon.* des 29 et 30 mai.

Chambre des pairs. Présentation : *Mon.* du 9 juin; rapport par M. Gautier : *Mon.* du 21 juin; discussion et adoption : *Mon.* du 28 juin.

O. 23 décembre 1838.   Concernant le service des ponts et chaussées; attributions du conseil général des ponts et chaussées; formation de quatre sections, dont une chargée de tout ce qui est relatif aux chemins de fer. — 1ᵉʳ sem. 1839, sér. 9, *Bull.* 620, p. 8.

L. 9 août 1839 . . . . .   Autorise l'Administration à statuer sur les modifications aux cahiers des charges, notamment aux tarifs, sur l'instance des compagnies. — 2ᵉ sem. 1839, sér. 9, *Bull.* 670, p. 211.

Chambre des députés. Présentation : *Mon.* du 11 juillet; rapport par M. Billault : *Mon.* du 17 juillet; discussion et adoption : *Mon.* du 23 juillet.

Chambre des pairs. Présentation : *Mon.* du 27 juillet; rapport par M. le comte Daru : *Mon.* du 2 août; discussion et adoption : *Mon.* du 3 août.

---

[1] Loi 25 mars 1817 . . . .   Impôt du dixième sur le prix des places des voitures publiques. — 1ᵉʳ sem. 1817, sér. 7, *Bull.* 145, p. 246.

L. 15 juillet 1840... Portant que des ordonnances ou règlements détermineront le mode d'exploitation et les tarifs pour les lignes de l'État, et les dispositions douanières ou de police pour tous les chemins de fer en général. — 2ᵉ sem. 1840, sér. 9, *Bull.* 753, p. 241.

> Chambre des députés. Présentation : *Mon.* du 8 avril; rapport par M. de Beaumont : *Mon.* du 4 juin; discussion et adoption : *Mon.* des 11, 12, 13, 14, 16 et 17 juin.
> Chambre des pairs. Présentation : *Mon.* du 24 juin; rapport par M. le baron Dupin : *Mon.* du 4 juillet; discussion et adoption : *Mon.* du 5 juillet.

O. 31 janvier 1841.. Texte du Code de commerce... Titre IV, *Des commissionnaires*. Transports par terre et par eau, etc. — 1ᵉʳ sem. 1841, sér. 9, *Bull.* 788, p. 197.

L. 3 mai 1841¹..... Relative à l'expropriation pour cause d'utilité publique. Mesures préliminaires et administratives. Suites de l'expropriation quant aux hypothèques, etc. Règlement des indemnités. Payement. — 1ᵉʳ sem. 1841, sér. 9, *Bull.* 808, p. 601.

> Chambre des pairs. Présentation : *Mon.* des 20 et 22 février 1840; rapport par M. le comte Daru : *Mon.* du 11 avril; discussion et adoption : *Mon.* des 5, 6, 7, 8, 9, 10, 12 et 13 mai.
> Chambre des députés. Présentation : *Mon.* du 21 mai; rapport par M. Dufaure: *Mon.* du 10 janvier.
> Reprise à la Chambre des députés : *Mon.* du 5 janvier 1841; discussion et adoption : *Mon.* des 2, 3, 4, 5, 6 et 10 mars.

---

¹ EXPROPRIATION POUR CAUSE D'UTILITÉ PUBLIQUE.

L. 16 septembre 1807..... Règlement des indemnités (desséchement des marais). — 2ᵉ sem. 1807, sér. 4, *Bull.* 162, p. 126.

L. 8 mars 1810......... Relative à l'expropriation. — 1ᵉʳ sem. 1810, sér. 4, *Bull.* 173, p. 197.

D. 18 août 1810........ Sur l'expropriation pour cause d'utilité publique. — 2ᵉ sem. 1810, sér. 4, *Bull.* 308, p. 155.

D. 3 septembre 1811.... Sur l'expropriation pour cause d'utilité publique. — 2ᵉ sem. 1811, sér. 4, *Bull.* 390, p. 255.

O. 28 février 1831..... Enquêtes pour travaux publics. — 1ᵉʳ sem. 1831, sér. 9, 2ᵉ partie, 1ᵉʳ section, *Bull.* 50, p. 309.

L. 7 juillet 1833....... Sur l'expropriation pour cause d'utilité publique. — Lois, sér. 9, *Bull.* 107, p. 305.

O. 18 septembre 1833.... Frais et dépens de la procédure d'expropriation. — 2ᵉ sem. 1833, sér. 9, 2ᵉ partie, 1ᵉʳ section, *Bull.* 252, p. 285.

O. 18 février 1834...... Enquêtes pour travaux publics. — 1ᵉʳ sem. 1834, sér. 9, 2ᵉ partie, 1ᵉʳ section, *Bull.* 286, p. 113.

O. 15 février 1835¹...... Modifiant l'ordonnance précédente. — 1ᵉʳ sem. 1835, sér. 9, 2ᵉ partie, 1ᵉʳ section, *Bull.* 152, p. 62.

O. 22 mars 1835......... Rétrocession des terrains non utilisés. — 1ᵉʳ sem. 1835, sér. 9, 2ᵉ partie, 1ᵉʳ section, *Bull.* 357, p. 136.

  Reprise à la Chambre des pairs : *Mon.* du 27 mars ; rapport de M. le comte Daru : *Mon.* du 20 avril ; discussion et adoption : *Mon.* des 23, 24 et 25 avril.

L. 23 mars 1842. . . . Sur la police de la grande voirie. — 1ᵉʳ sem. 1842, sér. 9, *Bull.* 892, p. 198.

  Chambre des députés. Présentation : *Mon.* du 24 février, suppl.; rapport par M. Guilhem ; *Mon.* du 15 mars, suppl.; discussion et adoption : *Mon.* du 15 mars.

L. 11 juin 1842. . . . Décide l'établissement de grandes lignes de chemins de fer :

  1° De Paris sur la frontière belge ; sur l'Angleterre, par les ports de la Manche ; sur la frontière d'Espagne ; sur l'Océan, par Nantes ; sur le centre de la France ;

  2° De la Méditerranée sur le Rhin ; de l'Océan sur la Méditerranée.

  Classement desdites lignes.

  Mode d'exécution[1]. Conditions diverses. Allocations et crédits ouverts[2]. — 1ᵉʳ sem. 1842, série 9, *Bull.* 914, p. 481.

  Chambre des députés. Présentation : *Mon.* du 8 février ; rapport par M. Dufaure : *Mon.* des 17 et 19 avril ; discussion et adoption : *Mon.* des 27, 28, 29 et 30 avril, 3, 4, 5, 6, 7, 8, 10, 11, 12 et 13 mai.

  Chambre des pairs. Présentation : *Mon.* du 14 mai ; rapport par M. le comte de Gasparin : *Mon.* du 27 mai ; discussion et adoption : *Mon.* des 31 mai, 1, 2, 3 et 4 juin.

O. 22 juin 1842. . . . Le territoire est divisé, en ce qui regarde le service des chemins de fer, en cinq inspections. Dispositions réglementaires. — 2ᵉ sem. 1842, sér. 9, *Bull.* 933, p. 96.

O. 22 juin 1842. . . . Commission supérieure nommée pour l'examen des tracés des grandes lignes de chemins de fer. — 2ᵉ sem. 1842, sér. 9, *Bull.* 933, p. 98.

O. 22 juin 1842. . . . Prescrivant la formation d'une commission administrative pour la révision et le contrôle des documents statistiques sur les chemins de fer. Dispositions diverses. — 2ᵉ sem. 1842, sér. 9, *Bull.* 933, p. 99.

---

[1] L. 5 floréal an IX. . . . . (25 avril 1808.) Impôt foncier sur les canaux de navigation (voir les cahiers des charges des chemins de fer, lesquels sont imposés comme les canaux). — 1ᵉʳ sem. 1803, sér. 3, *Bull.* 275, p. 23.

[2] L. 6 juin 1840. . . . . . Titre Iᵉʳ. Le fonds extraordinaire (créé par la loi du 17 mai 1837) formera une deuxième section au budget des travaux publics. — 1ᵉʳ sem. 1840, sér. 9, *Bull.* 731, p. 247.

L. 25 juin 1841. . . . . . Budget de 1842, art. 5. La faculté d'ouvrir des crédits supplémentaires est étendue à certaines dépenses autorisées pour les chemins de fer. — 1ᵉʳ sem. 1841, sér. 9, *Bull.* 832, p. 737.

O. 22 mai 1843[1]... Machines à vapeur non établies à bord des bateaux. Fabrication et commerce. Établissement de machines fixes ailleurs que dans les mines. Emploi des machines locomobiles et locomotives. Surveillance administrative des machines et chaudières à vapeur. Dispositions générales. Tables des épaisseurs des parois. — 2ᵉ sem. 1843, sér. 9, *Bull.* 1032, p. 369.

O. 15 juin 1844.... Modifiant le paragraphe 2 de l'article 24 de l'ordonnance du 22 mai 1843, relativement aux soupapes à vapeur. — 2ᵉ sem. 1844, sér. 9, *Bull.* 1115, p. 91.

O. 14 décembre 1844. Portant organisation de l'administration centrale des travaux publics. — 2ᵉ sem. 1844, série 9, *Bull.* 1159, p. 1045.

L. 15 juillet 1845... Relative au chemin de fer du Nord. Conditions des adjudications et de la formation des sociétés, etc. — 2ᵉ sem. 1845, série 9, *Bull.* 1221, p. 116.

Chambre des députés. Présentation : *Mon.* du 22 février ; rapport par M. Muret de Bort : *Mon.* du 11 mai ; discussion et adoption : *Mon.* des 14, 15, 16, 17, 20, 21, 22 et 23 mai.

Chambre des pairs. Présentation : *Mon.* du 3 mai ; rapport par M. Rouillé de Fontaine : *Mon.* du 25 juin ; adoption : *Mon.* du 25 juin.

L. 15 juillet 1845... Sur la police des chemins de fer. Mesures relatives à la conservation des lignes, aux contraventions des concessionnaires, à la sûreté de la circulation. — 2ᵉ sem. 1845, série 9, *Bull.* 1221, p. 109.

Chambre des pairs. Présentation : *Mon.* du 2 février 1844 ; rapport par M. Persil : *Mon.* du 23 mars ; discussion et adoption : *Mon.* des 31 mars, 2, 3, 4, 9, 10, 11 et 12 avril.

Chambre des députés. Présentation : *Mon.* du 3 mai ; rapport par M. le vicomte de Chasseloup-Laubat : *Mon.* du 25 juin.

Reprise à la Chambre des députés : *Mon.* du 10 janvier 1845 ; discussion et adoption : *Mon.* des 1ᵉʳ, 2 et 4 février.

Retour à la Chambre des pairs : *Mon.* du 15 février ; rapport par M. Persil : *Mon.* du 18 mars ; discussion : *Mon.* des 17 et 18 avril.

Retour à la Chambre des députés : *Mon.* du 4 mai ; rapport par M. le vicomte de Chasseloup-Laubat : *Mon.* du 27 mai ; discussion et adoption : *Mon.* des 28 et 29 mai.

Second retour à la Chambre des pairs : *Mon.* du 31 mai ; rapport par M. Persil : *Mon.* du 24 juin ; discussion et adoption : *Mon.* des 26 juin, 3 et 5 juillet.

L. 19 juillet 1845... Abrogeant la disposition de la loi du 11 juin 1842, aux termes de la-

[1] O. 22 juillet 1839.... Épreuves des chaudières tubulaires. — 2ᵉ sem. 1839, sér. 9, *Bull.* 575, p. 322.

quelle les départements et les communes supportaient les deux tiers des indemnités de terrains pour la construction des chemins de fer. — 2ᵉ sem. 1845, série 9, *Bull.* 1224, p. 299.

Chambre des députés. Présentation : *Mon.* du 26 juin ; rapport par M. Vuitry : *Mon.* du 26 juin ; adoption : *Mon.* du 3 juillet.

Chambre des pairs. Présentation : *Mon.* du 5 juillet ; rapport par M. Coulier : *Mon.* du 15 juillet ; adoption : *Mon.* du 18 juillet.

O. 1ᵉʳ août 1845.... Crédit extraordinaire pour la continuation des études de chemins de fer. — 2ᵉ sem. 1845, série 9, *Bull.* 1232, p. 491.

O. 21 août 1845.... Crédit supplémentaire pour l'exploitation des chemins de fer exécutés par l'État. — 2ᵉ sem. 1845, sér. 9, *Bull.* 1239, p. 577.

O. 14 octobre 1845. Crédit extraordinaire pour la continuation des études de chemins de fer. — 2ᵉ sem. 1845, sér. 9, *Bull.* 1251, p. 886.

O. 15 novembre 1846. Règlement sur la police, la sûreté et l'exploitation des chemins de fer. Des stations et de la voie. Du matériel roulant. De la composition des convois. De leur départ, circulation et arrivée. Perception des taxes. Surveillance de l'exploitation. Mesures relatives aux voyageurs et divers. Dispositions diverses. — 2ᵉ sem. 1846, sér. 9, *Bull.* 1340, p. 901.

Rapport au Roi : *Mon.* du 18 novembre.

O. 19 mars 1847... Prolongation du délai fixé par l'ordonnance précédente pour la régularisation des taxes perçues sur les chemins de fer dont les concessions sont antérieures à 1835. — 1ᵉʳ sem. 1847, sér. 9, *Bull.* 1369, p. 278.

O. 6 avril 1847..... Création d'une commission générale des chemins de fer. *Mon.* du 16 avril 1847.

L. 6 juin 1847..... Conditions de la restitution, par dixième, des cautionnements des compagnies de chemins de fer. — 1ʳᵉ sem. 1847, sér. 9, *Bull.* 1389, p. 538.

Chambre des députés. Présentation : *Mon.* du 24 février ; rapport par M. Lenoble : *Mon.* du 24 mars ; discussion et adoption : *Mon.* du 13 avril.

Chambre des pairs. Présentation : *Mon.* du 10 avril ; rapport par M. le comte Daru : *Mon.* du 2 juin ; adoption : *Mon.* du 4 juin.

O. 26 juillet 1847... Prorogation nouvelle du délai fixé par l'ordonnance du 15 novembre 1846 pour la régularisation des taxes perçues sur les chemins de fer concédés antérieurement à 1835. — 2ᵉ sem. 1847, sér. 9, *Bull.* 1408, p. 446.

L. 8 août 1847.... Sur les crédits extraordinaires et supplémentaires des exercices 1846 et 1847 et des exercices clos, notamment pour les travaux régis par la loi du 11 juin 1842. — 2ᵉ sem. 1847, sér. 9, *Bull.* 1408, p. 417.

Chambre des députés. Présentation : *Mon.* du 13 janvier; rapport par M. Allard : *Mon.* du 25 avril; discussion et adoption : *Mon.* des 30 avril, 1ᵉʳ, 4, 5, 6, 7, 8 et 11 mai.

Chambre des pairs. Présentation : *Mon.* du 3 juin; rapport par M. Wustemberg : *Mon.* du 26 juillet; discussion et adoption : *Mon.* des 27 et 28 juillet.

A. 27 février 1848.. Proclamation pour la protection des chemins de fer. — 1ᵉʳ sem. 1848, 2ᵉ partie, sér. 10, *Bull.* 2, p. 19.

A. 29 juillet 1848... Portant institution d'une commission centrale des chemins de fer.
Mon. du 14 septembre 1848.

A. 31 décembre 1848. Pour l'exécution du règlement de service international par chemin de fer entre la France, la Belgique et la Prusse, dans ses rapports avec la douane. — 1ᵉʳ sem. 1849, sér. 10, *Bull.* 117, p. 52.

A. 20 janvier 1849.. Relatif à la commission centrale des chemins de fer.
Mon. du 23 janvier 1849.

A. 6 mai 1849..... Ouvre un crédit pour l'exécution de travaux publics et frais de police de chemins de fer. — 1ᵉʳ sem. 1849, sér. 10, *Bull.* 164, p. 519.

D. 26 mai 1849.... Règlement intérieur du Conseil d'État. Sont portés à l'assemblée générale les projets de décret qui ont pour objet l'exécution des chemins de fer d'embranchement et de tous autres travaux qui peuvent être autorisés par le Pouvoir exécutif. — 1ᵉʳ sem. 1849, sér. 10, *Bull.* 165, p. 528.

L. 27 février 1850[1]. Relative aux commissaires et sous-commissaires préposés à la surveillance des chemins de fer; leurs attributions. — 1ᵉʳ sem. 1850, sér. 10, *Bull.* 240, p. 141.

Assemblée nationale. Présentation : *Mon.* du 30 octobre 1849; rapport par M. Salmon : *Mon.* du 27 novembre; première lecture : *Mon.* du 28 novembre; 2ᵉ lecture : *Mon.* du 6 décembre; 3ᵉ lecture et adoption : *Mon.* du 28 février 1850.

L. 5 juin 1850..... Établissement d'un impôt pour timbre des actions et obligations. — 1ᵉʳ sem. 1850, sér. 10, *Bull.* 273, p. 651.

---

[1] Arrêté du Chef du Pouvoir exécutif, du 29 juillet 1848, portant institution de ces fonctionnaires.

Assemblée nationale. Présentation : *Mon.* du 4 octobre 1849; rapport par M. Émile Leroux : *Mon.* du 16 février 1850; discussion et adoption : *Mon.* des 19, 20, 22, 23 mars, 4, 5 et 6 juin.

L. 25 novembre 1850. Relative à la publication des comptes rendus des travaux des mines, des ponts et chaussées, etc. — 2ᵉ sem. 1850, sér. 10, *Bull.* 327, p. 657.

D. 27 mars 1851... Concernant les commissaires et sous-commissaires de surveillance administrative des chemins de fer. — 2ᵉ sem. 1851, sér. 10, *Bull.* 416, p. 323.

L. 7 août 1851..... Crédit pour les chemins de fer. — 2ᵉ sem. 1851, sér. 10, *Bull.* 431, p. 222.

Assemblée nationale. Présentation : *Mon.* du 17 juillet; rapport par M. Hennessy : *Mon.* du 7 août, suppl.; discussion et adoption : *Mon.* du 8 août, suppl.

D. 13 octobre 1851.. Règlement sur le service des ponts et chaussées. — 2ᵉ sem. 1851, sér. 10, *Bull.* 456, p. 900.

D. 16 décembre 1851. Seront portés à la section d'administration de la commission consultative les projets des chemins de fer d'embranchement et tous autres travaux qui peuvent être autorisés par décret du Pouvoir exécutif. — 2ᵉ sem. 1851, série 10, *Bull.* 469, p. 1093.

D. 24 décembre 1851. Règlement sur le service des mines. — 2ᵉ sem. 1851, sér. 10, *Bull.* 476, p. 1273.

D. 30 janvier 1852.. Règlement intérieur du Conseil d'État. Sont portés à l'assemblée générale les projets de décret qui ont pour objet l'établissement des chemins de fer d'embranchement qui peuvent être autorisés par décrets du Pouvoir exécutif. — 1ᵉʳ sem. 1852, sér. 10, *Bull.* 487, p. 237.

D. 22 mars 1852... Abroge le règlement d'administration publique mis en vigueur par le décret du 27 mars 1851, relatif aux commissaires et sous-commissaires de surveillance administrative. — 1ᵉʳ sem. 1852, sér. 10, *Bull.* 528, p. 1221.

D. 27 mars 1852... Soumettant à la surveillance de l'administration publique le personnel actif employé par les compagnies de chemins de fer. — 1ᵉʳ sem. 1852, sér. 10, *Bull.* 520, p. 1086.

D. 26 juillet 1852... Concernant les inspecteurs de l'exploitation commerciale des chemins de fer; leurs attributions. Conditions diverses. — 2ᵉ sem. 1852, sér. 10, *Bull.* 591, p. 767.

S.-C. 25 déc. 1852... Sénatus-consulte portant interprétation de la Constitution...........
Art. 4. Les travaux d'utilité publique et entreprises d'intérêt général sont ordonnés ou autorisés par décret de l'Empereur. — 1er sem. 1853, sér. 11, *Bull.* 5, p. 57.

D. 25 janvier 1853.. Règlement pour le transit international des marchandises par le chemin de fer entre la France, la Belgique et les Pays-Bas, en ce qui concerne les formalités de douane. — 1er sem. 1853, sér. 11, *Bull.* 15, p. 183.

L. 10 juin 1853.... Dispositions générales relatives à l'interdiction, dans certains cas, de la négociation des actions de chemins de fer. — 1er sem. 1853, sér. 11, *Bull.* 59, p. 1129.

    Corps législatif. Présentation : *Mon.* des 6 et 7 mai; rapport par M. de Voize : *Mon.* du 21 mai, suppl. M; discussion et adoption : *Mon.* du 27 mai.

D. 16 août 1853.... Rapport et décret impérial sur la délimitation de la zone frontière, l'organisation et les attributions de la commission mixte des travaux publics. — 2e sem. 1853, sér. 11, *Bull.* 97, p. 645.

D. 2 septembre 1853. Relatif au transport des céréales. Autorise les compagnies qui auront abaissé leurs tarifs spéciaux à les relever sans attendre les délais réglementaires. — 2e sem. 1853, sér. 11, *Bull.* 88, p. 425.

D. 14 novembre 1853. Création de la direction générale des chemins de fer et modification de l'administration centrale des travaux publics. — *Mon.* du 15 novembre.

D. 22 novembre 1853. Droits à percevoir à l'entrée des houilles et fers étrangers (rails). — 2e sem. 1853, sér. 11, *Bull.* 106, p. 958.

D. 3 décembre 1853. Prorogation d'une mesure relative au transport des denrées alimentaires par chemins de fer. — 2e sem. 1853, sér. 11, *Bull.* 114, p. 1082.

D. 17 juin 1854.... Concernant les inspecteurs généraux et la composition du conseil général des ponts et chaussées. — 2e sem. 1854, sér. 11, *Bull.* 195, p. 2.

D. 17 juin 1854.... Création des inspecteurs généraux des chemins de fer formant une section permanente du comité consultatif des chemins de fer. — 2e sem. 1854, sér. 11, *Bull.* 195, p. 4.

D. 24 juin 1854.... Prorogation d'une mesure relative au transport des denrées alimentaires par chemins de fer. — 2e sem. 1854, sér. 11, *Bull.* 195, p. 11.

D. 7 octobre 1854... Prorogation d'une mesure relative au transport des denrées alimentaires par chemins de fer. — 2e sem. 1854, sér. 11, *Bull.* 220, p. 422.

D. 22 février 1855 . .   Création d'un service spécial de police pour la surveillance des chemins de fer. — 2ᵉ sem. 1855, sér. 11, *Bull.* 345, p. 701.

D. 28 mars 1855. . . .   Création d'un commissariat central de police des chemins de fer. — 2ᵉ sem. 1855, sér. 11, *Bull.* 345, p. 703.

D. 2 juin 1855 . . . . .   Prorogation d'une mesure relative au transport des denrées alimentaires par chemins de fer. — 1ᵉʳ sem. 1855, sér. 11, *Bull.* 300, p. 1158.

D. 23 juin 1855. . . .   Crédit représentant les sommes versées pour concourir à l'exécution de travaux publics et chemins de fer. — 1ᵉʳ sem. 1855, sér. 11, *Bull.* 307, p 1332.

D. 12 juillet 1855. . .   Nomination d'un directeur général des ponts et chaussées et des chemins de fer. — *Mon.* du 16 juillet.

L. 14 juillet 1855. . .   Relative à divers impôts. Perception du dixième sur les produits de la grande vitesse des chemins de fer. — 2ᵉ sem. 1855, sér. 11, *Bull.* 310, p. 25.

     Corps législatif. Présentation : *Mon.* du 4 juillet; rapport par M. du Miral, discussion et adoption : *Mon.* du 14.

D. 29 août 1855. . . .   Fixation du droit d'entrée sur les machines, etc. et sur les locomotives et tenders. — 2ᵉ sem. 1855, sér. 11, *Bull.* 323, p. 301.

D. 8 septembre 1855.   Prorogation d'une mesure relative au transport des denrées alimentaires par chemins de fer. — 2ᵉ sem. 1855, sér. 11, *Bull.* 325, p. 362.

D. 13 octobre 1855. .   Virement de crédits . . . Grandes lignes de chemins de fer. — 2ᵉ sem. 1855, sér. 11, *Bull.* 334, p. 439.

D. 19 octobre 1855. .   Crédit représentant les sommes versées pour concourir aux travaux publics et chemins de fer. — 2ᵉ sem. 1855, sér. 11, *Bull.* 344, p. 694.

D. 27 février 1856 . .   Autorisation provisoire et conditionnelle d'importer à droit réduit des rails étrangers, à défaut de rails de fabrication indigène. — 1ᵉʳ sem. 1856, sér. 11, *Bull.* 367, p. 287.

L. 3 mai 1856 . . . . .   Report de crédits . . . Grandes lignes de chemins de fer. — 1ᵉʳ sem. 1856, sér. 11, *Bull.* 386, p. 607.

     Corps législatif. Présentation : *Mon.* du 27 mars, suppl.; rapport par M. Devinck : *Mon.* du 31 mars, suppl.; adoption : *Mon.* du 5 avril.

L. 21 juillet 1856 . . . Concernant les contraventions aux règlements sur les appareils à vapeur. — 2ᵉ sem. 1856, sér. 11, *Bull.* 415, p. 305.

> Corps législatif. Présentation : *Mon.* du 30 juin, suppl. M; rapport par M. Schneider : *Mon.* du 30 juin, suppl. M; adoption : *Mon.* du 16 juin.

L. 26 juillet 1856 . . . Loi sur les douanes . . . Droits à l'importation sur les fers, rails, etc. Franchise pour les coussinets et essieux de fabrication corse. — 2ᵉ sem. 1856, sér. 11, *Bull.* 417, p. 375.

> Corps législatif. Présentation : *Mon.* du 31 mars, suppl.; rapport par M. Randoing : *Mon.* du 15 avril, suppl.; discussion et adoption : *Mon.* des 17 et 18 avril. Présentation d'un premier projet : *Mon.* 1854, p. 590; modification : *Mon.* 1855, p. 837; rapport : *Mon.* du 31 décembre 1855, suppl.

D. 8 septembre 1856. Prorogation d'une mesure relative au transport des denrées alimentaires par chemins de fer. — 2ᵉ sem. 1856, sér. 11, *Bull.* 426, p. 542.

D. 27 décembre 1856. Crédit pour contrôle et surveillance des chemins de fer. — 2ᵉ sem. 1856, sér. 11, *Bull.* 458, p. 1435.

D. 19 mars 1857 [1] . . . Reconstitution et prorogation du sous-comptoir des chemins de fer. Texte des nouveaux statuts. — 1ᵉʳ sem. 1857, suppl. sér. 11, *Bull.* 368, p. 417.

L. 18 avril 1857 . . . . Loi sur les douanes . . . Droits à l'importation sur les fers, machines locomotives, etc. — 1ᵉʳ sem. 1857, sér. 11, *Bull.* 488, p. 657.

> Corps législatif. Présentation : *Mon.* du 30 juin 1856, suppl. K; rapport par M. Randoing : suppl. Q; discussion et adoption : *Mon.* du 5 mars 1857.

L. 30 mai 1857 . . . . . Autorisant les sociétés légalement constituées en Belgique à exercer leurs droits en France. — 1ᵉʳ sem. 1857, sér. 11, *Bull.* 503, p. 919.

> Corps législatif. Présentation : *Mon.* p. 389; rapport par M. Bertrand : annexe G; discussion et adoption, p. 518.

L. 23 juin 1857 . . . . Budget . . . Fixation d'un droit de transmission sur les titres d'actions et d'obligations (art. 6 et suivants). Conversion de la dette de l'État en-

---

[1] D. 17 juillet 1850 . . . . . Statuts du sous-comptoir des chemins de fer. — 2ᵉ sem. 1850, suppl. sér. 10, *Bull.* 133, p. 17.
D. 18 février 1852 . . . . . Garantie accordée par l'État au sous-comptoir des chemins de fer. — 1ᵉʳ sem. 1852, sér. 10, *Bull.* 498, p. 567.
D. 10 septembre 1852 . . . Modifications aux statuts du sous-comptoir des chemins de fer. — 2ᵉ sem. 1852, suppl. sér. 10, *Bull.* 270, p. 381.

vers les compagnies de chemins de fer en annuités de 50 ans au plus (art. 21). — 1er sem. 1857, sér. 11, *Bull.* 514, p. 1289.

Corps législatif. Présentation : *Mon.* du 25 mars; rapport par M. Alfred Le Roux; annexes I et J; discussion : *Mon.* des 20 mai et suivants.

D. 16 juillet 1857... Crédit représentant les sommes versées au Trésor pour concourir aux travaux publics et chemins de fer. — 2e sem. 1857, sér. 11, *Bull.* 526, p. 442.

D. 17 juillet 1857... Règlement pour l'application de l'impôt sur les titres d'actions et d'obligations. — 2e sem. 1857, sér. 11, *Bull.* 522, p. 335.

D. 22 septemb. 1857. Prorogation d'une mesure relative au transport des denrées alimentaires par chemins de fer. — 2e sem. 1857, sér. 11, *Bull.* 543, p. 779.

D. 17 octobre 1857.. Autorisant l'importation temporaire des fers en barres, etc. pour machines, chemins de fer, etc. — 2e sem. 1857, sér. 11, *Bull.* 549, p. 883.

D. 27 novembre 1857. Crédit pour contrôle et surveillance des chemins de fer. — 2e sem. 1857, sér. 11, *Bull.* 563, p. 1168.

D. 16 janvier 1858.. Crédit représentant les sommes versées au Trésor pour concourir aux travaux publics et chemins de fer. — 1er sem. 1858, sér. 11, *Bull.* 576, p. 39.

D. 22 mai 1858..... Relatif à la négociation à la Bourse des titres de chemins de fer étrangers. — 1er sem. 1858, sér. 11, *Bull.* 603, p. 1055.

D. 24 juin 1858.... Crédit représentant les sommes versées au Trésor pour concourir aux travaux publics et chemins de fer. — 2e sem. 1858, sér. 11, *Bull.* 619, p. 44.

D. 15 août 1858.... Crédit représentant les sommes versées au Trésor pour concourir aux travaux publics et chemins de fer. — 2e sem. 1858, sér. 11, *Bull.* 629, p. 244.

D. 11 décembre 1858. Virement de crédits (grandes lignes de chemins de fer, etc.). — 2e sem. 1858, sér. 11, *Bull.* 654, p. 985.

D. 6 avril 1859..... Virement de crédits (grandes lignes de chemins de fer). — 1er sem. 1859, sér. 11, *Bull.* 680, p. 550.

D. 9 juillet 1859.... Dépenses d'ordre (grandes lignes de chemins de fer). — 2e sem. 1859, sér. 11, *Bull.* 714, p. 193.

D. 16 août 1859.... Modification du décret relatif à la négociation à la Bourse des titres de compagnies étrangères. — 2ᵉ sem. 1859, sér. 11, *Bull.* 725, p. 519.

D. 16 août 1859.... Crédit représentant les sommes versées au Trésor pour concourir aux travaux publics et chemins de fer. — 2ᵉ sem. 1859, sér. 11, *Bull.* 726, p. 529.

D. 19 décembre 1859. Règlement relatif à l'extension des limites de Paris. Dispositions concernant les gares de chemins de fer. — 2ᵉ sem. 1859, sér. 11, *Bull.* 752, p. 1148.

L. 31 décembre 1859. Crédit représentant les sommes versées pour concourir aux travaux publics et chemins de fer. — 1ᵉʳ sem. 1860, sér. 11, *Bull.* 768, p. 105.

D. 10 mars 1860... Traité de commerce avec l'Angleterre. Régime des houilles, fers, machines, etc. à l'importation et à l'exportation. — 1ᵉʳ sem. 1860, sér. 11, *Bull.* 778, p. 221.

D. 25 juillet 1860... Établissement d'un service de touage en Seine, avec interdiction de tout traité ou cession à une compagnie de chemin de fer. — 2ᵉ sem. 1860, sér. 11, *Bull.* 848, p. 771.

D. 31 août 1860... Crédit représentant les sommes versées au Trésor pour concourir aux travaux publics et chemins de fer. — 2ᵉ sem. 1860, sér. 11, *Bull.* 858, p. 867.

D. 31 août 1860.... Dépenses d'ordre (grandes lignes de chemins de fer). — 2ᵉ sem. 1860, sér. 11, *Bull.* 858, p. 871.

D. 8 septembre 1860. Autorisant les sociétés légalement constituées en Sardaigne à exercer leurs droits en France. — 2ᵉ sem. 1860, sér. 11, *Bull.* 852, p. 830.

D. 26 octobre 1860. Tarif à l'importation des marchandises d'origine britannique : fers, rails, etc. ; locomotives, tenders, etc. — 2ᵉ sem. 1860, sér. 11, *Bull.* 863, p. 929.

D. 26 octobre 1860. Mise en vigueur du tarif précédent. — 2ᵉ sem. 1860, sér. 11, *Bull.* 866, p. 963.

D. 19 janvier 1861.. Crédit représentant les sommes versées au Trésor pour concourir aux travaux publics et chemins de fer. — 1ᵉʳ sem. 1861, sér. 11, *Bull.* 907, p. 256.

DD. 27 février 1861.   Autorisant les sociétés légalement constituées, soit dans le Portugal, soit dans le Luxembourg, à exercer leurs droits en France. — 1er sem. 1861, sér. 11, *Bull.* 911, p. 320 et 321.

D. 11 mai 1861....   Autorisant les sociétés légalement constituées en Suisse à exercer leurs droits en France. — 1er sem. 1861, sér. 11, *Bull.* 928, p. 570.

D. 27 mai 1861....   Traité de commerce avec la Belgique. Régime des houilles, fers, machines, etc. à l'importation et à l'exportation. — 1er sem. 1861, sér. 11, *Bull.* 933, p. 637.

L. 2 juillet 1861....   Crédits (obligations trentenaires) pour l'exécution de diverses lignes, au nombre de vingt-deux, savoir : Ceinture (rive gauche), Châteaulin à Landerneau, etc. etc. [1], et pour subventions diverses. — 2e sem. 1861, sér. 11, *Bull.* 946, p. 1.

> Corps législatif. Exposé des motifs : *Mon.* du 18 juin; rapport par M. Alfred Le Roux : *Mon.* des 29 et 30 juin; discussion et adoption : *Mon.* des 25 et 26 juin.

D. 25 août 1861...   Crédit représentant les sommes versées pour concourir à l'exécution des travaux publics et chemins de fer. — 2e sem. 1861, sér. 11, *Bull.* 965, p. 479.

D. 21 décembre 1861.   Crédit représentant les sommes versées au Trésor public pour concourir aux travaux publics et chemins de fer. — 1er sem. 1862, sér. 11, *Bull.* 994, p. 22.

D. 11 janvier 1862..   Extension aux actions des sociétés étrangères de l'impôt sur les valeurs mobilières. — 2e sem. 1862, sér. 11, *Bull.* 993, p. 8.

D. 1er février 1862...   Report d'un crédit relatif à l'exécution de plusieurs chemins de fer. — 1er sem. 1862, sér. 11, *Bull.* 1008, p. 362.

D. 5 février 1862...   Autorisant les sociétés constituées dans les États-Romains à exercer leurs droits en France. — 1er sem. 1862, sér. 11, *Bull.* 999, p. 133.

D. 15 février 1862..   Report d'un crédit représentant les sommes versées au Trésor pour concourir aux travaux de chemins de fer. — 1er sem. 1862, sér. 11, *Bull.* 1008, p. 366.

---

[1] D. 4 juillet 1861.......   Création des obligations trentenaires précitées. — 2e sem. 1861, sér. 11, *Bull.* 946, p. 3.

L. 12 février 1862.....   Conversion des rentes... et des obligations trentenaires précitées. — 1er sem. 1862, sér. 11, *Bull.* 998, p. 105.

> Corps législatif. Exposé des motifs : *Mon.* du 29 janvier; rapport par M. Gouin : *Mon.* du 7 février; discussion et adoption : *Mon.* des 8 et 9 février.

D. 26 avril 1862.... Règlement pour le transport par le chemin de fer des marchandises de transit ou d'exportation. — 1ᵉʳ sem. 1862, sér. 11. *Bull.* 1021, p. 664.

D. 17 mai 1862.... Convention conclue avec l'Angleterre pour régler la situation des compagnies industrielles devant les tribunaux respectifs. — 1ᵉʳ sem. 1862, sér. 11, *Bull.* 1023, p. 697.

D. 31 mai 1862.... Titre II. *Comptabilité législative.* Art. 39 et 40 : Les travaux publics et chemins de fer sont autorisés par décrets de l'Empereur. — 2ᵉ sem. 1862, sér. 11. *Bull.* 1045, p. 897.

D. 2 juillet 1862.... Crédit représentant les sommes versées au Trésor pour concourir aux travaux publics et chemins de fer. — 2ᵉ sem. 1862, sér. 11, *Bull.* 1044, p. 386.

D. 6 juillet 1862... Création d'un second commissariat central de police des chemins de fer. — 2ᵉ sem. 1862, sér. 11, *Bull.* 1043, p. 383.

D. 1ᵉʳ septemb. 1862. Surveillance des chemins de fer: commissaires divisionnaires de police. — 2ᵉ sem. 1862, sér. 11, *Bull.* 1053, p. 630.

D. 1ᵉʳ septemb. 1862. Suppression des emplois de commissaire central de police des chemins de fer. — 2ᵉ sem. 1862, sér. 11, *Bull.* 1053, p. 632.

D. 29 septemb. 1862. Grandes lignes de chemins de fer: réduction de crédit. — 2ᵉ sem. 1862, sér. 11, *Bull.* 1062, p. 834.

D. 31 décembre 1862. Grandes lignes de chemins de fer: virement et réduction de crédit. — 1ᵉʳ sem. 1863, sér. 11, *Bull.* 1082, p. 59.

D. 31 janvier 1863.. Travaux de chemins de fer: report de crédit. — 1ᵉʳ sem. 1863, sér. 11. *Bull.* 1087, p. 113.

D. 18 février 1863.. Crédit représentant les sommes versées au Trésor par les départements, etc. pour travaux publics et chemins de fer. — 1ᵉʳ sem. 1863, sér. 11, *Bull.* 1091, p. 178.

D. 15 avril 1863.... Police des chemins de fer dans les localités où il n'existe pas de commissaire spécial. — 1ᵉʳ sem. 1863, sér. 11, *Bull.* 1107, p. 671.

L. 2 mai 1863..... Crédit pour surveillance des chemins de fer. — 1ᵉʳ sem. 1863, sér. 11, *Bull.* 1110, p. 705.

Corps législatif. Exposé des motifs : *Mon.* du 10 mars, annexe J.....; rapport par M. le comte Le Peletier d'Aulnay : *Mon.* des 8 avril et 3 mai; discussion et adoption : *Mon.* du 17 avril.

L. 13 mai 1863.....   Budget, art. 10. Timbre des récépissés délivrés par les compagnies de chemins de fer. — 1er sem. 1863, sér. 11, *Bull.* 1114, p. 801.

> Corps législatif. Exposé des motifs : *Mon.* des 28 mars et 25 avril; rapport par M. Busson : *Mon.* des 17 et 21 avril; discussion et adoption : *Mon.* du 28 avril.

L. 13 mai 1863.....   Modification du Code pénal, art. 434. Peines applicables pour les dommages causés aux voitures, wagons ou convois. — 1er sem. 1863, sér. 11, *Bull.* 1120, p. 963.

> Corps législatif. Exposé des motifs : *Mon.* du 28 janvier, annexe, p. xiii; rapport par M. de Belleyme : *Mon.* du 7 mars, annexe H et I, p. xxxii-xxxv; discussion et adoption : *Mon.* du 15 avril.

D. 22 juin 1863.....   Concernant les inspecteurs généraux des chemins de fer, les inspecteurs de l'exploitation commerciale et les commissaires de surveillance. — 2e sem. 1863, sér. 11, *Bull.* 1139, p. 95.

D. 6 juillet 1863.....   Sommes versées par les départements et divers pour travaux publics (grandes lignes de chemins de fer). — 2e sem. 1863, sér. 11, *Bull.* 1137, p. 57.

D. 6 juillet 1863.....   Virement de crédit et annulation (grandes lignes de chemins de fer). — 2e sem. 1863, sér. 11, *Bull.* 1137, p. 63.

D. 16 juillet 1863.....   Report de crédits (grandes lignes de chemins de fer). — 2e sem. 1863, sér. 11, *Bull.* 1138, p. 74.

D. 22 juillet 1863.....   Autorisant les sociétés constituées dans les Pays-Bas à exercer leurs droits en France. — 2e sem. 1863, sér. 11, *Bull.* 1138, p. 75.

D. 26 juillet 1863.....   Virement de crédit et réduction (grandes lignes de chemins de fer). — 2e sem. 1863, sér. 11, *Bull.* 1139, p. 100.

D. 16 août 1863.....   Virement de crédit et réduction (grandes lignes de chemins de fer). — 2e sem. 1863, sér. 11, *Bull.* 1149, p. 323.

D. 26 décembre 1863.   Report d'un crédit relatif à l'exécution de divers chemins de fer. — 1er sem. 1864, sér. 11, *Bull.* 1181, p. 275.

D. 13 janvier 1864.....   Concernant les inspecteurs généraux des ponts et chaussées ou des mines en congé illimité auprès des compagnies. — 1er sem. 1864, sér. 11, *Bull.* 1180, p. 265.

D. 20 janvier 1864.....   Crédit ouvert à titre de fonds de concours versés par des départements, etc. pour l'établissement de grandes lignes de chemins de fer. — 1er sem. 1864, sér. 11, *Bull.* 1183, p. 291.

D. 23 janvier 1864.. — Concernant l'application de la limite d'âge pour les inspecteurs généraux, principaux, etc. etc. des chemins de fer. — 1er sem. 1864, sér. 11, *Bull.* 1180, p. 267.

D. 5 mars 1864.... — Report d'un crédit ouvert à titre de fonds de concours versés par des départements, etr. pour l'établissement de grandes lignes de chemins de fer. — 1er sem. 1864. sér. 11. *Bull.* 1192, p. 445.

L. 16 avril 1864.... — Crédit pour surveillance des chemins de fer. — 1er sem. 1864, sér. 11, *Bull.* 1194. p. 469.
Corps législatif. Exposé des motifs : *Mon.* du 6 mars; rapport par M. de Voize : *Mon.* du 8 avril; discussion et adoption : *Mon.* du 30 mars.

D. 2 juillet 1864.... — Réduisant à trois le nombre des commissaires divisionnaires de la police spéciale des chemins de fer. — 2e sem. 1864, sér. 11, *Bull.* 1227, p. 159.

D. 2 juillet 1864.... — Crédit ouvert à titre de fonds de concours versés par des départements, etc. pour l'établissement de grandes lignes de chemins de fer. — 2e sem. 1864, sér. 11, *Bull.* 1227, p. 151.

D. 1er août 1864.... — Modification du décret relatif au transport des marchandises de transit et d'exportation. — 2e sem. 1864, sér. 11, *Bull.* 1234, p. 243.

D. 1er août 1864.... — Crédit ouvert à titre de fonds de concours versés par des départements, etc. pour l'établissement de grandes lignes de chemins de fer. — 2e sem. 1864, sér. 11, *Bull.* 1234, p. 246.

D. 20 août 1864.... — Crédit ouvert à titre de fonds de concours versés par des départements et les compagnies de chemins de fer pour travaux militaires. — 2e sem. 1864, sér. 11, *Bull.* 1244, p. 362.

D. 5 novembre 1864. — Virement et réduction de crédit (grandes lignes de chemins de fer). — 2e sem. 1864, sér. 11, *Bull.* 1250, p. 472.

D. 10 novembre 1864. — Crédit ouvert à titre de fonds de concours versés par des départements, etc. pour l'établissement de grandes lignes de chemins de fer. — 2e sem. 1864, sér. 11, *Bull.* 1252, p. 525.

D. 20 novembre 1864. — Report de crédit (grandes lignes de chemins de fer). — 2e sem. 1864, sér. 11, *Bull.* 1256, p. 615.

D. 15 décembre 1864. — Crédit ouvert à titre de fonds de concours versés par des départements et par une compagnie de chemin de fer pour travaux militaires. — 1ᵉʳ sem. 1865, sér. 11, *Bull.* 1263, p. 5.

D. 4 janvier 1865...   Crédit ouvert à titre de fonds de concours versés par des départements, etc. pour l'établissement de grandes lignes de chemins de fer. — 1ᵉʳ sem. 1865, sér. 11, *Bull.* 1270, p. 89.

D. 21 janvier 1865...   Crédit ouvert à titre de fonds de concours versés par des départements, etc. pour l'établissement de grandes lignes de chemins de fer. — 1ᵉʳ sem. 1865, sér. 11, *Bull.* 1270, p. 94.

D. 25 janvier 1865..   Relatif aux chaudières à vapeur et aux locomotives. — 1ᵉʳ sem. 1865, sér. 11, *Bull.* 1270, p. 98.

D. 25 février 1865..   Autorisant les sociétés anonymes de l'empire russe à exercer leurs droits en France. — 1ᵉʳ sem. 1865, sér. 11, *Bull.* 1274, p. 154.

D. 4 mars 1865....   Crédit ouvert à titre de fonds de concours versés par des départements, etc. pour l'établissement de grandes lignes de chemins de fer. — 1ᵉʳ sem. 1865, sér. 11, *Bull.* 1276, p. 206.

D. 11 mars 1865...   Service de touage entre Angers et la mer; interdiction de tout traité avec une compagnie de chemin de fer. — 1ᵉʳ sem 1865, sér. 11, *Bull.* 1276, p. 213.

D. 8 avril 1865....   Crédit ouvert à titre de fonds de concours versés par une compagnie de chemin de fer pour travaux militaires. — 1ᵉʳ sem. 1865, sér. 11, *Bull.* 1286, p. 506.

D. 12 avril 1865....   Crédit ouvert à titre de fonds de concours versés par des départements, etc. pour l'établissement de grandes lignes de chemins de fer. — 1ᵉʳ sem. 1865, sér. 11, *Bull.* 1287, p. 538.

D. 10 mai 1865....   Traité de commerce avec la Prusse et l'Union allemande. — 1ᵉʳ sem. 1865, sér. 11, *Bull.* 1285, p. 437.

D. 10 mai 1865....   Conventions avec la Prusse et l'Union, relative au service international des chemins de fer. — 1ᵉʳ sem. 1865, sér. 11, *Bull.* 1285, p. 482.

D. 22 mai 1865....   Report de crédit (grandes lignes de chemins de fer). — 1ᵉʳ sem. 1865, sér. 11, *Bull.* 1296, p. 745.

L. 12 juillet 1865...   Relative aux chemins de fer d'intérêt local. — 2ᵉ sem. 1865, sér. 11, *Bull.* 1314, p. 145.

Corps législatif. Exposé des motifs : *Mon.* des 29, 30 et 31 mai; rapport par M. le comte Lehon : *Mon.* des 29 juin, 1er et 2 juillet; discussion et adoption : *Mon.* du 4 juillet.

D. 24 juillet 1865... Crédit ouvert à titre de fonds de concours versés par des départements, etc. pour l'établissement de grandes lignes de chemins de fer. — 2e sem. 1865, sér. 11, *Bull.* 1322, p. 313.

D. 31 juillet 1865... Service de touage entre Conflans et Condé; interdiction de tout traité avec une compagnie de chemin de fer. — 2e sem. 1865, sér. 11, *Bull.* 1328, p. 375.

D. 18 septemb. 1865. Crédit ouvert à titre de fonds de concours versés par des départements, etc. pour l'établissement de grandes lignes de chemins de fer. — 2e sem. 1865, sér. 11, *Bull.* 1340, p. 653.

D. 25 septemb. 1865. Crédit ouvert à titre de fonds de concours versés par des communes, etc. pour l'établissement de grandes lignes de chemins de fer. — 2e sem. 1865, sér. 11, *Bull.* 1340, p. 658.

D. 25 septemb. 1865. Crédit ouvert à titre de fonds de concours versés par la ville de Paris et par des compagnies de chemins de fer pour l'établissement de grandes lignes de chemins de fer. — 2e sem. 1865, sér. 11, *Bull.* 1340, p. 661.

D. 13 octobre 1865.. Crédit ouvert à titre de fonds de concours versés par une compagnie de chemin de fer pour travaux militaires. — 2e sem. 1865, sér. 11, *Bull.* 1346, p. 807.

D. 21 octobre 1865.. Virement et réduction de crédit (grandes lignes de chemins de fer). — 2e sem. 1865, sér. 11, *Bull.* 1344, p. 794.

D. 28 octobre 1865.. Crédit ouvert à titre de fonds de concours versés par une compagnie de chemin de fer pour l'établissement de grandes lignes de chemins de fer. — 2e sem. 1865, sér. 11, *Bull.* 1346, p. 832.

D. 17 novembre 1865. Crédit ouvert à titre de fonds de concours versés par une compagnie de chemin de fer pour l'établissement du chemin de Ceinture. — 2e sem. 1865, sér. 11, *Bull.* 1354, p. 948.

D. 2 décembre 1865. Virement de crédit (chemins de fer); subventions et travaux. — 2e sem. 1865, sér. 11, *Bull.* 1357, p. 991.

D. 17 janvier 1866.. Report de crédit (grandes lignes de chemins de fer). — 1er sem. 1866, sér. 11, *Bull.* 1365, p. 71.

D. 17 janvier 1866..   Crédit ouvert à titre de fonds de concours versés par une compagnie de chemin de fer pour les travaux de la ligne de Perpignan à Port-Vendres. — 1er sem. 1866, sér. 11, *Bull.* 1365, p. 72.

D. 1er février 1866...   Virement de crédit (chemins de fer); annuités aux compagnies. — 1er sem. 1866, sér. 11, *Bull.* 1367, p. 117.

D. 3 février 1866...   Crédit ouvert à titre de fonds de concours versés par une compagnie de chemin de fer pour les travaux du chemin de fer de Grenoble à Montmélian. — 1er sem. 1866, sér. 11, *Bull.* 1367, p. 124.

D. 1er mars 1866....   Crédit ouvert à titre de fonds de concours versés par des compagnies pour l'établissement de grandes lignes de chemins de fer. — 1er sem. 1866, sér. 11, *Bull.* 1369, p. 155.

D. 14 avril 1866....   Crédit ouvert à titre de fonds de concours versés pour l'établissement de grandes lignes de chemins de fer. — 1er sem. 1866, sér. 11, *Bull.* 1381, p. 464.

L. 11 juillet 1866...   Relative à l'amortissement; affectation de la nue propriété des chemins de fer. — 2e sem. 1866, sér. 11, *Bull.* 1403, p. 13.

    Corps législatif. Exposé des motifs : *Mon.* des 27 et 28 janvier; rapport par M. Gouin : *Mon.* du 21 mai; discussion et adoption : *Mon.* des 5 et 11 juin.

D. 19 septemb. 1866.   Crédit ouvert à titre de fonds de concours versés par une compagnie de chemin de fer pour les travaux de la ligne de Perpignan à Port-Vendres. — 2e sem. 1866, sér. 11, *Bull.* 1432, p. 519.

D. 15 octobre 1866..   Virement de crédit (chemins de fer); subventions et travaux. — 2e sem. 1866, sér. 11, *Bull.* 1439, p. 690.

D. 27 octobre 1866..   Report de crédit (grandes lignes de chemins de fer). — 2e sem. 1866, sér. 11, *Bull.* 1442, p. 721.

D. 21 novembre 1866.   Concernant la mise à la retraite, par limite d'âge, des inspecteurs et commissaires des chemins de fer. — 2e sem. 1866, sér. 11, *Bull.* 1443, p. 745.

D. 5 décembre 1866.   Crédit ouvert à titre de fonds de concours versés par des départements, etc. pour travaux de chemins de fer. — 2e sem. 1866, sér. 11, *Bull.* 1451, p. 857.

D. 31 décembre 1866. Crédit ouvert à titre de fonds de concours versés par des départements, etc., pour travaux de chemins de fer. — 1er sem. 1867, sér. 11, *Bull.* 1461, p. 85.

D. 2 mars 1867..... Crédit ouvert à titre de fonds de concours versés par des départements, etc., pour travaux de chemins de fer. — 1er sem. 1867, sér. 11, *Bull.* 1483, p. 442.

D. 15 mai 1867.... Crédit ouvert à titre de fonds de concours versés par une compagnie de chemin de fer pour travaux militaires. — 1er sem. 1867, sér. 11, *Bull.* 1502, p. 784.

D. 12 juin 1867.... Règlement sur les frais de route des militaires isolés. — 2e sem. 1867, sér. 11, *Bull.* 1546, p. 713.

D. 15 juin 1867.... Virement de crédit (chemins de fer); subventions aux compagnies. — 1er sem. 1857, sér. 11, *Bull.* 1502, p. 787.

D. 15 juin 1867.... Crédit ouvert à titre de fonds de concours versés par des départements, etc., pour travaux de chemins de fer. — 1er sem. 1867, sér. 11, *Bull.* 1503, p. 804.

D. 7 août 1867..... Crédit ouvert à titre de fonds de concours versés par une compagnie de chemin de fer pour travaux militaires. — 2e sem. 1867, sér. 11, *Bull.* 1525, p. 487.

D. 7 décembre 1867. Report de crédits. Établissement de grandes lignes de chemins de fer. — 2e sem. 1867, sér. 11, *Bull.* 1555, p. 1040.

D. 28 décembre 1867. Virement de crédit, annuités et subventions. — 1er sem. 1868, sér. 11, *Bull.* 1561, p. 30.

D. 11 janvier 1868.. Indemnité de transport des officiers par voie ferrée. — 1er sem. 1868, sér. 11, *Bull.* 1565, p. 89.

D. 8 février 1868.... Règlement sur l'occupation temporaire des terrains pour travaux publics. — 1er sem. 1868, sér. 11, *Bull.* 1573, p. 191.

D. 15 février 1868... Organisation du contrôle et de la surveillance des chemins de fer. — 1er sem. 1868, sér. 11, *Bull.* 1574, p. 203.

L. 11 juillet 1868... Création des caisses d'assurances. Assurance collective des ouvriers en cas d'accidents. — 2e sem. 1868, sér. 11, *Bull.* 1609, p. 57.

D. 10 août 1868 . . . . Règlement sur les caisses d'assurances en cas de décès et en cas d'accident. — 2ᵉ sem. 1868, sér. 11, *Bull.* 1637, p. 568.

D. 11 octobre 1868. . Crédit ouvert à titre de fonds de concours (Midi). — 2ᵉ sem. 1868, sér. 11, *Bull.* 1655, p. 829.

D. 1ᵉʳ décembre 1868. Crédit ouvert à titre de fonds de concours (Midi). — 2ᵉ sem. 1868, sér. 11, *Bull.* 1669, p. 1122.

D. 6 février 1869. . . . Crédit ouvert à titre de fonds de concours (Midi). — 1ᵉʳ sem. 1869, sér. 11, *Bull.* 1681, p. 112.

D. 12 mai 1869. . . . . Modification du cahier des charges; service des pompes funèbres. — 1ᵉʳ sem. 1869, sér. 11, *Bull.* 1718, p. 840.

D. 15 mai 1869. . . . . Virement de crédit, chemins de fer. — 1ᵉʳ sem. 1869, sér. 11, *Bull.* 1723, p. 956.

D. 19 mai 1869 . . . . Modification des frais de route des militaires isolés. — 2ᵉ sem. 1869, sér. 11, *Bull.* 1731, p. 63.

D. 17 juillet 1869. . . Crédit ouvert à titre de fonds de concours versés pour travaux de chemins de fer. — 2ᵉ sem. 1869, sér. 11, *Bull.* 1739, p. 197.

. 11 août 1869. . . . Crédit ouvert à titre de fonds de concours versés par la compagnie du Midi. — 2ᵉ sem. 1869, sér. 11, *Bull.* 1741, p. 249.

D. 11 septemb. 1869. Crédit ouvert à titre de fonds de concours versés par la compagnie d'Orléans. — 2ᵉ sem. 1869, série 11, *Bull.* 1751, p. 435.

D. 15 septemb. 1869. Relatif à la composition du conseil général des ponts et chaussées et à celle du conseil général des mines. — 2ᵉ sem. 1869, sér. 11, *Bull.* 1756, p. 555.

D. 3 novembre 1869. Crédit ouvert à titre de fonds de concours versés pour travaux de chemins de fer. — 1ᵉʳ sem. 1870, sér. 11, *Bull.* 1778, p. 67.

D. 22 décembre 1869. Crédit pour subventions aux compagnies de chemins de fer et aux chemins d'intérêt local. — 1ᵉʳ sem. 1870, sér. 11, *Bull.* 1778, p. 96.

D. 22 décembre 1869.   Report de crédit; fonds de concours versés pour travaux de chemins de fer. — 1ᵉʳ sem. 1870, sér. 11, *Bull.* 1781, p. 146.

D. 31 janvier 1870..   Crédit ouvert à titre de fonds de concours versés pour travaux de chemins de fer. — 1ᵉʳ sem. 1870, sér. 11, *Bull.* 1793, p. 369.

SECONDE SECTION.

DISPOSITIONS SPÉCIALES.

NORD.

AMIENS A BOULOGNE. — NORD. — CREIL A SAINT-QUENTIN. — ARDENNES ET OISE (PARTIE).
HAUTMONT A LA FRONTIÈRE.

L. 15 juillet 1840... Relative à divers chemins de fer. Sommes affectées à l'établissement d'un chemin de fer de Lille à la frontière belge et d'un chemin de fer de Valenciennes à ladite frontière. . . . . . . — 2ᵉ sem. 1840, sér. 9, *Bull.* 753, p. 235.

> Chambre des députés. Présentation : *Mon.* du 8 avril; rapport par M. de Beaumont : *Mon.* du 4 juin; discussion et adoption : *Mon.* des 11, 12, 13, 14, 16 et 17 juin.
>
> Chambre des pairs. Présentation : *Mon.* du 24 juin; rapport par M. le baron Dupin : *Mon.* du 4 juillet; discussion et adoption : *Mon.* du 5 juillet.

L. 11 juin 1842.... Relative à l'établissement de grandes lignes de chemin de fer. . . . . notamment de Paris sur la frontière de Belgique, par Lille et Valenciennes; de Paris sur l'Angleterre, par un ou plusieurs ports de la Manche. . . Allocations et crédit pour le chemin de fer de Paris à la frontière belge. — 1ᵉʳ sem. 1842, sér. 9. *Bull.* 914, p. 481.

> Chambre des députés. Présentation : *Mon.* du 8 février; rapport par M. Dufaure : *Mon.* des 17 et 19 avril; discussion et adoption : *Mon.* des 27, 28, 29 et 30 avril; 3, 4, 5, 6, 7, 8, 10, 11, 12 et 13 mai.

> Chambre des pairs. Présentation : *Mon.* du 14 mai ; rapport par M. le comte de Gasparin : *Mon.* du 27 mai ; discussion et adoption : *Mon.* des 31 mai, 1, 2, 3 et 4 juin.

O. 15 septemb. 1842.   Exploitation par l'État des chemins de Lille et de Valenciennes à la frontière. Mise en vigueur des dispositions internationales. Tarif pour les voyageurs. Procès-verbal de la commission mixte. — 2ᵉ sem. 1842, sér. 9, *Bull.* 952, p. 566.

O. 5 novembre 1842.   Tarif pour les voyageurs et les marchandises sur les chemins de fer de Lille et de Valenciennes à la frontière. — 2ᵉ sem. 1842, sér. 9, *Bull.* 959, p. 681.

O. 6 janvier 1843..   Crédit pour l'exploitation des chemins de fer de Lille et de Valenciennes à la frontière. — 1ᵉʳ sem. 1843, sér. 9, *Bull.* 975, p. 113.

O. 25 juin 1843...   Tarif pour les voyageurs et les bagages sur le chemin de fer de Lille à la frontière. — 2ᵉ sem. 1843, sér. 9, *Bull.* 1023, p. 73.

O. 9 décembre 1843.   Tarif pour les voyageurs et les marchandises sur les chemins de fer de Lille et de Valenciennes à la frontière. — 2ᵉ sem. 1843, sér. 9, *Bull.* 1066, p. 878.

O. 22 mai 1844....   Tarif pour wagon complet sur les lignes de Lille et de Valenciennes à la frontière. — 1ᵉʳ sem. 1844, sér. 9, *Bull.* 1098, p. 473.

L. 5 juillet 1844...   Autorisant la ville de Douai à fournir une subvention pour l'établissement de la gare du chemin de fer. — 1ᵉʳ sem. 1844, sér 9, *Bull.* 1109, p. 35.

> Chambre des députés. Présentation : *Mon.* du 24 avril, 4ᵉ suppl. ; rapport par M. de Loynes : *Mon.* du 16 mai, 3ᵉ suppl. ; discussion et adoption : *Mon.* du 21 mai.
>
> Chambre des pairs. Présentation : *Mon.* du 4 juin, suppl. ; rapport par M. le prince d'Eckmühl : *Mon.* du 29 juin, suppl. ; discussion et adoption : *Mon.* du 29 juin.

L. 26 juillet 1844..   Décidant l'établissement d'un chemin de fer dirigé de Paris sur la frontière de Belgique, et sur l'Angleterre par Calais, Dunkerque[1] et Bou-

---

[1] CHEMIN DE FER DE LILLE A DUNKERQUE.

CONCESSION ABANDONNÉE.

L. 9 juillet 1838........   Autorisation et concession d'un chemin de fer de Lille à Dunkerque. Texte du cahier des charges. — 2ᵉ sem. 1838, sér. 9, *Bull.* 587, p. 78.

> Chambre des députés. Présentation : *Mon.* du 21 mai ; rapport par M. Lamy ; *Mon.* du 2 juin ; discussion et adoption : *Mon.* du 19 juin.

logne, et fixant les tracés des embranchements de Calais et de Dunkerque. Autorisant la mise en adjudication de la ligne d'Amiens à Boulogne. Conditions diverses et tarifs.-Allocations et crédits pour les lignes de Calais et de Dunkerque. Crédits pour l'achèvement et l'exploitation de certaines sections de la ligne du Nord. — 2ᵉ sem. 1844, sér. 9, *Bull.* 1120, p. 171.

> Chambre des députés. Présentation : *Mon.* du 3 mars; rapport par M. Lanyer : *Mon.* du 15 juin; discussion et adoption : *Mon.* des 26, 27, 28 et 29 juin.
>
> Chambre des pairs. Présentation : *Mon.* du 5 juillet; rapport par M. le comte Daru : *Mon.* du 19 juillet; discussion et adoption : *Mon.* du 21 juillet.

L. 5 août 1844 . . . . Crédits pour l'exploitation et pour la liquidation des entreprises des chemins de fer de Lille et de Valenciennes à la frontière. — 2ᵉ sem. 1844, sér. 9, *Bull.* 1124, p. 251.

> Chambre des députés. Présentation : *Mon.* du 8 mai; rapport par M. Cadeau d'Acy : *Mon.* du 28 juin; discussion et adoption : *Mon.* des 16 et 18 juillet.
>
> Chambre des pairs. Présentation : *Mon.* du 23 juillet; rapport par M. C. Perier : *Mon.* du 31 juillet; discussion et adoption : *Mon.* du 3 août.

O. 9 septembre 1844. Autorisation de mettre en adjudication la ligne d'Amiens à Boulogne. Texte du cahier des charges. — 2ᵉ sem. 1844, sér. 9, *Bull.* 1133, p. 419.

O. 24 octobre 1844. Approuvant l'adjudication passée pour la concession de la ligne d'Amiens à Boulogne (compagnie d'Amiens à Boulogne). Texte de la soumission. — 2ᵉ sem. 1844, sér. 9, *Bull.* 1147, p. 693.

O. 29 mai 1845. . . . Autorisation de la société anonyme formée sous la dénomination de *Compagnie du chemin de fer d'Amiens à Boulogne.* Texte des statuts. — 1ᵉʳ sem. 1845, suppl. sér. 9, *Bull.* 784, p. 769.

L. 15 juillet 1845. . . Autorisant la mise en adjudication du chemin de fer de Paris en Belgique, avec les embranchements de Calais et de Dunkerque, ainsi que la mise en adjudication d'un chemin de fer de Creil à Saint-Quentin et d'un chemin de fer de Fampoux à Hazebrouck. Crédits pour l'achè-

> Chambre des pairs. Présentation : *Mon.* du 22 juin; rapport par M. Chevandier : *Mon.* du 9 juillet; adoption : *Mon.* du 8 juillet.

L. 26 juillet 1839 . . . . Abrogation de la loi précédente. — 2ᵉ sem. 1839, sér. 9, *Bull.* 664, p. 85.

> Chambre des députés. Présentation : *Mon.* du 5 juin; rapport par M. Duvergier de Hauranne : *Mon.* du 14 juin, discussion et adoption : *Mon.* du 18 juin.
>
> Chambre des pairs. Présentation : *Mon.* du 30 juin; rapport par M. le vicomte Rogniat : *Mon.* du 16 juillet; adoption : *Mon.* du 19 juillet.

5.

vement de la ligne principale [1] . . . . . Texte du cahier des charges du chemin de fer de Paris à la frontière belge et embranchements. Texte du cahier des charges du chemin de fer de Creil à Saint-Quentin . . . 2ᵉ sem. 1845, sér. 9, *Bull.* 1221, p. 116.

Chambre des députés. Présentation : *Mon.* du 22 février ; rapport par M. Muret de Bort : *Mon.* du 11 mai ; discussion et adoption : *Mon.* des 14, 15, 16, 17, 20, 21, 22 et 23 mai.

Chambre des pairs. Présentation : *Mon.* du 31 mai ; rapport par M. Rouillé de Fontaine : *Mon.* du 20 juin ; adoption : *Mon.* du 25 juin.

L. 19 juillet 1845 . . Autorisant la ville de Lille à contracter un emprunt pour une subvention relative à l'établissement du chemin de fer. — 2ᵉ sem. 1845, sér. 9, *Bull.* 1224, p. 305.

Chambre des députés. Présentation : *Mon.* du 2 mai ; rapport par M. le baron de Ladoucette : *Mon.* du 15 mai, 2ᵉ suppl. et 22 juin, 4ᵉ suppl. ; discussion et adoption : *Mon.* du 22 juin.

Chambre des pairs. Présentation : *Mon.* du 27 juin ; rapport par M. le marquis de Raigecourt : *Mon.* du 11 juillet ; discussion et adoption : *Mon.* du 13 juillet, suppl.

O. 10 septemb. 1845. Approuvant l'adjudication passée pour la concession du chemin de fer de Paris en Belgique et embranchements sur Calais et sur Dunkerque (compagnie du Nord). Texte de la soumission. — 2ᵉ sem. 1845, sér. 9, *Bull.* 1238, p. 572.

O. 20 septemb. 1845. Autorisation de la société anonyme formée sous la dénomination de *Compagnie du chemin de fer du Nord.* Texte des statuts. — 2ᵉ sem. 1845, suppl. sér. 9, *Bull.* 802, p. 28 .

O. 29 décembre 1845. Approuvant l'adjudication passée pour la concession du chemin de fer de

---

¹ CHEMIN DE FER DE FAMPOUX A HAZEBROUCK.

CONCESSION ABANDONNÉE.

L. 15 juillet 1845 . . . . Autorisant l'adjudication d'un chemin de fer de Fampoux à Hazebrouck . . . . Texte du cahier des charges. — 2ᵉ sem. 1845, série 9, *Bull.* 1221, p. 116.

O. 10 septembre 1845 . . . . Approuvant la concession du chemin de fer de Fampoux à Hazebrouck. Texte de l'adjudication. — 2ᵉ sem. 1845, sér. 9, *Bull.* 1238, p. 574.

O. 22 septembre 1845 . . . . Approbation de la compagnie du chemin de fer de Fampoux à Hazebrouck. Texte des statuts, — 2ᵉ sem. 1845, suppl. sér. 9, *Bull.* 802, p. 302.

D. 6 mars 1853 . . . . Restitution à la compagnie de Fampoux à Hazebrouck . . . . de la moitié de son cautionnement. (Arrêté du 28 décembre 1847 ; déclaration de déchéance. Arrêté du 21 juin 1848 ; suppression du cautionnement.) — 1ᵉʳ sem 1853, sér. 11, *Bull.* 28, p. 394.

Creil à Saint-Quentin (compagnie de Creil à Saint-Quentin). Texte de la soumission. — 2ᵉ sem. 1845, sér. 9, *Bull.* 1266, p. 1264.

O. 24 avril 1846.... Autorisation de la société anonyme formée sous la dénomination de *Compagnie du chemin de fer de Creil à Saint-Quentin*. Texte des statuts. — 1ᵉʳ sem. 1846, suppl. sér. 9, *Bull.* 838, p. 812.

O. 2 décembre 1846. Crédit pour la construction des plates-formes des bureaux de poste sur la ligne du Nord.... — 2ᵉ sem. 1846, sér. 9, *Bull.* 1348, p. 1025.

O. 1ᵉʳ avril 1847.... Approuvant la fusion de la compagnie du chemin de fer de Creil à Saint-Quentin avec la compagnie du chemin de fer du Nord. Traité de fusion de ces deux compagnies. — 1ᵉʳ sem. 1847, suppl. sér. 9, *Bull.* 899, p. 742.

L. 9 août 1847..... Allocations et crédits pour l'achèvement de la ligne de Paris à Lille et à Valenciennes. — 2ᵉ sem. 1847, sér. 9, *Bull.* 1412, p. 529.

    Chambre des députés. Présentation : *Mon.* du 21 mai ; rapport par M. Pascalis : *Mon.* du 22 juin ; discussion et adoption : *Mon.* des 16 et 17 juillet.

    Chambre des pairs. Présentation : *Mon.* du 24 juillet ; rapport par M. le comte Daru : *Mon.* du 29 juillet ; adoption : *Mon.* des 30 et 31 juillet.

D. 10 décembre 1851. Concession aux compagnies des chemins de fer du Nord et de Paris à Strasbourg d'un raccordement entre leurs gares de la Chapelle et de la Villette. Texte du cahier des charges. — 2ᵉ sem. 1851, sér. 10, *Bull.* 469, p. 1075.

D. 10 décembre 1851. Autorisation de concéder un chemin de fer de Ceinture. Texte du cahier des charges. — 2ᵉ sem. 1851, sér. 10, *Bull.* 470, p. 1105.

D. 11 décembre 1851. Approbation de la convention passée avec les compagnies du Nord, etc. pour la concession du chemin de fer de Ceinture. Texte de la convention. — 2ᵉ sem. 1851, sér. 10, *Bull.* 470, p. 1112.

D. 19 février 1852.. Approuvant une convention qui sanctionne la fusion de la compagnie du chemin de fer d'Amiens à Boulogne avec celle du chemin de fer du Nord, et fait concession à cette dernière compagnie des lignes de Saint-Quentin à la frontière belge, près Erquelines ; du Câteau, aujourd'hui Busigny, à Somain (ou d'une variante dirigée par Cambrai) ; de la Fère à Reims, et éventuellement de Noyelles à Saint-Valery. Texte de la convention. — 1ᵉʳ sem. 1852, sér. 10, *Bull.* 496, p. 527.

D. 25 janvier 1853.. Promulgation du règlement pour le transit international des marchan-

dises par chemins de fer entre la France, la Belgique et les Pays-Bas,
en ce qui concerne la douane. —1ᵉʳ sem. 1853, sér. 11, Bull. 15, p. 183.

D. 20 juillet 1853.. Approuvant une convention passée pour la concession d'une ligne de Creil
à Beauvais (compagnie des Ardennes). Texte de la convention et du
cahier des charges. — 2ᵉ sem. 1853, sér. 11, *Bull.* 85, p. 355.

D. 13 août 1853.... Approuvant une convention passée pour la concession à la compagnie
du Nord d'une ligne de Paris à Creil et d'une section dirigée de Busigny sur Cambrai, en remplacement de la section du Câteau à Somain.
Texte de la convention. — 2ᵉ sem. 1853, sér. 11, *Bull.* 86, p. 395.

L. 23 mai 1854 [1]... Autorisant le département du Nord à s'imposer pour la subvention destinée à la construction de la ligne de Cambrai. — 1ᵉʳ sem. 1854,
sér. 11, *Bull.* 176, p. 1377.
> Corps législatif. Présentation : *Mon.* du 15 avril, suppl.; rapport par M. Sey-
> doux; *Mon.* du 20 mai, suppl.; adoption : *Mon.* du 3 mai.

L. 29 juin 1854.... Relative à la subvention allouée par la ville de Cambrai pour les travaux
du chemin de fer. — 1ᵉʳ sem. 1854, sér. 11, *Bull.* 193, p. 1742.
> Corps législatif. Présentation : *Mon.* du 31 mai, suppl. p. xxxiii; rapport par
> M. Aymé : *Mon.* du 31 mai, p. xlii; discussion et adoption : *Mon.* du 1ᵉʳ juin.

D. 19 août 1854.... Approuvant une convention passée pour la concession d'un chemin de
fer de Hautmont à la frontière belge, avec raccordement éventuel à
Maubeuge. Texte de la convention et du cahier des charges. — 2ᵉ sem.
1854, sér. 11, *Bull.* 223, p. 537.

D. 17 octobre 1854. Portant concession à la compagnie du chemin de fer du Nord d'un
embranchement de Noyelles à Saint-Valery. — 2ᵉ sem. 1854, sér. 11,
Bull. 228, p. 624.

D. 18 novembre 1854. Autorisant la compagnie du chemin de fer du Nord à importer des rails
à droit réduit. — 2ᵉ sem. 1854, sér. 11, *Bull.* 248, p. 1004.

D. 5 mai 1855..... Autorisant la compagnie du chemin de fer du Nord à importer des rails
à droit réduit. — 1ᵉʳ sem. 1855, sér. 11, *Bull.* 296, p. 993.

D. 6 décembre 1866. Prorogation des délais d'exécution du chemin de fer de Hautmont à la
frontière. — 2ᵉ sem. 1856, sér. 11, *Bull.* 452, p. 1195.

---

[1] D. 27 novembre 1852... Convocation du conseil général du département du Nord pour délibérer sur la subvention
destinée à la ligne de Cambrai. — 2ᵉ sem. 1852, sér. 10, *Bull.* 591, p. 792.

L. 1ᵉʳ juin 1857. . . . . Autorisant la ville de Laon à contracter un emprunt pour subvention à la compagnie du Nord. — 1ᵉʳ sem. 1857, sér. 11. *Bull.* 504, p. 964.

 Corps législatif. Présentation : *Mon.* annexe D; rapport par M. Hébert : annexe E; adoption : *Mon.* du 25 avril.

D. 10 juin 1857. . . . Approuvant une convention passée avec la compagnie des Ardennes, concernant. . . . la cession à la compagnie du Nord de l'embranchement de Creil à Beauvais, en échange de l'abandon par celle-ci de la section de Laon à Reims. — 2ᵉ sem. 1857, sér. 11. *Bull.* 523, p. 364.

D. 26 juin 1857. . . . Approuvant une convention passée avec la compagnie du chemin de fer du Nord pour la concession des lignes ci-après : Paris à Soissons; Boulogne à Calais et embranchement sur Marquise; Amiens vers Tergnier (aujourd'hui Mennessis); une ligne intermédiaire entre Arras, Hazebrouck et Douai (ligne des houillères du Pas-de-Calais); un embranchement sur Senlis; un embranchement sur Pontoise; un embranchement d'Ermont à Argenteuil; pour la concession, dans la proportion des deux tiers, d'une ligne de Rouen à Amiens, et pour la concession éventuelle de plusieurs lignes, savoir : de Soissons à la frontière, près Anor, avec embranchement sur la ligne de Saint-Quentin à la frontière, près Aulnoye (Achette à Anor); de Senlis à la ligne de Paris à Soissons, près Crespy; de Beauvais à la ligne nouvelle de Gournay à Dieppe; pour la sanction d'un traité passé avec la compagnie des Ardennes, stipulant une cession à celle-ci de la section de Laon à Reims, en échange de l'embranchement de Creil à Beauvais, et d'un traité passé avec la compagnie de l'Ouest pour la construction du raccordement d'Ermont à Argenteuil; pour la reprise du chemin de fer de Villers-Cotterets au Port-aux-Perches[1]; enfin pour l'application à l'ensemble du réseau de la compagnie du Nord d'un nouveau cahier des charges. Texte de la convention, du cahier des charges et des deux traités. — 2ᵉ sem. 1857, sér. 11. *Bull.* 526, p. 411.

D. 30 juin 1857. . . . Autorisant une modification des statuts de la compagnie du chemin de fer du Nord. Texte des statuts modifiés. — 2ᵉ sem. 1857, suppl. sér. 11, *Bull.* 406, p. 294.

D. 15 juillet 1858. . . Tracé du chemin de fer de Paris à Soissons, entre Dammartin et Soissons. — 2ᵉ sem. 1858, sér. 11, *Bull.* 622, p 84.

---

[1] O. 6 juin 1836. . . . . . . Autorisation de l'établissement d'un chemin de fer de Villers-Cotterets au Port-aux-Perches. Texte du cahier des charges. — 1ᵉʳ sem. 1836, série 9. *Bull.* 439, p. 4.

D. 11 juin 1859. . . . . Approuvant une convention passée avec la compagnie du chemin de fer du Nord pour la division des lignes en ancien et nouveau réseau; garantie d'intérêt accordée à ce dernier; conditions diverses. Texte de la convention. — 2e sem. 1859, sér. 11, *Bull.* 709, p. 54.

L. 11 juin 1859. . . . . Approuvant certains articles de la convention précitée. — 2e sem. 1859, sér. 11, *Bull.* 709, p. 13.

Corps législatif. Présentation : *Mon.* des 23 février et 4 mars, suppl.; rapport par M. le baron de Jouvenel : *Mon.* du 31 mai, suppl. xiv; discussion et adoption : *Mon.* des 18, 19 et 20 mai.

D. 27 août 1859. . . . Approuvant un traité passé avec la compagnie du Nord pour l'amélioration des voies publiques aux abords de la gare nouvelle. — 2e sem. 1859, sér. 11, *Bull.* 730, p. 616.

D. 26 septemb. 1859. Approuvant une convention passée avec la compagnie du Nord pour la fusion du chemin de fer de Hautmont à la frontière. Texte de la convention et du traité. — 2e sem. 1859, sér. 11, *Bull.* 735, p. 704.

D. 5 juin 1861. . . . . Déclaration d'utilité publique et concession définitive d'un chemin de fer de Beauvais à la ligne de Paris à Dieppe, près Gournay. — 1er sem. 1861, sér. 11, *Bull.* 940, p. 785.

D. 14 juin 1861. . . . . Déclaration d'utilité publique et concession définitive d'un chemin de fer de Senlis à la ligne de Paris à Soissons, près Crespy. — 2e sem. 1861, sér. 11, *Bull.* 946, p. 6.

D. 14 juin 1861. . . . Tracé et délai fixé pour l'exécution de la ligne de Boulogne à Calais. — 2e sem. 1861, sér. 11, *Bull.* 953, p. 254.

L. 2 juillet 1861. . . . Crédit (obligations trentenaires) pour l'exécution de plusieurs lignes. . . Subvention à accorder pour la traversée de la ville de Boulogne. — 2e sem. 1861, sér. 11, *Bull.* 946, p. 1.

Corps législatif. Exposé des motifs : *Mon.* du 18 juin; rapport par M. Alfred Le Roux : *Mon.* des 29 et 30 juin; discussion et adoption : *Mon.* des 25 et 26 juin.

D. 4 juillet 1861. . . . Création des obligations trentenaires précitées. — 2e sem. 1861, sér. 11, *Bull.* 946, p. 5.

D. 27 juillet 1861. . . Prorogation du délai d'exécution pour l'embranchement de Pontoise. — 2e sem. 1861, sér. 11, *Bull.* 958, p. 340.

D. 22 septemb. 1861. Déclaration d'utilité publique et concession définitive d'un chemin de fer de Soissons à la frontière de Belgique. — 2ᵉ sem. 1861, sér. 11, *Bull.* 968, p. 513.

D. 22 septemb. 1861 . Tracé du chemin de fer entre Amiens et Ham. — 2ᵉ sem. 1861, sér. 11, *Bull.* 968, p. 514.

L. 12 février 1862 .. Conversion des rentes..., et des obligations trentenaires précitées. — 1ᵉʳ sem. 1862, sér. 11, *Bull.* 998, p. 105.

> Corps législatif. Exposé des motifs : *Mon.* du 29 janvier; rapport par M. Gouin : *Mon.* du 7 février; discussion et adoption : *Mon.* des 8 et 9 février.

D. 26 mars 1862 ... Déclaration d'utilité publique de l'établissement d'une gare de marchandises à Lille et agrandissement de la gare de Fives; terrains réunis à la concession. — 1ᵉʳ sem. 1862, sér. 11, *Bull.* 1027, p. 871.

L. 16 avril 1862 .... Ville de Boulogne-sur-Mer. Subvention pour le raccordement du chemin de fer de Boulogne à Calais. 1ᵉʳ sem. 1862, sér. 11, *Bull.* 1017, p. 622.

> Corps législatif. Exposé des motifs : *Mon.* du 20 mars; rapport par M. d'Hérambault : annexe F, n° 83; discussion et adoption : *Mon.* du 22 mars.

L. 6 juillet 1862 ... Approuvant certains articles de la convention passée avec la compagnie du Nord pour la concession (dans l'ancien réseau) des lignes de Valenciennes à Achette (aujourd'hui Aulnoye) et de Lille à la frontière près Tournay. Passage de la ligne des houillères du Pas-de-Calais à l'ancien réseau. Fixation des revenus moyens réservés audit réseau. — 2ᵉ sem. 1862, sér. 11, *Bull.* 1041, p. 285.

> Corps législatif. Exposé des motifs : *Mon.* du 17 juin, annexe O, p. LIV; rapport par M. Plichon : *Mon.* du 28 juin et annexe Q, p. CXV; discussion et adoption : *Mon.* des 28 et 29 juin.

D. 6 juillet 1862 .... Déclaration d'utilité publique relative aux chemins de fer de Valenciennes à Achette (Aulnoye) et de Lille vers Tournay. Approbation d'une convention passée pour la concession desdites lignes. Texte de la convention. — 2ᵉ sem. 1862, sér. 11, *Bull.* 1041, p. 286.

D. 6 juillet 1862 ... Déclaration d'utilité publique et concession définitive d'un chemin de fer dirigé de la ligne de Saint-Quentin à Erquelines à celle de Soissons à la frontière (chemin de fer d'Aulnoye à Anor). — 2ᵉ sem. 1862, sér. 11, *Bull.* 1041, p. 289.

D. 11 août 1862 ... Déclaration d'utilité publique relative à un chemin de fer du Grand-

Parc à Rouen par la vallée de Darnetal. — 2ᵉ sem. 1862, sér. 11, *Bull.* 1051, p. 593.

D. 16 août 1862.... Tracé du chemin de fer de Rouen à Amiens entre le Grand-Parc et Amiens. — 2ᵉ sem. 1862, sér. 11, *Bull.* 105, p. 594.

D. 6 octobre 1862.. Agrandissement de la gare de Tourcoing; terrains réunis à la concession. — 2ᵉ sem. 1862, série 11, *Bull.* 1070, p. 1095.

D. 27 décembre 1862. Tracé du chemin de fer de Rouen à Amiens entre le Grand-Parc et Rouen. Concession de l'embranchement dirigé du Grand-Parc sur Rouen par la vallée de Darnetal. Approbation du traité passé, pour l'établissement et l'exploitation du chemin de fer de Rouen à Amiens, entre les compagnies du Nord et de l'Ouest. Texte dudit traité. — 1ᵉʳ sem. 1863, sér. 11, *Bull.* 1122, p. 1033.

D. 22 juin 1863.... Prorogation du délai relatif aux chemins de fer de Rouen à Amiens et d'Amiens à la ligne de Creil à Saint-Quentin (près Mennessis). — 1ᵉʳ sem. 1863, sér. 11, *Bull.* 1132, p. 1408.

D. 16 août 1863... Promulgation d'une convention conclue avec la Belgique pour l'exécution du chemin de fer de Lille à Tournay. — 2ᵉ sem. 1863, sér. 11, *Bull.* 1140, p. 105.

D. 29 août 1863... Prorogation du délai d'exécution du chemin de fer de Boulogne à Calais. — 2ᵉ sem. 1863, sér. 11, *Bull.* 1149, p. 325.

D. 6 août 1865..... Relatif aux chemins de fer de Valenciennes à la ligne de Saint-Quentin à Erquelines et de cette dernière ligne à celle de Soissons à la frontière de Belgique; modification du tracé. — 2ᵉ sem. 1865, sér. 11, *Bull.* 1331, p. 486.

D. 30 décembre 1865. Relatif aux chemins de fer de Rouen à Amiens et d'Amiens à la ligne de Creil à Saint-Quentin; prorogation du délai d'exécution. — 2ᵉ sem. 1865, sér. 11, *Bull.* 1360, p. 1047.

D. 10 février 1866.. Convention internationale passée avec le gouvernement belge pour l'exécution du chemin de fer de Soissons à la frontière par Anor, dans la direction de Chimay. — 1ᵉʳ sem. 1866, sér. 11, *Bull.* 1366, p. 85.

D. 8 octobre 1866. . Établissement de la station de Corbehem; terrains réunis à la concession. — 2ᵉ sem. 1866, sér. 11, *Bull.* 1147, p. 811.

D. 25 décembre 1867. Agrandissement de la gare d'Achiet; terrains réunis à la concession. — 1ᵉʳ sem. 1868, sér. 11, *Bull.* 1574, p. 205.

D. 5 février 1868. . . Établissement dans la gare d'Anor d'un bureau pour la sortie des boissons. — 1ᵉʳ sem. 1868, sér. 11, *Bull.* 1581, p. 298.

D. 11 juillet 1868 . . Établissement d'un passage sous rails à Breteuil. — 2ᵉ sem. 1868, sér. 11, *Bull.* 1637, p. 573.

L. 18 juillet 1868 . . Relative à l'exécution de plusieurs chemins de fer, notamment d'Arras à Étaples et de Béthune à Abbeville. — 2ᵉ sem. 1868, sér. 11, *Bull.* 1612, p. 103.

    Corps législatif. Exposé des motifs : *Mon.* des 21 mai, 10-24 juin, 14-16 juillet; rapport par M. Bou. . .mont : *Mon.* des 25 et 26 juillet et 6 septembre; discussion et adoption : *Mon.* des 20 et 21 juin.

D. 12 août 1868 . . . Règlement relatif aux justifications financières. — 2ᵉ sem. 1868, sér. 11, *Bull.* 1632, p. 395.

D. 23 août 1868 . . . Élargissement de la plate-forme des chemins de fer de Rouen à Amiens et de Buchy à Étaimpuis. Déclaration d'utilité publique. — 2ᵉ sem. 1868, sér. 11, *Bull.* 1648, p. 755.

D. 23 août 1868 . . . Élargissement du chemin de fer de Boulogne à Calais. — 2ᵉ sem. 1868, sér. 11, *Bull.* 1648, p. 756.

D. 1ᵉʳ décembre 1868. Agrandissement de la station d'Achiet; terrains réunis à la concession. — 1ᵉʳ sem. 1869, sér. 11, *Bull.* 1680, p. 107.

D. 5 mai 1869 . . . . Senlis à Crépy; prorogation du délai d'exécution. — 1ᵉʳ sem. 1869, sér. 11, *Bull.* 1713, p. 768.

D. 5 mai 1869. . . . . Agrandissement de la gare d'Abbeville; terrains réunis à la concession. — 2ᵉ sem. 1869, sér. 11, *Bull.* 1737, p. 154.

D. 15 mai 1869 . . . . Agrandissement de la station d'Ailly-sur-Noye; terrains réunis à la concession. — 2ᵉ sem. 1869, sér. 11, *Bull.* 1744, p. 299.

D. 22 mai 1869 . . . . Approuvant une convention passée pour la concession des chemins de fer d'Arras à Étaples, de Béthune à Frévent et à Abbeville, et de

Luzarches à Épinay; modifications diverses. — 1ᵉʳ sem. 1869, sér. 11, *Bull.* 1721, p. 900[1].

L. 22 mai 1869.... Approuvant les stipulations financières comprises dans la convention précitée. — 1ᵉʳ sem. 1867, sér. 11, *Bull.* 1721, p. 889.

> Corps législatif : Exposé des motifs : *J. off.* des 16, 17 et 19 septembre 1868, 15 avril 1869; rapport par M. de Saint-Paul; *J. off.* des 19-23 octobre 1868, 15, 16 et 24 avril 1869; discussion et adoption : *J. off.* du 23 avril 1869.

D. 7 août 1869..... Approuvant divers travaux à exécuter sur l'ancien réseau : lignes de Creil à Saint-Quentin, de Creil à Beauvais, de Paris à la frontière, de Lille à Calais et à Dunkerque, des houillères du Pas-de-Calais, d'Hautmont à la frontière, d'Amiens à Boulogne. — 2ᵉ sem. 1869, sér. 11, *Bull.* 1741, p. 245.

D. 24 novembre 1869. Ligne de Beauvais à Gournay; prorogation des délais d'exécution. — 1ᵉʳ sem. 1870, sér. 11, *Bull.* 1778, p. 81.

D. 27 novembre 1869. Approuvant divers travaux à exécuter sur l'ancien réseau : lignes de Paris à Creil et à Pontoise, de Creil à Amiens, d'Amiens à Boulogne, d'Amiens à la frontière par Lille et Valenciennes, de Lille à Tournai, des houillères du Pas-de-Calais, de Lille à Calais et à Dunkerque. — 1ᵉʳ sem. 1870, sér. 11, *Bull.* 1778, p. 82.

D. 27 novembre 1869. Approuvant divers travaux à exécuter sur l'ancien réseau : lignes de Paris à la frontière, de Creil à Saint-Quentin, de Creil à Beauvais, de Lille à Dunkerque, d'Amiens à Boulogne. — 1ᵉʳ sem. 1870, sér. 11, *Bull.* 1777, p. 51.

---

¹ ARRAS A ÉTAPLES.

CONCESSION ABANDONNÉE.

D. 25 juin 1864......... Autorisation de l'adjudication d'un chemin de fer d'Arras à Étaples et embranchement. Texte du cahier des charges. — 2ᵉ sem. 1864, sér. 11, *Bull.* 1251, p. 482.

D. 5 novembre 1864..... Approbation de l'adjudication passée pour la concession dudit chemin de fer. Texte de l'adjudication. — 2ᵉ sem. 1864, sér. 11, *Bull.* 1251, p. 479.

L. 17 mai 1865......... Département du Pas-de-Calais, imposition relative à la subvention du chemin de fer d'Arras à Étaples. — 1ᵉʳ sem. 1865, sér. 11, *Bull.* 1289, p. 561.

> Corps législatif : Exposé des motifs : *Mon.* du 17 mars; rapport par M. Pinart; *Mon.* du 1ᵉʳ avril; adoption : *Mon.* du 26 avril.

D. 28 février 1866....... Tracé du chemin de fer d'Arras à Étaples; double embranchement sur Frévent et sur Béthune. — 1ᵉʳ sem. 1866, sér. 11, *Bull.* 1371, p. 177.

D. 13 juin 1868......... Résiliation de la concession. — 2ᵉ sem. 1868, sér. 11, *Bull.* 1614, p. 125.

EST.

MULHOUSE A THANN.—STRASBOURG A BÂLE.—MONTEREAU A TROYES.—PARIS A STRASBOURG.
— BLESME ET SAINT-DIZIER A GRAY. — ARDENNES.

L. 17 juillet 1837... Autorisant l'établissement d'un chemin de fer de Mulhouse à Thann. Dispositions diverses. Texte du cahier des charges. — 2ᵉ sem. 1837, sér. 9, *Bull.* 524, p. 247.

Chambre des députés. Présentation ; *Mon.* du 9 mai; rapport par M. T. de Las Cases: *Mon.* du 23 mai; discussion et adoption: *Mon.* du 25 mai.

Chambre des pairs. Présentation : *Mon.* du 2 juillet; rapport par M. le comte de la Villegontier: *Mon.* du 11 juillet; adoption : *Mon.* du 13 juillet.

L. 6 mars 1838 .... Autorisant l'établissement et la concession d'un chemin de fer de Strasbourg à Bâle. Dispositions diverses. Texte du cahier des charges. — 1ᵉʳ sem. 1838, sér. 9, *Bull.* 559, p. 81.

Chambre des députés. Présentation : *Mon.* du 28 janvier; rapport par M. de Galbéry: *Mon.* du 4 février; discussion et adoption : *Mon.* des 6 et 7 février.

Chambre des pairs. Présentation : *Mon.* du 8 février; rapport par M. Tarbé de Vauxclair: *Mon.* du 17 février; discussion et adoption : *Mon.* des 20 et 21 février.

O. 14 mai 1838 .... Autorisation de la compagnie du chemin de fer de Strasbourg à Bâle. Texte des statuts. — 1ᵉʳ sem. 1838, suppl. sér. 9, *Bull.* 370, p. 778.

L. 15 juillet 1840 .. Relative à divers chemins de fer... Prêt consenti par l'État en faveur de la compagnie du chemin de fer de Strasbourg à Bâle. — 2ᵉ sem. 1840, sér. 9, *Bull.* 753, p. 235.

Chambre des députés. Présentation : *Mon.* du 8 avril; rapport par M. de Beaumont: *Mon.* du 4 juin; discussion et adoption : *Mon.* des 11, 12, 13, 14, 16 et 17 juin.

Chambre des pairs. Présentation : *Mon.* du 24 juin; rapport par M. le baron Dupin : *Mon.* du 4 juillet; discussion et adoption : *Mon.* du 5 juillet.

O. 16 octobre 1840. Approuvant la convention passée avec la compagnie du chemin de fer de Strasbourg à Bâle pour la réalisation du prêt de l'État. — 2ᵉ sem. 1840, sér. 9, *Bull.* 773, p. 636.

O. 29 octobre 1840. Approuvant un nouveau cahier des charges pour le chemin de fer de Strasbourg à Bâle. — 2ᵉ sem. 1840, sér. 9, *Bull.* 774, p. 657. Texte du cahier des charges. — *Bull.* 779, p. 791.

O. 20 juillet 1841. Crédit ouvert pour le chemin de fer de Strasbourg à Bâle. — 2ᵉ sem. 1841, sér. 9, *Bull.* 840, p. 111.

O. 29 octobre 1841. Crédit ouvert pour le chemin de fer de Strasbourg à Bâle. — 2ᵉ sem. 1841, sér. 9, *Bull.* 860, p. 378.

O. 23 décembre 1841. Crédit ouvert pour le chemin de fer de Strasbourg à Bâle. — 1ᵉʳ sem. 1842, sér. 9, *Bull.* 880, p. 12.

L. 11 juin 1842. Relative à l'établissement de grandes lignes de chemins de fer... de Paris sur la frontière d'Allemagne, par Nancy et Strasbourg... de la Méditerranée sur le Rhin, par Lyon, Dijon et Mulhouse. Conditions d'exécution. Allocations et crédits pour la ligne de Paris à Strasbourg. — 1ᵉʳ sem. 1842, sér. 9, *Bull.* 914, p. 481.

Chambre des députés. Présentation : *Mon.* du 8 février; rapport par M. Dufaure : *Mon.* des 17 et 19 avril; discussion et adoption : *Mon.* des 27, 28, 29 et 30 avril, 3, 4, 5, 6, 7, 8, 10, 11, 12 et 13 mai.

Chambre des pairs. Présentation : *Mon.* du 14 mai; rapport par M. le comte de Gasparin : *Mon.* du 27 mai; discussion et adoption : *Mon.* des 31 mai, 1ᵉʳ, 2, 3 et 4 juin.

O. 20 octobre 1843. Chemin de fer de Strasbourg à Bâle; justifications financières. — 2ᵉ sem. 1843, sér. 9, *Bull.* 1056, p. 754.

L. 26 juillet 1844. Autorisant la concession d'un chemin de fer de Montereau à Troyes. Conditions principales. — 2ᵉ sem. 1844, sér. 9, *Bull.* 1120, p. 176.

Chambre des députés. Présentation : *Mon.* du 4 avril; rapport par M. de la Tournelle : *Mon.* du 6 juin; discussion et adoption : *Mon.* des 20, 21, 22, 23, 25 et 26 juin.

Chambre des pairs. Présentation : *Mon.* du 30 juin; rapport par M. Teste : *Mon.* du 10 juillet; discussion et adoption : *Mon.* des 12, 13 et 14 juillet.

Retour à la Chambre des députés : *Mon.* du 17 juillet; rapport par M. de la Tournelle : *Mon.* du 17 juillet; discussion et adoption : *Mon.* du 18 juillet.

L. 2 août 1844. Allocations et crédits pour le chemin de fer de Paris à Strasbourg et

pour les embranchements d'Épernay à Reims et de Frouard à Forbach. — 2ᵉ sem. 1844, sér. 9, *Bull.* 1122, p. 189.

> Chambre des députés, Présentation : *Mon.* du 24 mai ; rapport par M. Ch. Du-
> pin : *Mon.* du 28 juin ; discussion et adoption : *Mon.* des 30 juin, 2, 3 et 4 juillet.
> Chambre des pairs, Présentation. *Mon.* du 7 juillet ; rapport par M. le marquis
> de Gabriac : *Mon.* du 23 juillet ; adoption : *Mon.* du 28 juillet.

O. 14 décembre 1844. Cahier des charges de la concession du chemin de fer de Montereau
à Troyes. Texte du cahier des charges. — 2ᵉ sem. 1844, sér. 9,
Bull. 1160, p. 1053.

O. 25 janvier 1845.. Approuvant l'adjudication passée pour la concession du chemin de fer
de Montereau à Troyes. Texte du procès-verbal. — 1ᵉʳ sem. 1845,
sér. 9, *Bull.* 1175, p. 129.

O. 29 mai 1845.... Autorisation de la compagnie du chemin de fer de Montereau à Troyes.
Texte des statuts. — 1ᵉʳ sem. 1845, suppl. sér. 9, *Bull.* 783, p. 705.

L. 19 juillet 1845... Autorisant l'adjudication du chemin de fer de Paris à Strasbourg, avec
embranchements d'Épernay à Reims et de Frouard sur Metz et la
Prusse (Forbach). Texte du cahier des charges. — 2ᵉ sem. 1845,
sér. 9, *Bull.* 1226, p. 329.

> Chambre des députés. Présentation : *Mon.* du 19 avril ; rapport par M. Gillon :
> *Mon.* du 17 juin ; discussion et adoption : *Mon.* des 1ᵉʳ et 2 juillet.
> Chambre des pairs. Présentation : *Mon.* du 5 juillet ; rapport par M. le duc de
> Fézensac : *Mon.* du 15 juillet ; discussion et adoption : *Mon.* du 19 juillet.

O. 27 novembre 1845. Approuvant l'adjudication passée pour la concession du chemin de fer
de Paris à Strasbourg et embranchements. Texte de la soumission.
— 2ᵉ sem. 1845, série 9, *Bull.* 1259, p. 1092.

O. 17 décembre 1845. Autorisation de la compagnie du chemin de fer de Paris à Strasbourg.
Texte des statuts. — 2ᵉ sem. 1845, suppl. sér. 9, *Bull.* 818, p. 761.

L. 21 juin 1846.... Autorisant l'adjudication d'un chemin de fer de Saint-Dizier à Gray.
Conditions diverses. Texte du cahier des charges. — 2ᵉ sem. 1846,
sér. 9, *Bull.* 1312, p. 283.

> Chambre des députés. Présentation : *Mon.* du 24 mars ; rapport par M. de Bus-
> sières ; *Mon.* du 23 avril ; discussion et adoption : *Mon.* des 7, 8, 9 et 10 mai.
> Chambre des pairs. Présentation : *Mon.* du 20 mai ; rapport par M. le duc de
> Fézensac : *Mon.* du 7 juin ; discussion et adoption : *Mon.* du 9 juin.

L. 9 août 1847..... Autorisant un prêt à faire par l'État à la compagnie du chemin de fer de Montereau à Troyes. — 2ᵉ sem. 1847, sér. 9, *Bull.* 1413, p. 541.

> Chambre des députés. Présentation : *Mon.* du 11 juin; rapport par M. A. Calmon ; *Mon.* du 8 juillet; discussion et adoption : *Mon.* des 23 et 24 juillet.
>
> Chambre des pairs. Présentation : *Mon.* du 29 juillet; rapport par M. le duc de Fézensac : *Mon.* du 5 août; adoption : *Mon.* du 7 août.

O. 11 septemb. 1847. Approbation de la convention passée avec la compagnie du chemin de fer de Montereau à Troyes pour la réalisation du prêt de l'État. Texte de la convention. — 2ᵉ sem. 1847, sér. 9, *Bull.* 1419, p. 679.

O. 11 septemb. 1847. Crédit ouvert pour le prêt autorisé en faveur de la compagnie du chemin de fer de Montereau à Troyes. — 2ᵉ sem. 1847, sér. 9, *Bull.* 1420, p. 706.

D. 24 avril 1848.... Crédit ouvert pour le chemin de fer de Paris à Strasbourg. — 1ᵉʳ sem. 1848, 2ᵉ partie, sér. 10, *Bull.* 30, p. 298.

D. 17 novembre 1848. Autorisant la compagnie du chemin de fer de Montereau à Troyes à exploiter provisoirement la partie du chemin de fer de Paris à Lyon comprise entre Montereau et Melun. — 2ᵉ sem. 1848, sér. 10, *Bull.* 92, p. 652.

L. 7 mai 1850..... Sommes affectées aux travaux du chemin de fer de Paris à Strasbourg. 1ᵉʳ sem. 1850, sér. 10, *Bull.* 257, p. 465.

> Assemblée nationale. Présentation : *Mon.* du 20 février; rapport par M. Leverrier : *Mon.* du 12 mai; discussion et adoption : *Mon.* du 8 mai.

L. 30 juin 1851.... Sommes affectées aux travaux du chemin de fer de Paris à Strasbourg. — 1ᵉʳ sem. 1851, sér. 10, *Bull.* 408, p. 761.

> Assemblée nationale. Présentation : *Mon.* du 27 mai, suppl. B au n° 147, p. v; rapport par M. de Mouchy : *Mon.* du 17 juin, suppl. A au n° 168, p. iii; discussion et adoption : *Mon.* du 1ᵉʳ juillet, suppl.

D. 10 décembre 1851. Concession aux compagnies des chemins de fer du Nord et de Paris à Strasbourg d'un raccordement des gares de la Chapelle et de la Villette. Texte du cahier des charges. — 2ᵉ sem. 1851, sér. 10, *Bull.* 469, p. 1075.

D. 10 décembre 1851. Autorisation de concéder un chemin de fer de ceinture. Texte du cahier des charges. — 2ᵉ sem. 1851, sér. 10, *Bull.* 470, p. 1105.

D. 11 décembre 1851. Approbation de la convention passée avec les compagnies de l'Est, etc.

pour la concession du chemin de fer de Ceinture. Texte de la convention. 2ᵉ sem. 1851, sér. 10, *Bull.* 470, p. 1112.

D. 19 février 1852.. Approuvant une convention passée pour la concession du chemin de fer de la Fère (Tergnier) à Reims par Laon (compagnie du Nord). Texte de la convention. — 2ᵉ sem. 1852, sér. 10, *Bull.* 496, p. 537.

D. 25 février 1852.. Autorisant la concession d'un chemin de fer de Strasbourg à la frontière bavaroise. Texte du cahier des charges. — 1ᵉʳ sem. 1852, sér. 10, *Bull.* 499, p. 581.

D. 25 février 1852.. Approuvant une convention passée avec la compagnie du chemin de fer de Strasbourg à Bâle pour la concession d'un chemin de fer de Strasbourg à la frontière bavaroise. Texte de la convention. — 1ᵉʳ sem. 1852, sér. 10, *Bull.* 499, p. 600.

D. 25 février 1852.. Somme affectée à l'achèvement des travaux du chemin de fer de Paris à Strasbourg, et dispositions relatives à la gare de Strasbourg. — 1ᵉʳ sem. 1852, sér. 10, *Bull.* 499, p. 602.

D. 25 mars 1852... Approuvant une convention passée avec la compagnie du chemin de fer de Paris à Strasbourg pour la concession d'une ligne de Metz à Thionville, avec prolongement vers Luxembourg. Prorogation de la concession de Paris à Strasbourg. Subvention à payer à la compagnie de Blesme à Gray. Texte de la convention. Traité avec la compagnie de Blesme à Gray. — 1ᵉʳ sem. 1852, sér. 10, *Bull.* 521, p. 1097.

D. 26 mars 1852... Autorisant la concession d'un chemin de fer de Blesme et de Saint-Dizier à Gray. Texte du cahier des charges. — 1ᵉʳ sem. 1852, sér. 10, *Bull.* 528, p. 1222.

D. 26 mars 1852... Approuvant la convention passée pour la concession du chemin de fer de Blesme et de Saint-Dizier à Gray (compagnie de Blesme à Gray). Texte de la convention; conventions subsidiaires. — 1ᵉʳ sem. 1852, sér. 10, *Bull.* 528, p. 1240.

D. 27 mars 1852... Prorogation de la concession du chemin de fer de Montereau à Troyes, et autorisation, pour la compagnie, de contracter un emprunt. — 1ᵉʳ sem. 1852, sér. 10, *Bull.* 520, p. 1087.

D. 25 mai 1852.... Convention conclue avec le Gouvernement bavarois pour l'exploitation du chemin de fer de Strasbourg à Spire. Texte de la convention et procès-verbal. — 1ᵉʳ sem. 1852, sér. 10, *Bull.* 537, p. 1419.

D. 4 juin 1852 . . . . . Autorisation de la compagnie du chemin de fer de Blesme et Saint-Dizier à Gray. Texte des statuts — 1er sem. 1852, suppl. sér. 10. *Bull.* 252, p. 712.

D. 28 juillet 1852 . . . Déterminant les formes des justifications financières à présenter par la compagnie du chemin de fer de Blesme à Gray. Réalisation de l'emprunt, etc. — 2e sem. 1852, sér. 10. *Bull.* 573, p. 428.

D. 30 juillet 1852 . . . Autorisation de la compagnie du chemin de fer de Mulhouse à Thann. Texte des statuts. — 2e sem. 1852, suppl. sér. 10, *Bull.* 263, p. 152.

D. 15 avril 1853 . . . . Approuvant une modification des statuts de la compagnie du chemin de fer de Strasbourg à Bâle. Texte de la modification des statuts — 1er sem. 1853, suppl. sér. 11, *Bull.* 18, p. 664.

D. 20 juillet 1853 . . Approuvant la convention passée pour la concession du chemin de fer de Reims à Mézières et Charleville et embranchement sur Sedan, avec prolongement éventuel vers la frontière belge (Givet), et d'un chemin de fer de Creil à Beauvais (compagnie des Ardennes). Texte de la convention et du cahier des charges. — 2e sem. 1853, sér. 11, *Bull.* 85, p. 355.

D. 27 juillet 1853 . . Approuvant une convention passée avec la compagnie du chemin de fer de Blesme à Gray pour la réalisation de la garantie d'intérêt. — 2e sem. 1853, sér. 11, *Bull.* 82, p. 307.

D. 17 août 1853 . . . . Approuvant une convention passée avec la compagnie du chemin de fer de Paris à Strasbourg, portant les dispositions suivantes : concession à la compagnie du chemin de fer de Paris à Strasbourg d'un chemin de fer de Paris à Mulhouse, avec embranchement sur Coulommiers ; d'un chemin de fer de Nancy à Gray par Épinal ; d'un chemin de fer de Paris à Vincennes et embranchement ; fusion et réunion à la compagnie des chemins de fer de Montereau à Troyes et de Blesme à Gray. Texte de la convention. Cahier des charges de la concession précitée. Traité entre les compagnies fusionnées. — 2e sem. 1853, sér. 11, *Bull.* 94, p. 531.

D. 21 janvier 1854 . . Approuvant la modification des statuts de la compagnie du chemin de fer de Paris à Strasbourg, sous la nouvelle dénomination de *Compagnie des chemins de fer de l'Est*. Texte des statuts. — 1er sem. 1854, suppl. sér. 11, *Bull.* 62, p. 159.

D. 20 avril 1854 . . . . Approuvant une convention passée pour la fusion du chemin de fer de Strasbourg à Bâle et à Wissembourg avec les chemins de l'Est, et pour

la concession à la compagnie de l'Est d'une ligne de Strasbourg à Kehl
sur le Rhin. Texte de la convention. Cahier des charges supplémentaire. — 1er sem. 1854, sér. 11, *Bull.* 177, p. 1393.

D. 24 juin 1854.... Autorisant le département de l'Aube à subvenir, par voie d'imposition,
à la garantie d'intérêt des actions de la compagnie de Montereau à
Troyes. — 1er sem. 1854, sér. 11, *Bull.* 191, p. 1683.

D. 5 août 1854..... Approuvant une modification des statuts de la compagnie du chemin de
fer de Mulhouse à Thann. Texte de la modification des statuts. —
2e sem. 1854, suppl. sér. 11, *Bull.* 107, p. 324.

D. 18 janvier 1855 [1]. Approuvant l'établissement, par la compagnie de l'Est, d'un embranchement sur Provins et d'un raccordement près des Ormes.

D. 8 mars 1855.... Déclaration d'utilité publique de l'exécution, entre Langres et Vesoul,
du chemin de fer de Paris à Mulhouse. Concession rendue défini-
tive en cette partie (extrait). — 1er sem. 1855, sér. 11, *Bull.* 295,
p. 982.

D. 11 juillet 1855... Autorisation de la compagnie des chemins de fer des Ardennes et de
l'Oise. Texte des statuts. — 2e sem. 1855, suppl. sér. 11, *Bull.* 212,
p. 305.

D. 1er mars 1856... Allocations pour diverses lignes; diminution de l'allocation affectée au
chemin de fer de Paris à Strasbourg. — 1er sem. 1856, sér. 11,
Bull. 369, p. 321.

D. 19 novembre 1856. Approuvant une convention passée avec la compagnie des chemins de
fer de l'Est, relativement à l'émission de nouvelles obligations. —
2e sem. 1856, sér. 11, *Bull.* 451, p. 1102.

D. 3 janvier 1857... Prorogation du délai spécial concernant le prolongement du chemin de

---

[1] CHEMIN DE FER DE PROVINS AUX ORMES.

CONCESSION ABANDONNÉE.

D. 28 juillet 1852....... Portant concession d'un chemin de fer de Provins aux Ormes (compagnie du chemin de fer
de Provins aux Ormes). — 2e sem. 1852, sér. 10, *Bull.* 565, p. 312.

D. 12 octobre 1853...... Autorisation de la compagnie du chemin de fer de Provins aux Ormes. Texte des statuts.—
2e sem. 1853, suppl. sér. 11, *Bull.* 51, p. 890.

fer de Reims à Charleville jusqu'à la frontière belge. — 1er sem. 1857, sér. 11, *Bull.* 461, p. 36.

D. 21 janvier 1857.. Approuvant une convention passée avec la compagnie des chemins de fer de l'Est pour la concession d'un embranchement sur Bar-sur-Seine et le raccordement avec la ligne de Mulhouse, près Vincennes. Texte de la convention. — 1er sem. 1857, sér. 11, *Bull.* 466, p. 137.

D. 10 juin 1857.... Approuvant une convention passée avec la compagnie des Ardennes pour la concession d'un chemin de fer de Charleville à la frontière vers Givet, d'un chemin de fer de Sedan à Thionville, avec embranchement de Longuyon à Longwy et la frontière belge; d'un chemin de fer de Reims vers Villers-Cotterets (Soissons). Texte de la convention et du cahier des charges. — 2e sem. 1857, sér. 11, *Bull.* 523, p. 364; *errata : Bull.* 544, p. 828.

D. 26 juin 1857.... Approuvant une convention passée avec la compagnie du Nord. Homologation d'un traité conclu entre cette compagnie et la compagnie des Ardennes pour la cession de la ligne de Laon à Reims, en échange de l'embranchement de Beauvais. Texte de la convention et du traité. — 2e sem. 1857, sér. 11, *Bull.* 526, p. 411.

D. 3 juillet 1857... Approuvant une convention passée avec la compagnie des chemins de fer de l'Est pour la concession d'un embranchement sur le camp de Châlons. Texte de la convention. — 2e sem. 1857, sér. 11, *Bull.* 525, p. 405.

D. 3 juillet 1857... Approuvant une modification des statuts et la nouvelle dénomination de la compagnie du chemin de fer des Ardennes, et réglant l'émission des obligations. — 2e semestre 1857, suppl. sér. 11, *Bull.* 400, p. 128.

D. 12 juillet 1857.. Convention conclue avec le grand-duché de Luxembourg pour l'établissement d'un chemin de fer international en prolongement de la ligne de Metz à Thionville. — 2e sem. 1857, sér. 11, *Bull.* 520, p. 17.

D. 24 juillet 1857.. Convention conclue avec le grand-duché de Bade pour le passage du Rhin, et notamment la construction d'un pont de chemin de fer près de Kehl. — 2e sem. 1857, sér. 11, *Bull.* 525, p. 401.

D. 7 septembre 1857. Convention conclue avec la Bavière pour le service international des chemins de fer à Wissembourg. — 2e sem. 1857, sér. 11, *Bull.* 539, p. 729.

D. 29 mai 1858....   Approuvant une convention passée entre la compagnie de l'Est et la compagnie de Mulhouse à Thann pour la fusion de cette dernière ligne. Texte de la convention. — 1ᵉʳ sem. 1858, ser. 11, *Bull.* 613, p. 1407.

D. 19 juin 1858....   Convention conclue avec le grand-duché de Bade pour l'établissement d'un pont sur le Rhin et d'un chemin de fer de Strasbourg à Kehl [1]. — 1ᵉʳ sem. 1858, sér. 11, *Bull.* 612. p. 1365.

D. 8 juillet 1858...   Prorogation des délais d'achèvement pour le chemin de fer de Paris à Saint-Maur et l'embranchement de Coulommiers. — 2ᵉ sem. 1858, sér. 11, *Bull.* 622, p. 83.

D. 24 mai 1859....   Modification des statuts de la compagnie du chemin de fer des Ardennes. — 1ᵉʳ sem. 1859, suppl. sér. 11, *Bull.* 580, p. 1048.

D. 11 juin 1859....   Approuvant une convention passée avec la compagnie de l'Est pour la concession d'un chemin de fer de Thann à Wesserling et la concession éventuelle d'une ligne de Mézières à Hirson, pour l'approbation de la fusion de la compagnie des Ardennes et pour la division des lignes en ancien et nouveau réseau. Garantie d'intérêt accordée à ce dernier. Conditions diverses. Texte de la convention. Nouveau cahier des charges de l'Est. — 2ᵉ sem. 1859, sér. 11, *Bull.* 709, p. 59.

D. 11 juin 1859...   Approuvant une convention passée avec la compagnie des Ardennes pour l'approbation du traité de fusion avec celle de l'Est. Subvention à la compagnie et garantie d'intérêt. Texte de la convention et du traité de fusion. — 2ᵉ sem. 1859, sér. 11, *Bull.* 709, p. 87.

L. 11 juin 1859....   Approuvant certains articles des conventions homologuées par les deux décrets précédents. — 2ᵉ sem. 1859, sér. 11, *Bull.* 709, p. 13.
     Corps législatif. Présentation : *Mon.* des 23 février et 4 mars, suppl.; rapport par M. le baron de Jouvenel : *Mon.* du 31 mai, suppl. xiv; discussion et adoption : *Mon.* des 18, 19 et 20 mai.

L. 25 juillet 1860...   Autorisant le département du Haut-Rhin à s'imposer pour travaux de voies de communication (notamment entre Sainte-Marie-aux-Mines [2] et Schelestadt) à convertir en chemins de fer. — 2ᵉ sem. 1860, sér. 11, *Bull.* 828, p. 292.

---

[1] D. 6 février 1861......... Convention relative à la limite de souveraineté sur le pont du Rhin. — 1ᵉʳ sem. 1861, sér. 11, *Bull.* 904, p. 201.

[2] D. 18 août 1860....... Emprunt de la ville de Sainte-Marie-aux-Mines pour voies de communication à convertir en chemins de fer.

Corps législatif. Exposé des motifs : *Mon.* annexe H, n° 170; rapport par M. le baron de Reinach; annexe R, n° 337; discussion et adoption : *Mon.* du 11 juillet.

L. 1ᵉʳ août 1860 [1]... Autorisant une subvention pour le chemin de fer de Strasbourg à Barr, à Mutzig et à Wasselonne, et pour le chemin de fer de Haguenau à Niederbronn et embranchement sur Reischoffen. — 2ᵉ sem. 1860, sér. 11, *Bull.* 832, p. 348.

Corps législatif. Exposé des motifs: *Mon.* annexe O, n° 306; rapport par M. le baron de Bussière; annexe R, n° 345; discussion et adoption : *Mon.* du 10 juillet.

L. 1ᵉʳ août 1860.... Autorisant diverses subventions et garanties d'intérêts pour les chemins de fer d'Épinal à Remiremont et de Lunéville à Saint-Dié. — 2ᵉ sem. 1860, sér. 11, *Bull.* 832, p. 346.

Corps législatif. Exposé des motifs : *Mon.* annexe L, n° 240; rapport par M. Roulleaux-Dugage: annexe R, n° 338; discussion et adoption : *Mon.* des 19 et 20 juillet.

D. 31 août 1860... Déclarant d'utilité publique l'établissement des chemins de fer d'Épinal à Remiremont et de Lunéville à Saint-Dié — 2ᵉ sem. 1860, sér. 11, *Bull.* 852, p. 827.

D. 24 novembre 1860. Convention conclue avec la Belgique pour un raccordement international du chemin de fer des Ardennes, de Charleville vers Givet. — 2ᵉ sém. 1860, sér. 11, *Bull.* 873, p. 1117.

D. 24 novembre 1860. Autre convention conclue avec la Belgique pour un second raccordement du chemin de fer des Ardennes, de Longuyon vers Arlon. — 2ᵉ sem. 1860, sér. 11, *Bull.* 873, p. 1121.

D. 12 décembre 1860. Déclarant d'utilité publique l'établissement d'un raccordement du chemin de fer de Givet à la frontière belge vers Morialmé. Concession faite à la compagnie des Ardennes. — 1ᵉʳ sem. 1861, sér. 11, *Bull.* 895, p. 49.

D. 1ᵉʳ février 1861.. Crédits pour les travaux des chemins de fer d'Épinal à Remiremont et de Lunéville à Saint-Dié. — 1ᵉʳ sem. 1861, sér. 11, *Bull.* 905, p. 237.

D. 14 juin 1861.... Déclaration d'utilité publique relative au chemin de fer de Niederbronn à la ligne de Metz à Thionville. — 2ᵉ sem. 1861, sér. 11, *Bull.* 953, p. 235.

---

[1] LL. 16 juin 1859 et 28 juin 1861. Autorisant le département du Bas-Rhin à s'imposer pour travaux de voies de communication à convertir ultérieurement en chemins de fer. — *Bull.* 703 et 947.

D. 14 juin 1861...   Déclaration d'utilité publique relative au chemin de fer de Châtillon-sur-
                     Seine à Chaumont (aujourd'hui Bricon.) — 2ᵉ sem. 1861, sér. 11,
                     Bull. 953, p. 234.

D. 14 juin 1861...   Déclaration d'utilité publique relative au chemin de fer de Chaumont à
                     la ligne de Paris à Strasbourg à Pagny-sur-Meuse. — 2ᵉ sem. 1861,
                     sér. 11. *Bull.* 953, p. 236.

D. 14 juin 1861...   Déclaration d'utilité publique relative au chemin de fer de Sainte-Marie-
                     aux-Mines à Schlestadt. — 2ᵉ sem. 1861, sér. 11. *Bull.* 653, p. 249.

D. 14 juin 1861...   Déclaration d'utilité publique relative au chemin de fer de Dieuze à
                     Réchicourt (Avricourt). — 2ᵉ sem. 1861, sér. 11, *Bull.* 953, p. 244.

L. 2 juillet 1861... Crédits (obligations trentenaires) pour l'exécution de diverses lignes :
                     Thionville à Niederbronn et Châtillon-sur-Seine à Chaumont (Bricon).
                     Subvention aux embranchements de Sainte-Marie à Schlestadt et de
                     Dieuze à Réchicourt (Avricourt). — 2ᵉ sem. 1861, sér. 11. *Bull.*
                     946, p. 1.

                     Corps législatif. Exposé des motifs : *Mon.* du 9 mai ; rapport par M. le duc
                     d'Albuféra : *Mon.* du 5 juin et annexe D, p. xv ; discussion et adoption : *Mon.* des
                     20 et 21 juin.

D. 3 juillet 1861... Établissement, dans la gare de Strasbourg, d'un bureau pour la sortie
                     des boissons. — 2ᵉ sem. 1861, sér. 11. *Bull.* 966, p. 495.

D. 4 juillet 1861... Création d'obligations trentenaires pour l'exécution de divers chemins
                     de fer. (Thionville à Niederbronn et Châtillon-sur-Seine à Chau-
                     mont.) — 2ᵉ sem. 1861, sér. 11, *Bull.* 946, p. 5.

L. 12 février 1862.. Conversion des rentes... et des obligations trentenaires précitées. —
                     1ᵉʳ sem. 1862, sér. 11, *Bull.* 998, p. 105.

                     Corps législatif. Exposé des motifs : *Mon.* du 29 janvier ; rapport par M. Gouin :
                     Mon. du 6 février ; discussion et adoption : *Mon.* du 8 février.

D. 22 février 1862.. Déclaration d'utilité publique pour l'établissement d'une gare de mar-
                     chandises à Pantin ; terrains réunis à la concession. — 1ᵉʳ sem. 1862,
                     sér. 11, *Bull.* 1024, p. 717.

D. 29 mars 1862...   Déclaration d'utilité publique et allocation pour l'établissement d'un
                     chemin de fer de Reims à Mourmelon. — 1ᵉʳ sem. 1862, sér. 11,
                     Bull. 1013, p. 449.

D. 5 avril 1862. . . .   Convention conclue avec la Belgique pour un raccordement du chemin
de fer de Charleville à la frontière, vers Morialmé. — 1ᵉʳ sem. 1862,
sér. 11, *Bull.* 1013, p. 433.

L. 2 juillet 1862. . .   Département du Bas-Rhin. Emprunt pour l'exécution du chemin de fer
de Sainte-Marie-aux-Mines à Schlestadt. . . 2ᵉ sem. 1862, sér. 11,
Bull. 1035, p. 52.

    Corps législatif. Exposé des motifs : *Mon.* du 17 mai; rapport par M. le baron de
Cœhorn : *Mon.* du 8 juin et annexe L, p. xlvi; discussion et adoption : *Mon.* du
11 juin.

D. 6 juillet 1862. . .   Déclaration d'utilité publique et concession définitive d'un chemin de
fer de Mézières à Hirson (ligne de Soissons à la frontière). — 2ᵉ sem.
1862, sér. 11, *Bull.* 1041, p. 290.

L. 6 juillet 1862. . .   Subvention pour l'exécution d'un chemin de fer de Belfort à Guebwiller.
— 2ᵉ sem. 1862, sér. 11, *Bull.* 1039, p. 118.

    Corps législatif. Exposé des motifs : *Mon.* du 22 juin et annexe Q, p. lxvi; rapport
par M. Kellec : *Mon.* du 26 juin et annexe Q, p. lxvi; discussion et adoption : *Mon.*
du 28 juin.

D. 16 août 1862. . .   Approuvant la convention passée avec la compagnie des Salines de l'Est[1]
pour l'exécution d'un chemin de fer d'embranchement d'Avricourt
à Dieuze. Texte de la convention et du cahier des charges. — 2ᵉ sem.
1862, sér. 11, *Bull.* 1051, p. 595.

D. 31 janvier 1863. .   Établissement d'un bureau de douane pour les boissons dans la gare de
Longwy. — 1ᵉʳ sem. 1863, sér. 11, *Bull.* 1087, p. 111.

D. 2 mai 1863. . . . .   Règlement pour les justifications relatives à la garantie d'intérêt. —
1ᵉʳ sem. 1863, sér. 11, *Bull.* 1121, p. 1009.

L. 16 mai 1863. . . .   Département du Haut-Rhin. Subvention pour le chemin de fer de Belfort à Guebwiller. — 1ᵉʳ sem. 1863, sér. 11, *Bull.* 1117, p. 890.

    Corps législatif. Exposé des motifs : *Mon.* du 9 mars, annexe J, p. xxxvii; rap-
port par M. Lefébure : *Mon.* du 23 avril, annexe M, p. 1; discussion et adoption :
Mon. du 30 avril.

---

[1] D. 8 janvier 1862. . . . .   Statuts de la compagnie des Salines de l'Est ; éventualité de la concession du chemin de fer
de Dieuze à Réchicourt (Avricourt). — *Bull.* 796, suppl.

  D. 9 octobre 1869. . . . .   Modification des statuts : chemin de fer d'Avricourt à Dieuze. — *Bull.* 1529, suppl.

L. 23 mai 1863....   Département de la Moselle. Subvention pour le chemin de fer de Thionville à Niederbronn. — 1ᵉʳ sem. 1863, sér. 11, *Bull.* 1121, p. 995.

> Corps législatif. Exposé des motifs : *Mon.* du 28 avril et annexe N, p. LVI; rap-
> port par M. le baron de Ladoucette; *Mon.* du 4 mai, annexe O, p. LXVI; discussion
> et adoption : *Mon.* du 7 mai.

D. 11 juin 1863....   Approuvant une convention passée avec la compagnie de l'Est pour la
concession des lignes d'Épinal à Remiremont, de Lunéville à Saint-
Dié, de Strasbourg à Barr, à Mutzig et à Wasselonne, d'Haguenau à
Niederbronn, de Niederbronn à Thionville, de Châtillon-sur-Seine à
Chaumont, de Chaumont à la ligne de Paris à Strasbourg, à Pagny-
sur-Meuse, de Sainte-Marie-aux-Mines à Schlestadt, de Belfort à
Guebwiller, de Reims (Mourmelon) à Metz; pour la concession éventuelle des lignes de Bar-sur-Seine à Châtillon, de Signy-le-Petit à la
frontière belge vers Chimay, de Givet à la frontière belge vers Marche;
reprise de l'embranchement de Dieuze. Modification du cahier des
charges et des conventions antérieures. Annuités de l'État pour subventions diverses. Traité avec la compagnie des Ardennes; traité avec
la compagnie des Salines de l'Est. — 2ᵉ sem. 1863, sér. 11, *Bull.* 1141,
p. 138.

L. 11 juin 1863....   Approuvant certains articles de la convention homologuée par le décret
précédent. — 2ᵉ sem. 1863, sér. 11, *Bull.* 1141, p. 137.

> Corps législatif. Exposé des motifs : *Mon.* des 7 avril et 3 mai, p. 699; rapport
> par M. le baron de Benoist; *Mon.* du 24 avril, p. 626, et annexe M, p. 1; discus-
> sion et adoption : *Mon.* du 3 mai.

D. 31 décembre 1863.   Crédit pour travaux militaires. Travaux relatifs au chemin de fer de
Strasbourg à Kehl. — 1ᵉʳ sem. 1864, sér. 11, *Bull.* 1185, p. 334.

D. 30 janvier 1864..   Déclaration d'utilité publique pour l'agrandissement de la gare de Lut-
terbach. Terrains réunis à la concession. — 1ᵉʳ sem. 1864, sér. 11,
Bull. 1211, p. 791.

D. 1ᵉʳ août 1864...   Déterminant le tracé du chemin de fer de Chaumont à la ligne de Paris
à Strasbourg, à Pagny-sur-Meuse. — 2ᵉ sem. 1864, sér. 11, *Bull.* 1234,
p. 245.

D. 26 août 1865...   Déclaration d'utilité publique et concession définitive du chemin de fer
de Bar-sur-Seine à Châtillon. — 2ᵉ sem. 1865, sér. 11, *Bull.* 1336,
p. 572.

D. 21 juillet 1866,.   Approuvant la modification des statuts de la compagnie de l'Est. —

Texte des statuts. — 2ᵉ sem. 1866, suppl. sér. 11, *Bull.* 1235, p. 195.

D. 1ᵉʳ octobre 1866.   Rectification des abords de la station d'Étival; concours de la compagnie de l'Est. — 2ᵉ sem. 1866, sér. 11, *Bull.* 1447, p. 810.

D. 15 juin 1867....   Concession d'un chemin de fer de Sarreguemines à la frontière prussienne vers Sarrebruck. — 1ᵉʳ sem. 1867, sér. 11, *Bull.* 1502, p. 788.

D. 25 septemb. 1867.   Convention internationale avec la Prusse, relativement à la ligne de Sarreguemines à Sarrebruck. — 2ᵉ sem. 1867, sér. 11, *Bull.* 1531, p. 573.

L. 11 juillet 1868...   Approuvant les stipulations financières comprises dans la convention ci-après. — 2ᵉ sem. 1868, sér. 11, *Bull.* 1626, p. 303.

> Corps législatif. Exposé des motifs : *Mon.* du 23 juin; rapport par M. Buffet : *Mon.* des 24 et 25 juillet; discussion et adoption : *Mon.* du 21 juin.

D. 11 juillet 1868..   Approuvant une convention passée avec la compagnie de l'Est pour la concession de la ligne de la Varenne à Boissy-Saint-Léger, et, éventuellement, de Boissy-Saint-Léger à Brie-Comte-Robert et de Remiremont à la ligne de Colmar à Mulhouse. Modifications relatives à la garantie d'intérêt. — 2ᵉ sem. 1868, sér. 11, *Bull.* 1626, p. 304.

D. 11 juillet 1868..   Établissement d'un passage sur rails à Haguenau. — 2ᵉ sem. 1869, sér. 11, *Bull.* 1638, p. 589.

D. 2 janvier 1869..   Boissy-Saint-Léger à Brie-Comte-Robert. Concession définitive. — 1ᵉʳ sem. 1869, sér. 11, *Bull.* 1676, p. 23.

D. 24 août 1689 ...   Convention additionnelle avec la Prusse, relativement à la ligne de Sarreguemines à Sarrebruck. — 2ᵉ sem. 1869, sér. 11, *Bull.* 1743, p. 269.

OUEST.

PARIS A SAINT-GERMAIN. — PARIS A VERSAILLES (RIVE DROITE ET RIVE GAUCHE). —
OUEST. — PARIS A ROUEN. — ROUEN AU HAVRE. — DIEPPE ET FÉCAMP. —
PARIS A CAEN ET CHERBOURG. — PARIS A RENNES. — RENNES A BREST. — RENNES
A SAINT-MALO. — RENNES A REDON. — LE MANS A ANGERS. — CEINTURE (RIVE GAUCHE).

L. 9 juillet 1835... Autorisation et concession d'un chemin de fer de Paris à Saint-Germain. Texte du cahier des charges. — Lois, sér. 9, *Bull.* 150, p. 177.

Chambre des députés. Présentation : *Mon.* du 3 avril : rapport par M. Lamy : *Mon.* du 15 mai; discussion et adoption : *Mon.* des 31 mai et 7 juin.

Chambre des pairs. Présentation : *Mon.* du 18 juin; rapport par M. de Germiny : *Mon.* du 28 juin; discussion et adoption : *Mon.* du 30 juin.

O. 4 novembre 1835. Autorisation de la compagnie du chemin de fer de Paris à Saint-Germain. — Sér. 9, 2ᵉ partie, 2ᵉ section, 2ᵉ sem. 1835, *Bull.* 170, p. 845.

L. 9 juillet 1836... Autorisant l'adjudication de deux chemins de fer de Paris à Versailles (rive droite et rive gauche). Texte du cahier des charges provisoire. — 2ᵉ sem. 1836, sér. 9, *Bull.* 444, p. 143.

Chambre des députés. Présentation : *Mon.* du 11 mai, rapport par M. de Salvandy : *Mon.* du 8 juin; discussion et adoption : *Mon.* du 14 juin.

Chambre des pairs. Présentation : *Mon.* du 18 juin; rapport par M. le baron Rogniat : *Mon.* du 29 juin; discussion et adoption : *Mon.* du 30 juin.

O. 24 mai 1837.... Approuvant les concessions des deux chemins de fer de Paris à Versailles (rive droite et rive gauche). Texte du cahier des charges des deux concessions. Procès-verbal d'adjudication. — 1ᵉʳ sem. 1837, sér. 9, *Bull.* 512, p. 411.

O. 25 août 1837.... Autorisation de la compagnie du chemin de fer de Paris à Meudon, Sèvres et Versailles (rive gauche). Texte des statuts. — 2ᵉ sem. 1837, suppl. sér. 9, *Bull.* 316, p. 613.

O. 16 octobre 1837. Autorisant l'emplacement, dans Paris, de la gare du chemin de fer de Saint-Germain. — 2ᵉ sem. 1837, sér. 9, *Bull.* 543, p. 685.

O. 21 novembre 1837. Autorisation de la compagnie du chemin de fer de Paris à Versailles et Saint-Cloud (rive droite). Approbation des statuts. — 2ᵉ sem. 1837, suppl. sér. 9, *Bull.* 331, p. 917.

O. 3 juillet 1838... Approbation du projet présenté pour la gare du chemin de fer de Paris à Saint-Germain. — 2ᵉ sem. 1838, sér. 9, *Bull.* 588, p. 137.

O. 27 mars 1839... Modification du projet de la gare du chemin de fer de Paris à Saint-Germain. — 1ᵉʳ sem. 1839, sér. 9, *Bull.* 641, p. 229.

L. 1ᵉʳ août 1839.... Autorisant un prêt de l'État en faveur de la compagnie du chemin de fer de Paris à Versailles (rive gauche). Prorogation des délais. —2ᵉ sem. 1839, sér. 9, *Bull.* 665, p. 90.

> Chambre des députés. Présentation : *Mon.* du 5 juin; rapport par M. Cochin : *Mon.* du 29 juin; discussion et adoption : *Mon.* du 9 juillet.
> Chambre des pairs. Présentation : *Mon.* du 30 juillet; rapport par M. Gauthier : *Mon.* du 23 juillet; adoption : *Mon.* du 25 juillet.

O. 16 septemb. 1839. Modification des statuts de la compagnie du chemin de fer de Paris à Saint-Germain. Texte de la modification. — 2ᵉ sem. 1839, suppl. sér. 9, *Bull.* 447, p. 454.

O. 28 juin 1840.... Autorisation de la compagnie du chemin de fer de Paris à Rouen. Texte des statuts. — 2ᵉ sem. 1840, suppl. sér. 9, *Bull.* 498, p. 65.

L. 15 juillet 1840.. Autorisation et concession d'un chemin de fer de Paris à Rouen à la compagnie de ce nom [1]. Prêt autorisé en faveur de celle-ci. Texte du cahier des charges. — 2ᵉ sem. 1840, série 9, *Bull.* 754, p. 267.

---

[1] COMPAGNIE DU CHEMIN DE FER DE PARIS À ROUEN ET AU HAVRE (PLATEAUX).
CONCESSION ABANDONNÉE.

L. 6 juillet 1838......... Autorisation et concession d'un chemin de fer de Paris au Havre avec embranchements sur Elbeuf, Louviers et Dieppe. Texte du cahier des charges. Convention additionnelle. — 2ᵉ sem. 1838, sér. 9, *Bull.* 587, p. 37.

> Chambre des députés. Présentation : *Mon.* du 27 mai; rapport par M. Vitet : *Mon.* des 7 et 10 juin; discussion et adoption : *Mon.* des 16 et 17 juin.
> Chambre des pairs. Présentation : *Mon.* du 22 juin; rapport par M. le baron Charles Dupin : *Mon.* du 4 juillet; discussion et adoption : *Mon.* du 6 juillet.

O. 13 août 1838......... Autorisation de la compagnie du chemin de fer de Paris à la mer. Texte des statuts. —2ᵉ sem. 1838, suppl. sér. 9, *Bull.* 383, p. 326.

Chambre des députés. Présentation : *Mon.* du 24 mai; rapport par M. Garnier-Pagès : *Mon.* du 11 juin; discussion et adoption : *Mon.* du 17 juin.

Chambre des pairs. Présentation : *Mon.* du 25 juin; rapport par M. le marquis de Laplace : *Mon.* du 8 juillet; discussion et adoption : *Mon.* du 10 juillet.

O. 17 mars 1841 . . .   Modification des statuts de la compagnie du chemin de fer de Paris à Rouen. Texte de la modification. — 1ᵉʳ sem. 1841, suppl. sér. 9, *Bull.* 527, p. 290.

L. 11 juin 1842 . . . .   Autorisation et concession d'un chemin de fer de Rouen au Havre. Prêt et subvention à la compagnie. Texte du cahier des charges. — 1ᵉʳ sem. 1842, sér. 9, *Bull.* 923, p. 657.

Chambre des députés. Présentation : *Mon.* du 30 avril, 1ᵉʳ et 3ᵉ suppl.; rapport par M. Vitet : *Mon.* du 28 mai, 2ᵉ suppl.; discussion et adoption : *Mon.* du 1ᵉʳ juin, 4ᵉ suppl.

Chambre des pairs. Présentation : *Mon.* du 6 juin, suppl.; rapport par M. Cordier : *Mon.* du 7 juin, suppl.; discussion et adoption : *Mon.* du 8 juin.

O. 15 décembre 1842.   Crédit pour le chemin de fer de Paris à Rouen. — 2ᵉ sem. 1842, sér. 9, *Bull.* 969, p. 847.

O. 2 janvier 1843 . . .   Crédit pour le chemin de fer de Paris à Rouen. — 2ᵉ sem. 1843, sér. 9, *Bull.* 972, p. 5.

O. 13 janvier 1843 . .   Approuvant une convention passée avec la compagnie du chemin de fer de Paris à Rouen pour la réalisation du prêt de l'État. Texte de la convention. — 1ᵉʳ sem. 1843, sér. 9, *Bull.* 975, p. 114.

O. 29 janvier 1843 . .   Autorisation de la compagnie du chemin de fer de Rouen au Havre. Texte des statuts. — 1ᵉʳ sem. 1843, suppl. sér. 9, *Bull.* 641, p. 161.

O. 12 février 1843 . .   Crédit pour le chemin de fer de Paris à Rouen. — 1ᵉʳ sem. 1843, sér. 9, *Bull.* 983, p. 188.

L. 2 juillet 1843 . . .   Crédit pour le chemin de fer de Paris à Rouen. — 2ᵉ sem. 1843, sér. 9, *Bull.* 1021, p. 23.

L. 1ᵉʳ août 1839 . . . .   Résiliation des conventions résultant de la concession du chemin de fer de Paris à la mer — 2ᵉ sem. 1839, sér. 9, *Bull.* 665, p. 89.

Chambre des députés. Présentation : *Mon.* du 11 juin; rapport par M. Billault : *Mon.* du 16 juin; discussion et adoption : *Mon.* des 6 et 7 juillet.

Chambre des pairs. Présentation : *Mon.* du 16 juillet, suppl. A; rapport par M. le comte Daru : *Mon.* du 23 juillet; discussion et adoption : *Mon.* du 25 juillet.

Chambre des députés. Présentation : *Mon.* du 14 avril; rapport par M. Thil : *Mon.* du 27 avril; discussion et adoption : *Mon.* du 23 mai.

Chambre des pairs. Présentation : *Mon.* du 27 mai; rapport par M. le comte de Murat : *Mon.* du 3o juin; discussion et adoption : *Mon.* du 29 juin.

L. 26 juillet 1844... Décidant l'établissement d'un chemin de fer de Paris à Rennes. Allocations et crédits. — 2ᵉ sem. 1844, sér. 9, *Bull.* 1120, p. 180.

Chambre des députés. Présentation : *Mon.* du 24 mai; rapport par M. de Salvandy : *Mon.* du 11 juin; discussion et adoption : *Mon.* du 26 juin.

Chambre des pairs. Présentation : *Mon.* du 3o juin; rapport par M. le marquis d'Audiffret : *Mon.* du 20 juillet; discussion et adoption : *Mon.* du 21 juillet.

O. 28 juillet 1844.. Approuvant une convention passée avec la compagnie du chemin de fer de Paris à Rouen pour la réalisation du prêt supplémentaire accordé à la compagnie. Texte de la convention. — 2ᵉ sem. 1844, sér. 9, *Bull.* 113o, p. 345.

O. 28 juillet 1844.. Approuvant une convention passée avec la compagnie du chemin de fer de Rouen au Havre pour la réalisation du prêt accordé à la compagnie. Texte de la convention. — 2ᵉ sem. 1844, sér. 9, *Bull.* 113o, p. 349.

L. 5 août 1844 .... Ouvrant un crédit pour essai d'un système atmosphérique pour les chemins de fer. — 2ᵉ sem. 1844, sér. 9, *Bull.* 1124, p. 253.

Chambre des députés. Présentation : *Mon.* du 10 juillet; rapport par M. Arago : *Mon.* du 18 juillet; adoption : *Mon.* du 19 juillet.

Chambre des pairs. Présentation : *Mon.* du 22 juillet; rapport par M. le marquis de Laplace : *Mon.* du 31 juillet; adoption : *Mon.* du 4 août.

O. 22 septemb. 1844. Crédit pour la surveillance du chemin de fer de Paris à Rouen. — 2ᵉ sem. 1844, sér. 9, *Bull.* 1142, p. 607.

O. 2 novembre 1844. Emploi du système atmosphérique pour l'accès du plateau de Saint-Germain. Approbation d'une convention passée dans ce but avec la compagnie du chemin de fer de Paris à Saint-Germain. Texte de la convention. — 2ᵉ sem. 1844, sér. 9, *Bull.* 1149, p. 714.

L. 19 juillet 1845.. Autorisation de la concession de deux embranchements dirigés de Rouen sur Dieppe et sur Fécamp. Cahier des charges de ces embranchements. — 2ᵉ sem. 1845, sér. 9, *Bull.* 1226, p. 368.

Chambre des députés. Présentation : *Mon.* du 12 juin; rapport par M. Pascalis : *Mon.* du 25 juin; discussion et adoption : *Mon.* du 2 juillet.

Chambre des pairs. Présentation : *Mon.* du 5 juillet; rapport par M. le marquis de Raigecourt : *Mon.* du 12 juillet; adoption : *Mon.* du 15 juillet.

O. 23 juillet 1845..   Modification des statuts de la compagnie du chemin de fer de Paris à Rouen. Texte de la modification. — 2ᵉ sem. 1845, suppl. sér. 9, *Bull.* 794, p. 58.

O. 18 septemb. 1845.   Approuvant une convention passée pour la concession des chemins de fer d'embranchement de Dieppe et de Fécamp (compagnie du même nom). Texte de la convention. — 2ᵉ sem. 1845, sér. 9, *Bull.* 1242, p. 602.

O. 18 septemb. 1845.   Crédit pour la surveillance du chemin de fer de Paris à Rouen. — 2ᵉ sem. 1845, sér. 9, *Bull.* 1244, p. 617.

O. 20 septemb. 1845.   Augmentation du capital de la compagnie du chemin de fer de Paris à Saint-Germain. Texte de la modification des statuts. — 2ᵉ sem. 1845, suppl. sér. 9, *Bull.* 803, p. 333.

O. 14 octobre 1845.   Autorisation de la compagnie des chemins de fer d'embranchement de Dieppe et de Fécamp. Texte des statuts. — 2ᵉ sem. 1845, suppl. sér. 9, *Bull.* 806, p. 457.

O. 29 novembre 1845.   Crédits pour le prêt accordé à la compagnie du chemin de fer de Paris à Rouen et à celle du chemin de fer de Rouen au Havre. — 2ᵉ sem. 1845, sér. 9, *Bull.* 1261, p. 1117.

O. 10 janvier 1846..   Autorisation et concession d'un chemin de fer d'Asnières à Argenteuil. Texte du cahier des charges. — 1ᵉʳ sem. 1846, sér. 9, *Bull.* 1271, p. 48.

L. 21 juin 1846....   Relative aux chemins de fer de l'Ouest. — Décide l'établissement d'un chemin de fer de Paris à Caen et à Cherbourg, avec embranchement de Serquigny à Rouen. Autorise la concession du chemin de fer de Paris à Caen, avec embranchement de Serquigny à Rouen. Autorise la concession du chemin de fer de Versailles à Rennes, avec embranchements du Mans sur Caen (Mézidon) et de Chartres sur Alençon, et règle la fusion des compagnies de Versailles. Allocations et crédits. Texte du cahier des charges du chemin de fer de Paris à Caen et du chemin de fer de Versailles à Rennes. Traités passés avec les compagnies de Versailles et de Saint-Germain. — 2ᵉ sem. 1846, sér. 9, *Bull.* 1308, p. 29.

    Chambre des députés. Présentation : *Mon.* du 15 juin 1845; rapport par M. Lacrosse : *Mon.* du 3 juillet.

    Reprise : *Mon.* du 13 janvier 1846; rapport supplémentaire : *Mon.* du 21 janvier; discussion et adoption : *Mon.* des 29 et 30 avril, 1ᵉʳ, 3, 5 et 6 mai.

    Chambre des pairs. Présentation : *Mon.* du 15 mai; rapport par M. le marquis de Raigecourt : *Mon.* du 30 mai; discussion et adoption : *Mon.* du 9 juin.

O. 2 janvier 1847 . . .   Autorisation d'une modification des statuts de la compagnie du chemin
de fer de Rouen au Havre. — 1ᵉʳ sem. 1847, suppl. sér. 9, *Bull.* 887,
p. 201.

L. 9 août 1847 . . . .   Crédit pour la pose de la voie sur la ligne de Versailles à Chartres
(Ouest). — 2ᵉ sem. 1847, sér. 8, *Bull.* 1413, p. 543.

> Chambre des députés. Présentation : *Mon.* du 11 juin; rapport par M. Colli-
> gnon : *Mon.* du 5 juillet; discussion et adoption : *Mon.* du 23 juillet.
> Chambre des pairs. Présentation : *Mon.* du 29 juillet; rapport par M. le baron
> de Bussières : *Mon.* du 5 août; discussion et adoption : *Mon.* des 7 et 8 août.

L. 9 août 1847 . . . .   Prorogation du délai fixé pour l'achèvement des embranchements de
Dieppe et de Fécamp. — 2ᵉ sem. 1847, sér. 9, *Bull.* 1413, p. 544.

> Chambre des députés. Présentation : *Mon.* du 11 juin, 4ᵉ suppl.; rapport par
> M. Le Masson : *Mon.* du 12 juillet, 1ᵉʳ suppl.; discussion et adoption : *Mon.* du
> 24 juillet, 3ᵉ suppl.
> Chambre des pairs. Présentation : *Mon.* du 27 juillet, 2ᵉ suppl.; rapport par
> M. le président Rousselin : *Mon.* du 5 août, 2ᵉ suppl.; discussion et adoption :
> *Mon.* du 24 juillet, 3ᵉ suppl.

A. 27 février 1848 . .   Exécution des travaux de terrassement sur la ligne de Chartres (Ouest).
— 1ᵉʳ sem. 1848, 2ᵉ partie, sér. 10. *Bull.* 2, p. 19.

D. 16 juin 1848 . . . .   Somme affectée au matériel de la ligne de Chartres (Ouest). — 1ᵉʳ sem.
1848, 2ᵉ partie, sér. 10, *Bull.* 45, p. 544.

> Rapport par M. Bourdon: *Mon.* du 17 juin; adoption : *Mon.* du 17 juin.

L. 21 avril 1849 . . . .   Autorisant l'exploitation, par l'État, de la ligne de Chartres (Ouest). Crédit ouvert. Autorisation de racheter le chemin de Versailles (R. G.).
1ᵉʳ sem. 1849, sér. 10, *Bull.* 153, p. 375.

> Présentation à l'Assemblée : *Mon.* du 2 mars; rapport par M. Deslongrais : *Mon.*
> du 5 avril; discussion et adoption : *Mon.* du 22 avril.

D. 22 mai 1850 . . . .   Approuvant une modification des statuts de la compagnie des chemins
de fer de Dieppe et de Fécamp. — 1ᵉʳ sem. 1850, suppl. sér. 10,
Bull. 122, p. 597.

L. 24 avril, 3 et 13   Relative au chemin de fer de l'Ouest. Autorisation de concéder le che-
mai 1851.   min de fer de Versailles à Rennes, avec raccordement des deux rives
de Versailles. Approbation du traité de rachat du chemin de fer de
Versailles (R. G.). Texte du cahier des charges du chemin de fer de
l'Ouest. Traité avec la compagnie de la rive gauche. — 1ᵉʳ sem. 1851,
sér. 10, *Bull.* 390, p. 575.

Présentation à l'Assemblée: *Mon.* du 11 décembre 1850; rapport par M. G. de Beaumont: *Mon.* du 1ᵉʳ avril 1851; première lecture; *Mon.* du 25 avril; seconde lecture: *Mon.* des 2, 3 et 4 mai; troisième lecture; *Mon.* des 11, 13 et 14 mai.

D. 28 avril 1851 . . . Approuvant une modification des statuts de la compagnie du chemin de fer de Paris à Rouen. Texte de la modification. — 1ᵉʳ semestre 1851, suppl. sér. 10, *Bull.* 181, p. 673.

D. 16 juillet 1851 . . Approuvant les conventions passées pour la concession du chemin de fer de l'Ouest (compagnie du même nom) et de l'embranchement de Viroflay, et pour l'exploitation du chemin de fer de Versailles (R. D.). Texte des conventions. — 2ᵉ sem. 1851, sér. 10, *Bull.* 420, p. 133.

D. 10 décembre 1851. Autorisation de concéder un chemin de fer de ceinture. Texte du cahier des charges. — 2ᵉ sem. 1851, sér. 10, *Bull.* 470, p. 1105.

D. 11 décembre 1851. Approbation de la convention passée avec les compagnies de Paris à Rouen, etc. pour la concession du chemin de fer de ceinture. Texte de la convention. — 2ᵉ sem. 1851, sér. 10, *Bull.* 470, p. 1112.

D. 22 janvier 1852.. Crédit pour les travaux du chemin de fer de l'Ouest. — 1ᵉʳ sem. 1852, sér. 10, *Bull.* 486, p. 201.

D. 27 janvier 1852.. Approbation de la compagnie du chemin de fer de l'Ouest. Texte des statuts. — 1ᵉʳ sem. 1852, suppl. sér. 10, *Bull.* 229, p. 171. Modification des statuts, *Bull.* 253, p. 750.

L. 8 juillet 1852 . . . Décide l'établissement d'un chemin de fer de Paris à Cherbourg, avec embranchement de Serquigny à Rouen et embranchement de Mézidon au Mans. Approuve la convention passée pour la concession du chemin de fer de Paris à Caen et à Cherbourg (compagnie du même nom). Approuve la convention passée avec la compagnie de l'Ouest pour la concession de l'embranchement de Mézidon au Mans. Texte des cahiers des charges du chemin de fer de Paris à Cherbourg, du chemin de fer de Mézidon au Mans, et des conventions passées pour la concession de ces lignes. — 2ᵉ sem. 1852, sér. 10, *Bull.* 558, p. 149.

Corps législatif. Présentation: *Mon.* du 17 juin; rapport par M. le baron Paul de Richemont: *Mon.* du 27 juin; adoption: *Mon.* du 29 juin.

D. 18 août 1852 . . . Autorisation et concession d'un chemin de fer des Batignolles à Passy et à Auteuil. — Approbation de la convention passée à cet effet avec la compagnie du chemin de fer de Paris à Saint-Germain. Texte de la convention. — 2ᵉ sem. 1852, série 10, *Bull.* 573, p. 447.

D. 11 septemb. 1852. Approbation de la compagnie du chemin de fer de Caen à Cherbourg. Texte des statuts. — 2ᵉ sem. 1852, suppl. sér. 10, *Bull.* 269, p. 335.

D. 29 janvier 1853.. Approbation d'une modification des statuts de la compagnie du chemin de fer de l'Ouest. Texte de la modification. — 1ᵉʳ sem. 1843, suppl. sér. 11, *Bull.* 7, p. 154.

D. 13 février 1853.. Crédit pour le chemin de fer de Paris à Cherbourg. — 1ᵉʳ sem. 1853, sér. 11, *Bull.* 28, p. 393.

D. 17 septemb. 1853. Approuvant une modification des statuts de la compagnie du chemin de fer de Paris à Saint-Germain. Texte de la modification. — 2ᵉ sem. 1853, suppl. sér. 11. *Bull.* 46, p. 733.

D. 25 septemb. 1853. Déterminant les justifications financières à présenter par la compagnie du chemin de fer de Paris à Cherbourg. — 2ᵉ sem. 1853, sér. 11, *Bull.* 102, p. 844.

D. 25 septemb. 1853. Déterminant les justifications financières à présenter par la compagnie de l'Ouest pour la ligne de Mézidon au Mans. — 2ᵉ sem. 1853, sér. 11, *Bull.* 102, p. 850.

D. 7 juin 1854..... Déclarant d'utilité publique la construction d'un souterrain aux Batignolles, sur le chemin de fer de Saint-Germain. — 2ᵉ sem. 1854, sér. 11, *Bull.* 198, p. 29.

L. 29 juin 1854.... Relative à la subvention allouée par le département du Calvados pour les travaux du chemin de fer. — 1ᵉʳ sem. 1854, sér. 11, *Bull.* 193, p. 1723.

    Corps législatif. Présentation : *Mon.* du 31 mai, suppl. p. xxxv; rapport par M. Vautier : *Mon.* du 31 mai, suppl. p. xlii; discussion et adoption : *Mon.* du 1ᵉʳ juin.

D. 17 juillet 1854.. Approuvant une modification des statuts de la compagnie du chemin de fer de Rouen au Havre. Texte de la modification. — 2ᵉ sem. 1854, suppl. sér. 11, *Bull.* 104, p. 239.

D. 25 octobre 1854. Crédit affecté à la subvention de la compagnie du chemin de fer de Paris à Cherbourg. — 2ᵉ sem. 1854, sér. 11, *Bull.* 227, p. 602.

D. 19 janvier 1855.. Approbation de l'établissement et du tracé de la ligne de Caen à Cherbourg et d'un embranchement sur Saint-Lô.

D. 7 avril 1855. . . . .   Approuvant une convention passée avec les compagnies des chemins de fer de Paris à Saint-Germain, de Paris à Rouen, de Rouen au Havre, de l'Ouest et de Paris à Caen et Cherbourg, pour la fusion desdites compagnies (ainsi que des chemins de fer de Dieppe et de Fécamp) et la concession des lignes de Normandie et de Bretagne, savoir : de Paris à Granville, du Mans à Angers, de Serquigny à Rouen, de Lisieux à Honfleur, de Rennes à Brest, de Rennes à Saint-Malo, de Rennes à Redon. — 2ᵉ sem. 1855, sér. 11, *Bull.* 313, p. 57.

L. 2 mai 1855. . . . .   Portant approbation de certains articles du cahier des charges de la concession des chemins de fer de Normandie et de Bretagne. Texte de la convention passée pour la fusion des lignes de l'Ouest et la concession des lignes précitées, et du cahier des charges supplémentaire de l'Ouest.—1ᵉʳ sem. 1855, sér. 11, *Bull.* 292, p. 817; *errata :* 2ᵉ sem. 1855, *Bull.* 311, p. 48.

 Corps législatif. Présentation : *Mon.* du 21 mars; exposé des motifs : *Mon.* du 11 septembre; rapport par M. le vicomte de Latour : *Mon.* du 31 décembre, suppl.; adoption : *Mon.* du 12 avril.

L. 5 mai 1855. . . . .   Autorisant le département de l'Eure à s'imposer extraordinairement pour subvention à fournir au chemin de fer de Paris à Caen et Cherbourg. — 1ᵉʳ sem. 1855, sér. 11, *Bull.* 293, p. 857.

 Corps législatif. Présentation : *Mon.* du 25 septembre; rapport par M. le baron de Montreuil: adoption : *Mon.* des 9 et 10 avril.

D. 16 juin 1855. . . .   Approuvant les statuts de la compagnie de l'Ouest. Texte des statuts. — 1ᵉʳ sem. 1855, suppl. sér. 11, *Bull.* 191, p. 1121.

D. 25 décembre 1855.   Portant règlement du service des télégraphes particuliers des chemins de fer de l'Ouest. . . — 2ᵉ sem. 1855, sér. 11, *Bull.* 347, p. 775.

L. 3 juin 1857. . . . .   Autorise la ville de Rouen à contracter un emprunt pour subvention aux travaux de la ligne de Serquigny à Rouen.— 1ᵉʳ sem. 1857, sér. 11, *Bull.* 506, p. 1014.

 Corps législatif. Présentation : *Mon.* annexe D; rapport par M. Levavasseur : *Mon.* annexe XXX; adoption : *Mon.* p. 489.

D. 19 juin 1857. . . .   Approuvant une convention passée avec la compagnie du chemin de fer d'Orléans pour la concession de diverses lignes. Texte de ladite convention, comprenant une disposition relative à la ligne du Mans à Angers et à la compagnie de l'Ouest.— 2ᵉ sem. 1857, sér. 11, *Bull.* 522, p. 244.

D. 26 juin 1857. . . .   Approuvant une convention passée avec la compagnie du Nord pour la
                         concession de plusieurs lignes, entre autres un raccordement à Ar-
                         genteuil avec les lignes de l'Ouest et une ligne de Rouen à Amiens
                         pour deux tiers, l'autre tiers étant concédé à la compagnie de l'Ouest.
                         Texte du cahier des charges des diverses concessions. Traité entre
                         les compagnies du Nord et de l'Ouest relativement aux lignes préci-
                         tées. — 2ᵉ sem. 1857, sér. 11, *Bull.* 526, p. 411.

L. 28 avril 1858. . .   Autorise le département de Seine-et-Oise à s'imposer pour subvention
                         à la compagnie de l'Ouest. — 1ᵉʳ sem. 1858, sér. 11, *Bull.* 600,
                         p. 780.

     Corps législatif. Présentation : *Mon.* du 13 mars; exposé des motifs : *Mon.* du
     28 mars; rapport par M. le comte de Gouy d'Arsy : *Mon.* du 2 avril; discussion et
     adoption : *Mon.* des 5 et 6 avril.

L. 1ᵉʳ mai 1858. . . .   Autorise le département de l'Eure à s'imposer pour subvention à la
                         compagnie de l'Ouest. — 1ᵉʳ sem. 1858, sér. 11, *Bull.* 600, p. 788.

     Corps législatif. Présentation : *Mon.* du 17 avril; exposé des motifs : *Mon.* du
     3 mai; rapport par M. le duc d'Albuféra : *Mon.* du 14 avril; discussion et adoption :
     Mon. du 17 avril.

L. 18 mai 1858. . . .   Relative à la subvention allouée par le département d'Eure-et-Loir pour
                         les travaux du chemin de fer. — 1ᵉʳ sem. 1858, sér. 11, *Bull.* 603,
                         p. 996.

     Corps législatif. Présentation : *Mon.* du 18 juillet; rapport par M. le vicomte
     de Grouchy : *Mon.* du 4 août; discussion et adoption : *Mon.* du 3 mai.

L. 18 mai 1858. . . .   Relative à la subvention allouée par le département du Calvados pour
                         les travaux du chemin de fer. — 1ᵉʳ sem. 1858, sér. 11, *Bull.* 603,
                         p. 993.

     Corps législatif. Présentation : *Mon.* du 30 juin, p. 11; rapport par M. le mar-
     quis de Caulaincourt : *Mon.* du 27 juillet; discussion et adoption : *Mon.* du
     2 mai.

L. 18 mai 1858. . . .   Autorise le département de la Manche à s'imposer pour subvention à la
                         compagnie de l'Ouest.— 1ᵉʳ sem. 1858, sér. 11, *Bull.* 603, p. 1004.

     Corps législatif. Présentation : *Mon.* du 8 avril; exposé des motifs : *Mon.* du
     8 juillet; rapport par M. de Saint-Germain : *Mon.* du 25 avril; discussion et adop-
     tion : *Mon.* du 28 avril.

L. 18 mai 1858. . . .   Autorise le département de l'Orne à s'imposer pour subvention à la
                        compagnie de l'Ouest.— 1ᵉʳ sem. 1858, sér. 11, *Bull.* 603, p. 1005.

> Corps législatif. Présentation : *Mon.* du 8 avril; exposé des motifs : *Mon.* du
> 10 juillet; rapport par M. le marquis de Torcy : *Mon.* du 24 avril; discussion
> et adoption : *Mon.* du 26 avril.

D. 13 avril 1859 . . . Déterminant la direction des embranchements de Serquigny à Rouen
                        et de Saint-Cyr à Surdon. — 1ᵉʳ sem. 1859, sér. 11, *Bull.* 685,
                        p. 590.

L. 16 avril 1859 . . . Relative à la subvention allouée par la ville de Falaise pour les travaux
                        du chemin de fer. — 1ᵉʳ sem. 1859, sér. 11, *Bull.* 680, p. 537.

> Corps législatif. Présentation : *Mon.* du 14 mars; rapport par M. le marquis de
> Caulaincourt : *Mon.* du 9 avril; discussion et adoption : *Mon.* du 25 mars.

L. 31 mai 1859. . . .   Relative à la subvention allouée par le département de la Seine-Infé-
                        rieure pour les travaux du chemin de fer de Serquigny à Rouen. —
                        1ᵉʳ sem. 1859, sér. 11, *Bull.* 193, p. 1742.

> Corps législatif. Présentation : *Mon.* du 27 avril; rapport par M. Ancel : *Mon.*
> du 31 mai, suppl. C, p. XII; discussion et adoption : *Mon.* du 7 mai.

D. 11 juin 1859 . . .   Approuvant une convention passée avec la compagnie de l'Ouest pour
                        la concession d'une ligne de Rouen à Amiens (pour 1/3); pour la con-
                        cession d'une ligne de Paris (Argenteuil) à Dieppe (sanctionnant le
                        traité passé avec la compagnie du Nord relativement aux travaux d'Ar-
                        genteuil à Ermont); enfin pour la concession des embranchements de
                        Pont-l'Évêque à Trouville et de Laigle à Conches. Renonciation à la
                        subvention attachée à la ligne de Rennes à Brest et exécution par
                        l'État des travaux de cette ligne; conditions diverses. Division des
                        lignes de l'Ouest en ancien et nouveau réseau; garantie d'intérêt
                        accordée à ce dernier. Application du nouveau cahier des charges.
                        Texte de la convention, du cahier des charges et du traité avec la
                        compagnie du Nord. — 2ᵉ sem. 1859, sér. 11, *Bull.* 709, p. 94.

L. 11 juin 1859. . . . Approuvant certains articles de la convention homologuée par le décret
                        précédent. — 2ᵉ sem. 1859, sér. 11, *Bull.* 709, p. 13.

> Corps législatif. Présentation : *Mon.* des 23 février et 4 mars, suppl.; rapport
> par M. le baron de Jouvenel : *Mon.* du 31 mai, suppl. XIV; discussion et adoption :
> *Mon.* des 18, 19 et 20 mai.

D. 11 juin 1859. . . . Expropriation de terrains situés à Cherbourg. Construction d'un em-
                        branchement de chemin de fer (service de l'arsenal). — 1ᵉʳ sem. 1859,
                        sér. 11, *Bull.* 707, p. 1178.

D. 11 février 1860. . . Agrandissement de la gare de Triel; terrains réunis à la concession. — 1er sem. 1860, sér. 11, *Bull.* 795, p. 672.

L. 20 juin 1860. . . . Autorisant le département de l'Eure à s'imposer pour subvention à la compagnie. — 1er sem. 1860, sér. 11, *Bull.* 810, p. 993.

Corps législatif. Exposé des motifs : annexe H, n° 172; rapport par M. le marquis de Blosseville : annexe J, n° 207; discussion et adoption : *Mon.* du 6 juin.

L. 18 juillet 1860. . . Relative à la subvention du département de l'Eure. — 2e sem. 1860, sér. 11, *Bull.* 823, p. 194.

Corps législatif. Exposé des motifs : annexe L, n° 254; rapport par M. le marquis de Blosseville : annexe N, n° 295; discussion et adoption : *Mon.* du 28 juin.

L. 1er août 1860. . . . Autorisant diverses subventions et garanties d'intérêts pour les chemins de fer de Caen à Flers et de Mayenne à Laval. — 2e sem. 1860, sér. 11, *Bull.* 832, p. 346.

Corps législatif. Exposé des motifs : *Mon.* du 12 juin et annexe L, p. xlv; rapport par M. Roulleaux-Dugage : *Mon.* du 7 juillet et annexe R, p. lxx; discussion et adoption : *Mon.* des 19 et 20 juillet.

D. 31 août 1860. . . . Déclarant d'utilité publique l'établissement d'un chemin de fer de Mayenne à Laval. — 2e sem. 1860, sér. 11, *Bull.* 852, p. 828.

D. 3 octobre 1860. . Déclarant d'utilité publique l'exécution d'un chemin de fer de Caen à Flers. — 2e sem. 1860, sér. 11, *Bull.* 858, p. 889.

D. 1er février 1861 . . Crédit pour subvention au chemin de fer de Paris à Caen. — 1er sem. 1861, sér. 11, *Bull.* 905, p. 232.

D. 1er février 1861. . Crédit pour les travaux des chemins de fer de Caen à Flers et de Mayenne à Laval. — 1er sem. 1861, sér. 11, *Bull.* 905, p. 237.

D. 1er février 1861. . Crédit pour les travaux du chemin de fer de Rennes à Brest. — 1er sem. 1861, sér. 11, *Bull.* 905, p. 238.

D. 14 juin 1861. . . . Déclaration d'utilité publique relative au chemin de fer d'embranchement de Louviers sur la ligne de Rouen. — 2e sem. 1861, sér. 11, *Bull.* 953, p. 245.

D. 14 juin 1861. . . . Déclaration d'utilité publique relative au chemin de fer de Napoléonville à Saint-Brieuc. — 2e sem. 1861, sér. 11, *Bull.* 953, p. 240.

D. 14 juin 1861. . . . Déclaration d'utilité publique relative au chemin de fer de Ceinture (rive gauche). — 2e sem. 1861, sér. 11, *Bull.* 963, p. 253.

L. 29 juin 1861.... Crédits (obligations trentenaires) pour divers travaux de chemins de fer :
Rennes à Brest... — 1er sem. 1861, sér. 11, *Bull.* 944, p. 859.

> Corps législatif. Exposé des motifs : *Mon.* du 3 juillet; rapport par M. le duc
> d'Albuféra : annexe D. n° 359; discussion et adoption : *Mon.* du 20 juin.

L. 2 juillet 1861 ... Crédits (obligations trentenaires) pour l'exécution de diverses lignes :
Louviers à la ligne de Rouen, Napoléonville à Saint-Brieuc, Ceinture
(rive gauche). — 2e sem. 1861. sér. 11, *Bull.* 946, p. 1.

> Corps législatif. Exposé des motifs : *Mon.* du 18 juin; rapport par M. Alfred
> Le Roux : *Mon.* des 29 et 30 juin; discussion et adoption : *Mon.* des 25 et 26 juin.

D. 4 juillet 1861.... Création des obligations trentenaires précitées.— 2e sem. 1861, sér. 11,
Bull. 946, p. 5.

L. 12 février 1862.. Conversion des rentes..... et des obligations trentenaires précitées.—
1er sem. 1862, sér. 11, *Bull.* 998, p. 105.

> Corps législatif. Exposé des motifs : *Mon.* du 29 janvier; rapport par M. Gouin :
> *Mon.* du 7 février; discussion et adoption : *Mon.* des 8 et 9 janvier.

D. 11 août 1862.... Déclaration d'utilité publique relative à un chemin de fer du Grand-
Parc à Rouen par la vallée de Darnetal. — 2e sem. 1862, sér. 11,
Bull. 1051, p. 593.

D. 16 août 1862.... Tracé du chemin de fer de Rouen à Amiens entre le Grand-Parc et
Amiens. — 2e sem. 1862, sér. 11, *Bull.* 1051, p. 594.

D. 24 décembre 1862. Agrandissement de la gare de Saint-Sever, à Rouen; terrains réunis à la
concession. — 1er sem. 1863, sér. 11, *Bull.* 1093, p. 225.

D. 27 décembre 1862. Tracé du chemin de fer de Rouen à Amiens entre le Grand-Parc et
Rouen, avec embranchement dirigé du Grand-Parc sur Rouen par
la vallée de Darnetal. Approbation du traité passé entre les compagnies du Nord et de l'Ouest pour l'établissement et l'exploitation
du chemin de fer de Rouen à Amiens. Texte dudit traité. —1er sem.
1863, sér. 11, *Bull.* 1122, p. 1033.

D. 6 mai 1863..... Règlement pour les justifications relatives à la garantie d'intérêt. —
1er sem. 1863, sér. 11, *Bull.* 1127, p. 1179.

L. 20 mai 1863.... Ville de Falaise. Emprunt pour subvention à l'embranchement du chemin de fer. — 1er sem. 1863, sér. 11, *Bull.* 1118, p. 921.

Corps législatif. Exposé des motifs : *Mon.* des 1ᵉʳ et 26 avril, 2ᵉ suppl.; rapport par M. Douesnel : *Mon.* du 24 avril; discussion et adoption : *Mon.* du 1ᵉʳ mai, suppl.

D. 11 juin 1863.... Approuvant une convention passée avec la compagnie de l'Ouest pour la concession des lignes de Caen à Flers, de Mayenne à Laval, de Louviers à la ligne de Rouen, de Napoléonville à Saint-Brieuc; pour la concession éventuelle de la ligne de Flers à Mayenne; modification des conventions antérieures; passage au nouveau réseau des lignes de Caen à Cherbourg et embranchement et de Mézidon au Mans et embranchement; annuités de l'État pour subventions diverses. — 2ᵉ sem. 1863, sér. 11, *Bull.* 1141, p. 147.

L. 11 juin 1863.... Approuvant certains articles de la convention homologuée par le décret précédent. — 2ᵉ sem. 1863, sér. 11, *Bull.* 1141, p. 146.

Corps législatif. Exposé des motifs : *Mon.* des 8 et 29 avril, p. 668, et 1ᵉʳ mai, suppl.; rapport par M. le baron Mercier : *Mon.* du 1ᵉʳ mai, p. 679, et annexe P, p. LXII; discussion et adoption : *Mon.* du 6 mai, p. 718 et 719.

D. 22 juin 1863.... Prorogation du délai relatif à l'exécution du chemin de fer de Rouen à Amiens. — 1ᵉʳ sem. 1863, sér. 11, *Bull.* 1132, p. 1408.

D. 22 juin 1863.... Sommes versées au Trésor par les compagnies d'Orléans, de Lyon et de l'Ouest. — 2ᵉ sem. 1863, sér. 11, *Bull.* 1134, p. 10.

D. 22 juin 1863.... Agrandissement de la gare de Vernon; terrains réunis à la concession. — 2ᵉ sem. 1863, sér. 11, *Bull.* 1155, p. 558.

D. 23 décembre 1863. Déclaration d'utilité publique de l'agrandissement des gares du Montparnasse et de Vaugirard (Paris); terrains réunis à la concession. — 1ᵉʳ sem. 1864, sér. 11, *Bull.* 1209, p. 767.

L. 18 mai 1864.... Département de l'Eure. Autorisation d'une imposition extraordinaire pour travaux divers et subvention aux chemins de fer de Saint-Cyr à Surdon et de Laigle à Conches. — 1ᵉʳ sem. 1864, sér. 11, *Bull.* 1203, p. 691.

Corps législatif. Exposé des motifs : *Mon.* du 29 avril; rapport par M. G. Petit : *Mon.* du 11 mai; adoption : *Mon.* du 23 avril.

D. 13 août 1864.... Déclaration d'utilité publique et concession définitive du chemin de fer de Flers à Mayenne. — 2ᵉ sem. 1864, sér. 11, *Bull.* 1235, p. 268.

L. 5 juillet 1865 . . . Département de Seine-et-Oise. Impositions diverses; somme à restituer
ultérieurement à la compagnie de l'Ouest. — 2ᵉ sem. 1865, sér. 11,
Bull. 1308, p. 34.

> Corps législatif. Exposé des motifs : *Mon.* du 21 juin ; rapport par M. Lambrey :
> *Mon.* du 28 juin ; adoption : *Mon.* du 22 juin.

L. 10 juillet 1865 . . Approuvant certains articles de la convention ci-après, relative au chemin
de Ceinture (rive gauche). — 2ᵉ sem. 1865, sér. 11, *Bull.* 1319,
p. 233.

> Corps législatif. Exposé des motifs : *Mon.* du 9 juin ; rapport par M. Aymé :
> *Mon.* du 8 juillet ; adoption : *Mon.* du 5 juillet.

D. 18 juillet 1865 . . Approuvant la convention passée pour la concession du chemin de fer de
Ceinture (rive gauche); embranchement provisoire sur le Champ de
Mars, etc. Texte de la convention. — 2ᵉ sem. 1865, sér. 11, *Bull.* 1319,
p. 233.

D. 18 septemb. 1865. Déclaration d'utilité publique et concession définitive d'un raccordement
du chemin de fer de Ceinture (rive droite) avec le chemin d'Auteuil.
— 2ᵉ sem. 1865, sér. 11, *Bull.* 1337, p. 596.

D. 14 février 1866. . Souterrain des Batignolles; prorogation des délais d'exécution. — 1ᵉʳ sem.
1866, sér. 11, *Bull.* 1371, p. 177.

D. 10 avril 1867 . . . Agrandissement de la station de Louverné; terrains réunis à la concession. — 1ᵉʳ sem. 1867, sér. 11, *Bull.* 1499, p. 755.

D. 1ᵉʳ avril 1868 . . . Agrandissement de la gare de Rennes ; terrains réunis à la concession. —
1ᵉʳ sem. 1868, sér. 11, *Bull.* 1596, p. 649.

D. 16 juin 1868 . . . . Agrandissement de la gare de Mézidon. — 2ᵉ sem. 1868, sér 11, *Bull.*
1614, p. 130.

L. 4 juillet 1868 . . . . Approuvant les stipulations relatives au chemin de fer de l'Ouest. —
2ᵉ sem. 1868, sér. 11, *Bull.* 1610, p. 79.

> Corps législatif. Exposé des motifs : *Mon.* des 19 et 20 mai; rapport par M. le
> baron Mercier : *Mon.* des 4, 5, 7 et 16 juillet; discussion et adoption : *Mon.* des
> 4 et 7 juin.

D. 4 juillet 1868... Approuvant une convention passée avec la compagnie de l'Ouest pour la concession des lignes de Sablé à Châteaubriant, de Laval à Angers, de Saint-Lô à Lamballe. — 2ᵉ sem. 1868, sér. 11, *Bull.* 1610, p. 80.

D. 11 juillet 1868.. Travaux d'accès de la gare du Mans; classement.— 2ᵉ sem. 1868, sér. 11, *Bull.* 1636, p. 564.

> Corps législatif. Exposé des motifs : *Mon.* du 18 octobre; rapport par M. le marquis de Talhouët : *Mon.* du 24 octobre; discussion et adoption : *Mon.* du 24 juillet.

L. 10 août 1868 ... Autorisant un emprunt de la ville du Mans, applicable à l'ouverture d'une voie d'accès à la gare. — 2ᵉ sem. 1868, sér. 11, *Bull.* 1625, p. 283.

D. 1ᵉʳ décembre 1868. Crédit ouvert à titre de fonds de concours; chemin de Ceinture, rive gauche. — 2ᵉ sem. 1868, sér. 11, *Bull.* 1669, p. 1122.

D. 30 janvier 1869.. Agrandissement des ateliers de Levallois; terrains réunis à la concession. — 1ᵉʳ sem. 1869, sér. 11, *Bull.* 1708, p. 670.

D. 9 juin 1869..... Approuvant divers travaux à exécuter sur les lignes de Paris à Caen, de Paris à Argenteuil, de Paris à Rennes, de Paris à Caen et Cherbourg, de Lisieux à Honfleur, de Rouen au Havre et de Paris à Rennes. — 1ᵉʳ semestre 1869, sér. 11, *Bull.* 1723, p. 959.

D. 7 août 1869..... Approuvant l'établissement de la seconde voie sur la ligne de Mézidon au Mans. — 2ᵉ sem. 1869, sér. 11, *Bull.* 1741, p. 247.

D. 22 septemb. 1869. Approuvant divers travaux à exécuter sur les lignes de Rennes à Redon, de Paris au Havre, de Paris à Rennes, de Malaunay à Dieppe et de Versailles (rive droite). — 2ᵉ sem. 1869, sér. 11, *Bull.* 1756, p. 560.

PARIS A ORLÉANS.

PARIS A ORLÉANS ET CORBEIL. — CENTRE. — ORLÉANS A BORDEAUX. — TOURS A NANTES. —
GRAND-CENTRAL [1]. — MONTLUÇON A MOULINS. — PARIS A ORSAY.

L. 7 juillet 1838.... Portant concession d'un chemin de fer de Paris à Orléans, avec embranchements sur Corbeil, Pithiviers et Arpajon. Conditions diverses Texte du cahier des charges. — 2ᵉ sem. 1838, sér. 9, *Bull.* 587, p. 56.

> Chambre des députés. Présentation : *Mon.* du 27 mai; rapport par M. Vivien : *Mon.* du 15 juin; discussion et adoption : *Mon.* du 17 juin.
> Chambre des pairs. Présentation : *Mon.* du 22 juin; rapport par M. le comte Daru : *Mon.* du 5 juillet; adoption ; *Mon.* du 6 juillet.

O. 13 août 1838... Autorisation de la compagnie du chemin de fer de Paris à Orléans. Approbation des statuts. Texte des statuts. — 2ᵉ sem. 1838, suppl. sér. 9, *Bull.* 383, p. 338.

L. 1ᵉʳ août 1839.... Modification du cahier des charges de la concession du chemin de fer de Paris à Orléans; faculté de renoncer à prolonger le chemin de fer jusqu'à Orléans. — 2ᵉ sem. 1839, sér. 9, *Bull.* 665, p. 94.

> Chambre des députés. Présentation : *Mon.* du 11 juin; rapport par M. Vivien : *Mon.* du 23 juin; discussion et adoption : *Mon.* des 4, 5 et 6 juillet.
> Chambre des pairs. Présentation : *Mon.* du 16 juillet, suppl. A; rapport par M. le baron Ch. Dupin : *Mon.* du 26 juillet; adoption : *Mon.* du 27 juillet.

L. 15 juillet 1840.. Relative au chemin de fer de Paris à Orléans. Garantie d'intérêt accordée au capital de la compagnie. Nouveau cahier des charges pour le chemin de fer d'Orléans. — 2ᵉ sem. 1840, sér. 9, *Bull.* 753, p. 235.

---

[1] En majeure partie.

Chambre des députés. Présentation : *Mon.* du 8 avril; rapport par M. G. de Beaumont : *Mon.* du 4 juin; discussion et adoption : *Mon.* des 11, 12, 13, 14, 16 et 17 juin.

Chambre des pairs. Présentation : *Mon.* du 24 juin; rapport par M. le baron Ch. Dupin : *Mon.* du 4 juillet; discussion et adoption : *Mon.* du 5 juillet.

O. 31 janvier 1841 . . Approuvant les nouveaux statuts de la compagnie du chemin de fer de Paris à Orléans. Texte des statuts. — 1er sem. 1841, suppl. sér. 9, *Bull.* 523, p. 99.

L. 11 juin 1842 . . . . Relative à l'établissement de grandes lignes de chemins de fer. . . . . . de Paris sur la frontière d'Espagne, par Tours, Poitiers, Angoulême, Bordeaux et Bayonne; sur l'Océan, par Tours et Nantes; sur le centre de la France, par Bourges. . . Conditions d'exécution. Allocations et crédits pour les sections d'Orléans à Tours, d'Orléans à Vierzon. . . . — 1er sem. 1842, sér. 9, *Bull.* 914, p. 481.

Chambre des députés. Présentation : *Mon.* du 8 février; rapport par M. Dufaure : *Mon.* des 16 et 17 avril; discussion et adoption : *Mon.* des 27, 28, 29, 30 avril, 3, 4, 5, 6, 7, 8, 10, 11, 12 et 13 mai.

Chambre des pairs. Présentation : *Mon.* du 14 mai; rapport par M. le comte de Gasparin : *Mon.* du 27 mai; discussion et adoption : *Mon.* des 31 mai; 1er, 2, 3 et 4 juin.

O. 22 octobre 1842 . Autorisant la compagnie du chemin de fer de Paris à Orléans à contracter un emprunt. — 2e sem. 1842, sér. 9, *Bull.* 953, p. 581.

O. 20 octobre 1843 . Déterminant le mode des justifications financières de la compagnie du chemin de fer de Paris à Orléans. — 2e sem. 1843, sér. 9, *Bull.* 1056, p. 747.

L. 26 juillet 1844 . . Allocations et crédits pour le chemin de fer d'Orléans à Bordeaux. Autorisation de concéder ce chemin. Dispositions pour l'exploitation par l'État. Dispositions relatives à la compagnie. Texte du cahier des charges. — 2e sem. 1844, sér. 9, *Bull.* 1118, p. 125.

Chambre des députés. Présentation : *Mon.* du 4 avril; rapport par M. Dufaure : *Mon.* du 3 juin; discussion et adoption : *Mon.* des 12, 13, 14, 15, 16, 18 et 19 juin.

Chambre des pairs. Présentation : *Mon.* du 23 juin; rapport par M. Rossi : *Mon.* du 3 juillet; discussion et adoption : *Mon.* des 4, 5 et 6 juillet.

Retour à la Chambre des députés : *Mon.* du 7 juillet; rapport par M. Dufaure ; *Mon.* du 10 juillet; discussion et adoption : *Mon.* des 14 et 16 juillet.

L. 26 juillet 1844 . . Décide le prolongement du chemin de fer du Centre sur Limoges et sur

Clermont. Allocations et crédits pour ces travaux. Autorisation de concéder le chemin de fer du Centre, d'Orléans à Châteauroux et au Bec-d'Allier; dispositions pour la pose de la voie jusqu'à Vierzon. Texte du cahier des charges. — 2ᵉ sem. 1844, sér. 9, *Bull.* 1119, p. 145.

Chambre des députés. Présentation : *Mon.* du 3 mars; rapport par M. Lanyer : *Mon.* du 22 juin; discussion et adoption : *Mon.* du 30 juin.

Chambre des pairs. Présentation : *Mon.* du 5 juillet; rapport par M. Persil : *Mon.* du 20 juillet; discussion et adoption : *Mon.* du 23 juillet.

L. 26 juillet 1844... Allocation et crédit pour le chemin de fer de Tours à Nantes. — 2ᵉ sem. 1844, sér. 9, *Bull.* 1120, p. 179.

Chambre des députés. Présentation : *Mon.* du 24 mai; rapport par M. Bineau : *Mon.* du 12 juin; discussion et adoption : *Mon.* du 26 juin.

Chambre des pairs. Présentation : *Mon.* du 27 juin; rapport par M. le vicomte Pernetty : *Mon.* du 20 juillet; discussion et adoption : *Mon.* du 17 juillet.

L. 5 août 1844..... Autorisant la concession d'un chemin de fer de Paris à Sceaux. Dispositions diverses. Texte du cahier des charges. — 2ᵉ sem. 1844, sér. 9, *Bull.* 1124, p. 255.

Chambre des députés. Présentation : *Mon.* du 3 juillet; rapport par M. Arago : *Mon.* du 17 juillet; adoption : *Mon.* du 19 juillet.

Chambre des pairs. Présentation : *Mon.* du 22 juillet; rapport par M. le comte de Lartboisière : *Mon.* du 31 juillet; adoption : *Mon.* du 4 août.

O. 6 septembre 1844. Approuvant une convention passée pour la concession du chemin de fer de Paris à Sceaux. Texte de la convention. — 2ᵉ sem. 1844, sér. 9, *Bull.* 1141, p. 569.

O. 24 octobre 1844. Approuvant l'adjudication passée pour la concession du chemin de fer d'Orléans à Bordeaux. Texte de la soumission. — 2ᵉ sem. 1844, sér. 9, *Bull.* 1147, p. 690.

O. 24 octobre 1844. Approuvant l'adjudication passée pour la concession du chemin de fer du Centre. Texte de la soumission. — 2ᵉ sem. 1844, sér. 9, *Bull.* 1147, p. 691.

O. 23 février 1845.. Autorisation de la compagnie du chemin de fer de Paris à Sceaux. Approbation des statuts. Texte des statuts. — 1ᵉʳ sem. 1845, suppl. sér. 9, *Bull.* 764, p. 177.

O. 13 avril 1845.... Autorisation de la compagnie du chemin de fer du Centre. Approbation des statuts. Texte des statuts. — 1ᵉʳ sem. 1845, suppl. sér. 9, *Bull.* 764, p. 449.

O. 16 mai 1845.... Autorisation de la compagnie du chemin de fer d'Orléans à Bordeaux. Approbation des statuts. Texte des statuts. — 1ᵉʳ sem. 1845, suppl. sér. 9, *Bull.* 790, p. 993.

L. 19 juillet 1845... Autorisant l'adjudication du chemin de fer de Tours à Nantes..., Texte du cahier des charges. — 2ᵉ sem. 1845, sér. 9, *Bull.* 1226, p. 329.

Chambre des députés. Présentation : *Mon.* du 19 avril, 2ᵉ suppl.; rapport par M. J. L. Gillon : *Mon.* du 17 juin; 3ᵉ suppl.; discussion et adoption : *Mon.* du 13 juillet, suppl.

Chambre des pairs. Présentation : *Mon.* du 5 juillet; rapport par M. le duc de Fézensac : *Mon.* du 15 juillet; discussion et adoption : *Mon.* du 19 juillet.

O. 18 novembre 1845. Approuvant une modification des statuts de la compagnie du chemin de fer de Paris à Orléans. Texte de la modification. — 2ᵉ sem. 1845, suppl. sér. 9. *Bull.* 814, p. 697.

O. 27 novembre 1845. Crédit pour la section d'Orléans à Vierzon (Centre). — 2ᵉ sem. 1845, sér. 9, *Bull.* 1260, p. 1105.

O. 27 novembre 1845. Approuvant l'adjudication passée pour la concession du chemin de fer de Tours à Nantes. Texte de la soumission. — 2ᵉ sem. 1845, sér. 9, *Bull.* 1259, p. 1094.

O. 17 décembre 1845. Autorisation de la compagnie du chemin de fer de Tours à Nantes. Approbation des statuts. Texte des statuts. — 2ᵉ sem. 1845, suppl. sér. 9, *Bull.* 818, p. 776.

L. 21 juin 1846.... Allocations et crédits pour les lignes de Châteauroux à Limoges et du Bec-d'Allier à Clermont, avec embranchement sur Nevers (Centre). — 2ᵉ sem. 1846, sér. 9, *Bull.* 1312, p. 281.

Chambre des députés. Présentation : *Mon.* du 19 avril; rapport par M. Dessauret : *Mon.* du 6 mai; discussion et adoption : *Mon.* des 8, 9 et 10 mai.

Chambre des pairs. Présentation : *Mon.* du 20 mai; rapport par M. le baron de Barante : *Mon.* du 30 mai; discussion et adoption : *Mon.* du 9 juin.

L. 3 juillet 1846.... Crédit pour la section d'Orléans à Vierzon (Centre). — 2ᵉ sem. 1846, sér. 9, *Bull.* 1313, p. 342.

Chambre des députés. Présentation : *Mon.* du 24 mars; rapport par M. de Labaume : *Mon.* du 5 mai; discussion et adoption : *Mon.* du 18 mai.

Chambre des pairs. Présentation : *Mon.* du 21 juin; rapport par M. le marquis de Gouvion-Saint-Cyr : *Mon.* du 27 juin; discussion et adoption : *Mon.* du 23 juillet.

O. 2 décembre 1846. Crédit pour les wagons-poste sur le chemin de fer d'Orléans à Bordeaux. — 2ᵉ sem. 1846, sér. 9, *Bull.* 1348, p. 1025.

L. 9 août 1847..... Allocations et crédits pour la section d'Orléans à Vierzon (Centre). — 2ᵉ sem. 1847, sér. 9, *Bull.* 1412, p. 529.

    Chambre des députés. Présentation : *Mon.* du 21 mai; rapport par M. Pascalis : *Mon.* du 22 juin; discussion et adoption : *Mon.* des 16 et 17 juillet.

    Chambre des pairs. Présentation : *Mon.* du 24 juillet; rapport par M. le comte Daru : *Mon.* du 29 juillet; adoption : *Mon.* des 30 et 31 juillet.

A. 27 février 1848.. Prolongement du chemin de fer de Paris à Sceaux jusqu'à Orsay. — 1ᵉʳ sem. 1848, 2ᵉ partie, sér. 10, *Bull.* 2, p. 19.

D. 20 mars 1848... Dispositions relatives aux voitures de 3ᵉ classe sur le chemin de fer de Paris à Orléans. — 1ᵉʳ sem. 1848, 2ᵉ partie. sér. 10, *Bull.* 15, p. 137.

D. 30 mars 1848... Nomination de commissaires près les chemins de fer de Paris à Orléans et du Centre. — 1ᵉʳ sem. 1838, 2ᵉ partie, sér. 10, *Bull.* 22, p. 211.

D. 4 avril 1848..... Plaçant sous séquestre les chemins de fer de Paris à Orléans et du Centre. — 1ᵉʳ sem. 1848, 2ᵉ partie, sér. 10, *Bull.* 24, p. 224.

D. 10 juin 1848.... Allocation pour la ligne de Tours à Nantes. — 1ᵉʳ sem. 1848, 2ᵉ partie, sér. 10, *Bull.* 44, p. 535.

    Assemblée nationale. Discussion et adoption : *Mon.* du 11 juin.

L. 17 novembre 1848. Somme destinée aux travaux de chemin de fer de Vierzon au Bec-d'Allier (Centre). — 2ᵉ sem. 1848, sér. 10, *Bull.* 92, p. 651.

    Assemblée nationale. Présentation : *Mon.* du 7 novembre; rapport par M. Emmery : *Mon.* du 14 novembre; adoption : *Mon.* du 18 novembre.

L. 28 décembre 1848. Dispositions pour maintenir, aux frais de l'État, le service du chemin de fer de Paris à Sceaux. — 2ᵉ sem. 1848, sér. 10, *Bull.* 109, p. 934.

    Assemblée nationale. Présentation : *Mon.* du 17 décembre; rapport par M. Emmery : *Mon.* du 28 décembre; adoption : *Mon.* du 29 décembre.

A. 29 décembre 1848. Plaçant sous séquestre le chemin de fer de Paris à Sceaux. — 1ᵉʳ sem. 1849, sér. 10, *Bull.* 129, p. 163.

L. 7 mai 1849..... Allocations et crédits pour la ligne de Tours à Nantes. — 1ᵉʳ sem. 1849, sér. 10, *Bull.* 160, p. 420.

    Assemblée nationale. Présentation : *Mon.* du 12 avril, 4ᵉ suppl.; rapport par M. de Panat : *Mon.* du 2 mai, 3ᵉ suppl.; discussion et adoption : *Mon.* du 8 mai.

L. 7 mai 1849. . . . . Allocations et crédits pour la ligne de Vierzon au Bec-d'Allier (Centre). — 1re sem. 1849, sér. 10, *Bull.* 160, p. 421.

> Assemblée nationale. Présentation : *Mon.* du 12 avril, 4e suppl.; rapport par M. de Panat : *Mon.* du 24 avril, 3e suppl.; discussion et adoption : *Mon.* du 8 mai.

L. 6 avril 1850. . . . Somme affectée au service du chemin de fer de Paris à Sceaux. — 1er sem. 1850, sér. 10, *Bull.* 251, p. 397.

> Assemblée nationale. Présentation : *Mon.* du 26 février; rapport par M. Leverrier : *Mon.* du 13 mars; discussion et adoption : *Mon.* du 7 avril.

L. 6 août 1850. . . . Modification et prolongation des concessions des lignes d'Orléans à Bordeaux et de Tours à Nantes; exploitation provisoire. — 2e sem. 1850, sér. 10, *Bull.* 302, p. 266.

> Assemblée nationale. Présentation : *Mon.* du 4 juillet; rapport par M. Th. Ducos : *Mon.* du 23 juillet; discussion et adoption : *Mon.* des 31 juillet, 1er, 3, 4, 6 et 7 août.

D. 18 octobre 1850. Approuvant une convention passée, en exécution de la loi précédente, avec la compagnie du chemin de fer d'Orléans à Bordeaux. Texte de la convention. — 2e sem. 1850, sér. 10, *Bull.* 320, p. 594.

D. 18 octobre 1850. Approuvant une convention passée, en exécution de la loi précédente, avec la compagnie du chemin de fer de Tours à Nantes. Texte de la convention. — 2e sem. 1850, sér. 10, *Bull.* 320, p. 589.

D. 14 novembre 1850. Levant le séquestre du chemin de fer de Paris à Sceaux. — 2e sem. 1850, sér. 10, *Bull.* 327, p. 669.

L. 30 juin 1851. . . . Somme affectée à la ligne de Tours à Bordeaux. — 1er sem. 1851, sér. 10, *Bull.* 408, p. 761.

> Assemblée nationale. Présentation : *Mon.* du 27 mai; rapport par M. de Mouchy : *Mon.* du 7 juin; discussion et adoption : *Mon.* du 1er juillet.

D. 10 décembre 1851. Autorisation de concéder un chemin de fer de ceinture. Texte du cahier des charges. — 2e sem. 1851, sér. 10, *Bull.* 470, p. 1105.

D. 11 décembre 1851. Approbation de la convention passée avec la compagnie d'Orléans pour la concession du chemin de fer de Ceinture. Texte de la convention. — 2e sem. 1851, sér. 10, *Bull.* 470, p. 1112.

D. 26 mars 1852. . . . Autorisant la compagnie du chemin de fer de Paris à Orléans à répartir l'amortissement de son capital sur toutes les années de sa concession. — 1ᵉʳ sem. 1857, sér. 10, *Bull.* 520, p. 1070.

D. 27 mars 1852... Approuvant une convention passée avec la compagnie du chemin de fer de Paris à Orléans pour la fusion des compagnies d'Orléans à Bordeaux, du Centre et de Tours à Nantes, et pour la concession des lignes du Guétin à Clermont et à Roanne, de Châteauroux à Limoges, de Poitiers à la Rochelle et à Rochefort. Texte de la convention. Actes passés pour la fusion des entreprises. — 1ᵉʳ sem. 1852, sér. 10, *Bull.* 520, p. 1071.

D. 27 septemb. 1852. Approuvant une modification des statuts de la compagnie du chemin de fer de Paris à Orléans. Texte de la modification. — 2ᵉ sem. 1852, suppl. sér. 10, *Bull.* 276, p. 541.

D. 21 avril 1853... Approuvant une convention passée pour la concession des chemins de fer de Clermont à Lempdes, de Montauban au Lot, avec embranchement sur Marcillac, et de Coutras à Périgueux, et la concession éventuelle des lignes de Lempdes au Lot (Capdenac), de Saint-Étienne à Périgueux et de Limoges à Agen. Texte de la convention et du cahier des charges. — 1ᵉʳ sem. 1853, sér. 11, *Bull.* 45, p. 690.

D. 30 avril 1853.... Approuvant une convention passée avec la compagnie du chemin de fer de Paris à Sceaux pour la concession du chemin de fer de Bourg-la-Reine à Orsay. — 2ᵉ sem. 1853, sér. 11, *Bull.* 74, p. 141.

L. 4 juin 1853..... Relative à la subvention allouée par la ville de Rochefort pour les travaux du chemin de fer de Poitiers à Rochefort. — 1ᵉʳ sem. 1853, sér. 11, *Bull.* 51, p. 936.

    Corps législatif. Présentation : *Mon.* du 25 avril, annexe, p. xxii; rapport par M. le baron Anatole Lemercier : *Mon.* du 11 mai; discussion et adoption : *Mon.* du 18 mai.

L. 7 juin 1853..... Relative à la subvention allouée par la ville de la Rochelle pour les travaux dudit chemin de fer. — 1ᵉʳ sem. 1853, sér. 11, *Bull.* 52, p. 966.

    Corps législatif. Présentation : *Mon.* du 25 avril, annexe, p. xxii; rapport par M. le baron Anatole Lemercier : *Mon.* du 11 mai; discussion et adoption : *Mon.* du 18 mai.

L. 7 juin 1853..... Relative à la subvention allouée par la ville de Poitiers pour les travaux dudit chemin de fer. — 1ᵉʳ sem. 1853, sér. 11, *Bull.* 52, p. 969.

    Corps législatif. Présentation : *Mon.* du 7 mai, annexe, p. xlii; rapport par M. le baron Anatole Lemercier : *Mon.* du 11 mai; discussion et adoption : *Mon.* du 18 mai.

L. 10 juin 1853. . . .   Relative à la subvention allouée par le département des Deux-Sèvres pour les travaux du chemin de fer de Poitiers à la Rochelle. — 1ᵉʳ sem. 1853, sér. 11, *Bull.* 56, p. 1063.

> Corps législatif. Présentation : *Mon.* du 7 mai, annexe, p. XLII; rapport par M. le baron Anatole Lemercier : *Mon.* du 11 mai; discussion et adoption : *Mon.* du 18 mai.

L. 10 juin 1853. . . .   Relative à la subvention allouée par le département de la Vienne pour les travaux dudit chemin de fer. — 1ᵉʳ sem. 1853, sér. 11, *Bull.* 56, p. 1066.

> Corps législatif. Présentation : *Mon.* du 7 mai, annexe, p. XLII; rapport par M. le baron Anatole Lemercier : *Mon.* du 11 mai; discussion et adoption : *Mon.* du 18 mai.

L. 10 juin 1853. . . .   Approuvant certains articles du cahier des charges et de la convention relatifs au chemin de fer de Bourg-la-Reine à Orsay. Texte du cahier des charges et de la convention. — 1ᵉʳ sem. 1853, sér. 11, *Bull.* 63, p. 1273.

> Corps législatif. Présentation : *Mon.* du 30 avril, suppl. F; rapport par M. Bertrand (de l'Yonne) : *Mon.* du 12 mai, suppl. K; adoption : *Mon.* du 23 mai.

L. 10 juin 1853. . . .   Autorise le département de la Charente-Inférieure à contracter un emprunt pour subvention aux travaux du chemin de fer de Poitiers à la Rochelle. — 1ᵉʳ sem. 1853, sér. 11, *Bull.* 56, p. 1057.

> Corps législatif. Présentation : *Mon.* du 30 avril, suppl. XXII; rapport par M. le baron Lemercier; adoption : *Mon.* p. 547.

D. 30 juillet 1853 . .   Autorisation de la compagnie du chemin de fer Grand-Central. Approbation des statuts. Texte des statuts. — 2ᵉ sem. 1853, suppl. sér. 11, *Bull.* 33, p. 11.

D. 17 août 1853. . . .   Approuvant une convention passée pour la concession, à la compagnie du chemin de fer de Paris à Orléans, d'une ligne de Tours au Mans et d'une ligne de Nantes à Saint-Nazaire. Texte de la convention. — 2ᵉ sem. 1853, sér. 11, *Bull.* 87, p. 412.

D. 18 août 1853 . . .   Allocations affectées aux lignes de Clermont au Guétin et de Châteauroux à Limoges. — 2ᵉ sem. 1853, sér. 11, *Bull.* 84, p. 353.

D. 12 octobre 1853.   Approuvant la compagnie du chemin de fer de Paris à Sceaux sous la dénomination de *Compagnie de Paris à Orsay*, et modification des statuts. Texte des statuts. — 2ᵉ sem. 1853, suppl. sér. 11, *Bull.* 51, p. 888.

D. 26 décembre 1853. Approuvant une convention et un cahier des charges supplémentaire du
chemin de fer Grand-Central...... Texte du cahier des charges.—
1er sem. 1854, sér. 11. *Bull.* 131. p. 147.

L. 29 avril 1854.... Relative à la subvention allouée par le département des Deux-Sèvres
pour les travaux du chemin de fer de Poitiers à la Rochelle. —
1er sem. 1854, sér. 11. *Bull.* 166, p. 1172.

 Corps législatif. Présentation : *Mon.* du 1er avril. suppl p. iv; rapport par
M. Ferdinand David : *Mon.* du 5 avril. suppl. p. viii; discussion et adoption :
Mon. du 1er avril.

D. 15 mai 1854.... Approuvant une modification des statuts de la compagnie du chemin de
fer Grand-Central. Texte de la modification. — 1er sem. 1854, suppl.
sér. 11. *Bull.* 87, p. 1122.

D. 17 octobre 1854.. Approuvant une convention passée pour la concession d'un chemin de
fer de Montluçon à Moulins et embranchement sur Bezenet. Texte de
la convention et du cahier des charges. — 2e sem. 1854, sér. 11.
Bull. 230, p. 705.

D. 28 février 1855.. Alimentation des locomotives à la station de Couhé-Vérac. — 1er sem.
1855, sér. 11. *Bull.* 291. p. 816.

D. 8 mars 1855.... Déclarant d'utilité publique un chemin de fer de Nantes à Saint-Nazaire.
Concession rendue définitive. (Extrait.) — 1er sem. 1855, sér. 11.
Bull. 295, p. 982.

D. 9 mars 1855.... Approuvant une modification des statuts de la compagnie du chemin de
fer de Paris à Orléans. Texte des statuts. — 1er sem. 1855, suppl.
sér. 11. *Bull.* 164. p. 491.

D. 7 avril 1855... Approuvant une convention passée pour la concession d'une ligne de
Paris à Lyon par Nevers à la réunion des compagnies d'Orléans, de
Lyon et du Grand-Central. Texte de la convention et du cahier des
charges. Traités pour l'abandon de la ligne du Bec-d'Allier et de Nevers à Clermont et de la section de Juvisy à Corbeil. — 1er sem.
1856, sér. 11, *Bull.* 354. p. 49; *errata : Bull.* 368, p. 292.

D. 7 avril 1855..... Approuvant une convention passée pour la concession définitive, à la
compagnie du chemin de fer Grand-Central, d'une ligne de Bordeaux
à Lyon, sections de Saint-Étienne à Arvant, et de Lempdes à Figeac
et à Périgueux, avec embranchement de Marcillac à Rodez; d'une
ligne de Limoges à Agen, et, éventuellement, des quatre embranchements de Cahors, de Villeneuve-d'Agen, de Bergerac et de Tulle. —
2e sem. 1855, sér. 11, *Bull.* 313, p. 58.

L. 2 mai 1855 . . . . .   Approuvant certains articles de la concession ci-dessus faite au chemin
de fer Grand-Central. Texte de la convention et du cahier des charges.
— 1er sem. 1855, sér. 11, *Bull.* 292, p. 828.

> Corps législatif. Présentation : *Mon.* du 21 mars; rapport par M. le baron
> de Jouvenel. *Mon.* du 21 juin ; adoption : *Mon.* du 12 avril.

L. 2 mai 1855 . . . . .   Approuvant une subvention pour la concession d'un chemin de fer de
Nantes à Châteaulin et embranchement sur Napoléonville. —1er sem.
1855, sér. 9. *Bull.* 290, p. 737.

> Corps législatif. Présentation : *Mon.* des 21 mars et 12 avril; rapport par
> M. Le Mélorel de la Haichois : *Mon.* du 24 août; adoption : *Mon.* du 13 avril.

D. 5 mai 1855. . . . .   Déclarant d'utilité publique les raccordements des chemins de fer près
Tours. (Extrait.) — 2e sem. 1855, sér. 11, *Bull.* 313, p. 88.

D. 20 juin 1855. . . .   Approuvant une convention passée pour la concession, à la compagnie
du chemin de fer de Paris à Orléans, d'une ligne de Nantes à Châ-
teaulin, avec embranchement sur Napoléonville (et forfait pour les
travaux de Saint-Germain-des-Fossés à Roanne). Texte de la convention. — 1er sem. 1855, sér. 11, *Bull.* 306, p. 1321. — Texte du
cahier des charges. — 2e sem. 1855, sér. 11, *Bull.* 310, p. 28.

D. 23 juin 1855. . . .   Autorisation de la compagnie du chemin de fer de Montluçon à Moulins.
Approbation des statuts. Texte des statuts. — 2e sem. 1855, suppl.
sér. 11, *Bull.* 201, p. 81.

D. 18 juillet 1855 . .   Crédit représentant une somme payée par la compagnie d'Orléans pour
le chemin de fer de Ceinture. — 2e sem. 1855, sér. 11, *Bull.* 320,
p. 257.

D. 19 décembre 1855.   Approuvant une convention relative à la cession du chemin de fer de
Montluçon à Moulins à la compagnie du chemin de fer Grand-Central.
Texte de la convention. — 1er sem. 1856, sér. 11, *Bull.* 354,
p. 99.

D. 25 décembre 1855.   Règlement du service des télégraphes particuliers du chemin de fer
d'Orléans. . . . . — 2e sem. 1855, sér. 11, *Bull.* 347, p. 775.

D. 26 janvier 1856 . .   Approuvant une modification des statuts de la compagnie du chemin de
fer Grand-Central. Texte des statuts. — 1er sem. 1856, suppl. sér. 11.
Bull. 254, p. 53.

D. 1er mars 1856. . . .   Allocation pour les lignes de Vierzon à Châteauroux, etc. — 1er sem.
1856, sér. 11, *Bull.* 369, p. 321.

D. 15 novembre 1856.   Agrandissement de la gare de Choisy. Terrains réunis à la concession.
                       — 1er sem. 1857, sér. 11. *Bull.* 463, p. 109.

D. 19 juin 1857 . . . .   Approuvant une convention passée avec la compagnie d'Orléans : pour
                       la reprise du chemin de fer Grand-Central, ainsi que du chemin de
                       fer de Paris à Orsay, par cette compagnie, et l'abandon par celle-ci de
                       sa portion dans la concession du Bourbonnais; pour la concession,
                       à la compagnie d'Orléans, des lignes de Paris à Tours par Vendôme,
                       de Nantes à Napoléon-Vendée, de Bourges à Montluçon, de Toulouse
                       par Albi à la ligne du Lot à Montauban à Lexos; pour diverses con-
                       cessions éventuelles, savoir : Tours à Vierzon, Orléans vers Montargis
                       (Gien), de la ligne de Montluçon à Limoges à la Souterraine (Saint-
                       Sulpice-Laurières), Poitiers à Limoges (Bersac), Angers (la Posso-
                       nière) à Niort, Limoges (la Farge) à Brives, et pour la fixation d'un
                       subside affecté au réseau pyrénéen. Texte de la convention et du nou-
                       veau cahier des charges. — 2e sem. 1857, sér. 11. *Bull.* 522, p. 244.
                       — Texte des traités passés par la compagnie d'Orléans pour le partage
                       du Grand-Central, l'abandon du Bourbonnais et la fusion d'Orsay
                       (annexé au décret relatif au chemin de fer de Paris à Lyon et à la
                       Méditerranée). — 2e sem. 1857, sér. 11, *Bull.* 522. p. 308.

L. 19 juin 1857 . . . .   Approuvant certains articles de la convention homologuée par le décret
                       précédent. — 2e sem. 1857, sér. 11, *Bull.* 522, p. 241.
                          Corps législatif. Présentation et exposé des motifs : annexes I et K; rapport par
                       M. Lequien : annexe N; discussion et adoption : *Mon.* du 28 mai.

D. 1er août 1857 . . . .   Approuvant une convention passée avec la compagnie d'Orléans pour
                       le raccordement et le pont de Bordeaux. Texte de la convention. —
                       2e sem. 1857, sér. 11. *Bull.* 544, p. 811.

D. 26 août 1857 . . . .   Agrandissement de la gare d'Athis-Mons sur la ligne d'Orléans; terrains
                       réunis à la concession. (Extrait.) — 2e sem. 1857, sér. 11, *Bull.* 555.
                       p. 953.

L. 24 avril 1858 . . . .   Autorisant le département de la Charente-Inférieure à s'imposer pour
                       subvention aux travaux du chemin de fer de Poitiers à la Rochelle. —
                       1er sem. 1858, sér. 11, *Bull.* 595, p. 722.
                          Corps législatif. Exposé des motifs : *Mon.* du 18 avril; rapport par M. le baron
                       Eschassériaux; discussion et adoption : *Mon.* du 9 avril.

D. 11 juin 1859 . . . .   Approuvant une convention passée avec la compagnie d'Orléans pour la
                       division des lignes en ancien et nouveau réseau; garantie d'intérêt
                       accordée à ce dernier; conditions diverses. Texte de la convention.
                       — 2e sem. 1859, sér. 11, *Bull.* 709, p. 15.

L. 11 juin 1859. . . . Approuvant certains articles de la convention homologuée par le décret
                       précédent. — 2ᵉ sem. 1857, sér. 11, *Bull.* 709, p. 13.

> Corps législatif. Présentation : *Mon.* des 23 février et 4 mars, suppl.; rapport
> par M. le baron de Jouvenel . *Mon.* du 31 mai, suppl. xiv; discussion et adoption :
> *Mon.* des 18, 19 et 20 mai.

D. 5 juin 1861. . . . . Déclaration d'utilité publique et concession définitive d'un chemin de fer
                       de Tours à Vierzon. — 1ᵉʳ sem. 1861, sér. 11, *Bull.* 940, p. 782.

D. 5 juin 1861. . . . . Déclaration d'utilité publique et concession définitive d'un chemin de fer
                       d'Angers à Niort. — 1ᵉʳ sem. 1861, sér. 11, *Bull.* 940, p. 783.

D. 5 juin 1861. . . . . Déclaration d'utilité publique et concession définitive d'un chemin de fer
                       de Poitiers à Limoges. — 1ᵉʳ sem. 1861, sér. 11, *Bull.* 940, p. 784.

D. 14 juin 1861. . . . Déclaration d'utilité publique relative au chemin de fer de Châteaulin
                       à la ligne de Rennes à Brest. — 2ᵉ sem. 1861, sér. 11, *Bull.* 953,
                       p. 251.

D. 14 juin 1861. . . . Déclaration d'utilité publique relative au chemin de fer de Commentry
                       à Gannat. — 2ᵉ sem. 1861, sér. 11, *Bull.* 953, p. 250.

D. 22 juin 1861. . . . Déclaration d'utilité publique et concession définitive d'une ligne de
                       Montluçon à Limoges (et embranchement sur Ahun). — 2ᵉ sem. 1861,
                       sér. 11, *Bull.* 953, p. 255.

L. 2 juillet 1861. . . . Crédits (obligations trentenaires) pour l'exécution de diverses lignes
                       (Châteaulin à Landerneau). — 2ᵉ sem. 1861, sér. 11, *Bull.* 946,
                       p. 1.

> Corps législatif. Exposé des motifs : *Mon.* du 18 juin; rapport par M. Alfred
> Le Roux : *Mon.* des 29 et 30 juin; discussion et adoption : *Mon.* des 25 et 26 juin.

D. 4 juillet 1861. . . . Création des obligations trentenaires précitées. — 2ᵉ sem. 1861, sér. 11,
                       Bull. 946, p. 5.

D. 25 août 1861. . . . Rachat du péage du pont de Bordeaux ; concours de la compagnie d'Or-
                       léans. . . . . — 2ᵉ sem. 1861, sér. 11, *Bull.* 962, p. 246.

L. 12 février 1862. . Conversion des rentes. . . . . . . et des obligations trentenaires précitées.
                       — 1ᵉʳ sem. 1862, sér. 11, *Bull.* 998, p. 105.

> Corps législatif. Exposé des motifs : *Mon.* du 29 janvier; rapport par M. Gouin
> *Mon.* du 7 février; discussion et adoption : *Mon.* des 8 et 9 février.

D. 11 août 1862... Approuvant une convention relative au payement en numéraire de la subvention allouée à la compagnie. — 2ᵉ sem. 1862, sér. 11, *Bull.* 1051, p. 592.

D. 28 août 1862... Tracé du chemin de fer de Paris à Tours par Vendôme, et prolongement jusqu'à Limours du chemin de fer d'Orsay. — 2ᵉ sem. 1862, sér. 11, *Bull.* 1053, p. 614.

D. 6 mai 1863.... Réglement pour les justifications relatives à la garantie d'intérêt. — 1ᵉʳ sem. 1863, sér. 11, *Bull.* 1127, p. 1173.

L. 11 juin 1863.... Approuvant certains articles de la convention homologuée par le décret du 6 juillet suivant. — 2ᵉ sem. 1863, sér. 11, *Bull.* 1141, p. 187.

    Corps législatif. Exposé des motifs : *Mon.* des 7 avril et 3 mai; rapport par M. le baron de Jouvenel : *Mon.* du 1ᵉʳ mai, p. 679, et annexe P, p. CXI et CXIII; discussion et adoption : *Mon.* du 6 mai.

D. 22 juin 1863.... Sommes versées au Trésor par les compagnies d'Orléans, de Lyon et de l'Ouest. — 2ᵉ sem. 1863, sér. 11, *Bull.* 1134, p. 10.

D. 6 juillet 1863.... Approuvant une convention passée avec la compagnie du chemin de fer d'Orléans pour la concession définitive des embranchements de Cahors à la ligne de Périgueux à Agen (Monsempron), de Villeneuve-d'Agen à Penne et de Tulle à Brive; pour la concession des nouvelles lignes d'Orsay à Limours, d'Aubusson à Busseau-d'Ahun, de Châteaulin à Landerneau, de Commentry à Gannat; pour la concession éventuelle des lignes de Pithiviers à Malesherbes, de Pithiviers à Orléans, de la Flèche à Aubigné. Modifications des conventions antérieures; passage du chemin de Brétigny à Tours à l'ancien réseau. Annuités de l'État pour subventions diverses. — 2ᵉ sem. 1863, sér. 11, *Bull.* 1141, p. 188.

D. 6 juillet 1863... Établissement d'une gare à Vitry; terrains réunis à la concession. — 2ᵉ sem. 1863, sér. 11, *Bull.* 1157, p. 592.

D. 12 août 1863... Agrandissement de la gare des marchandises du boulevard de l'Hôpital, à Paris; terrains réunis à la concession. — 1ᵉʳ sem. 1864, *Bull.* 1168, p. 996.

D. 29 août 1863... Modifications des statuts de la compagnie d'Orléans. Texte des modifications. — 2ᵉ sem. 1863, suppl. sér. 11, *Bull.* 976, p. 485; *errata :* *Bull.* 992, p. 1048.

D. 6 janvier 1864... Déclaration d'utilité publique et concession définitive d'un chemin de fer d'Orléans à la ligne du Bourbonnais, près Gien. — 1er sem. 1864, sér. 11, *Bull.* 1176, p. 126.

D. 28 décembre 1864.   Agrandissement de la gare de Vierzon; terrains réunis à la concession. — 1er sem. 1865, sér. 11, *Bull.* 1282, p. 419.

D. 7 janvier 1865....   Rectification d'une route à l'entrée de Quimper; forfait passé avec la compagnie d'Orléans. — 1er sem. 1865, sér. 11, *Bull.* 1282, p. 419.

D. 8 avril 1865.....   Déclaration d'utilité publique et concession définitive du chemin de fer de Pithiviers à Malesherbes. — 1er sem. 1865, sér. 11, *Bull.* 1282, p. 416.

D. 8 avril 1865....   Déclaration d'utilité publique et concession définitive du chemin de fer de Pithiviers à Orléans. — 1er sem. 1865, sér. 11, *Bull.* 1282, p. 417.

D. 17 mai 1865....   Déclaration d'utilité publique et concession définitive du chemin de fer de Limoges à Brives. — 1er sem. 1865, sér. 11, *Bull.* 1293, p. 694.

D. 14 juin 1865....   Agrandissement de la gare du boulevard d'Enfer, à Paris; terrains réunis à la concession. — 2e sem. 1865, sér. 11, *Bull.* 1337, p. 600.

D. 14 février 1866.   Agrandissement de la gare d'Arveyres; terrains réunis à la concession. — 1er sem. 1866, sér. 11, *Bull.* 1378, p. 393.

D. 16 août 1867....   Déclaration d'utilité publique et concession définitive du chemin de fer de la Flèche à Aubigné. — 2e sem. 1867, sér. 11, *Bull.* 1526, p. 509.

D. 12 février 1868..   Agrandissement de la gare du boulevard d'Enfer, à Paris; terrains réunis à la concession. — 1er sem. 1868, sér. 11, *Bull.* 1587, p. 393.

L. 26 juillet 1868...   Approuvant les stipulations financières comprises dans la convention ci-après. — 2e sem. 1868, sér. 11, *Bull.* 1622, p. 243.

    Corps législatif. Exposé des motifs: *Mon.* des 20 et 21 mai; rapport de M. des Rotours: *Mon.* des 29-30 août, 1er-4 septembre; discussion et adoption: *Mon.* du 25 juin.

D. 26 juillet 1868..   Approuvant une convention passée pour la concession de la ligne de Châteaubriant à Nantes et de l'embranchement de Romorantin, et, éventuellement, de Libourne à Bergerac [1] et de Bergerac à la ligne

---

[1] LIBOURNE A BERGERAC.

ANCIENNE COMPAGNIE.

D. 14 juin 1861...........   Déclaration d'utilité publique relative au chemin de fer de Bergerac à Libourne. — 2e sem. 1861, sér. 11, *Bull.* 953, p. 237.

de Périgueux à Agen; reprise de l'embranchement de Saint-Éloi. — 2ᵉ sem. 1868, sér. 11, *Bull.* 1622, p. 244.

D. 27 novembre 1868   Agrandissement des talus de Lormont; terrains réunis à la concession. — 1ᵉʳ sem. 1869, sér. 11, *Bull.* 1679, p. 102.

D. 17 décembre 1868   Agrandissement de la gare d'Antony. — 1ᵉʳ sem. 1869, sér. 11, *Bull.* 1691, p. 298.

D. 2 janvier 1869 . . .   Libourne à Bergerac. Rétrocession par l'État. — 1ᵉʳ sem. 1869, sér. 11, *Bull.* 1675, p. 1.

D. 6 février 1869 . . .   Modification des statuts de la compagnie d'Orléans. — 1ᵉʳ sem. 1869, suppl. sér. 11, *Bull.* 1475, p. 249.

D. 27 mars 1869 . . .   Chemin de fer de Saint-Éloi. Rétrocession. — 1ᵉʳ sem. 1869, sér. 11, *Bull.* 1691, p. 292.

D. 15 mai 1869 . . . .   Crédit ouvert à titre de remboursement à l'État, chemin de Libourne à Bergerac. — 1ᵉʳ sem. 1869, sér. 11, *Bull.* 1718, p. 856.

D. 19 mai 1869 . . . .   Agrandissement de la gare de Choisy-le-Roi; terrains réunis à la concession. — 2ᵉ sem. 1869, sér. 11, *Bull.* 1745, p. 318.

D. 16 juin 1869 . . . .   Approuvant divers travaux à exécuter sur les lignes de Bourges à Montluçon, de Paris à Limours, de Nantes à Napoléon-Vendée et d'Arvant au Lot. — 1ᵉʳ sem. 1869, sér. 11, *Bull.* 1723, p. 963.

D. 11 septemb. 1869.   Crédit représentant une somme versée par la compagnie pour le rachat

---

L. 2 juillet 1861 . . . .   Crédits (obligations trentenaires) pour l'exécution de la ligne de Bergerac à Libourne — 1ᵉʳ sem. 1861, sér. 11, *Bull.* 946, p. 1.

     Corps législatif. Exposé des motifs : *Mon.* du 18 juin; rapport par M. Alfred Le Roux : *Mon.* des 29 et 30 juin; discussion et adoption ; *Mon.* des 25 et 26 juin.

D. 19 avril 1862 . . . .   Autorisant la concession, par voie d'adjudication, du chemin de fer de Bergerac à Libourne. Texte du cahier des charges. — 2ᵉ sem. 1862, sér. 11, *Bull.* 1041, p. 257.

D. 6 juillet 1862 . . . .   Approuvant l'adjudication passée pour la concession du chemin de fer précité. Texte de la soumission. — 2ᵉ sem. 1862, sér. 11, *Bull.* 1041, p. 264.

D. 9 mai 1863 . . . .   Autorisant la compagnie du chemin de fer de Libourne à Bergerac. Texte des statuts. — 1ᵉʳ sem. 1863, sér. 11, suppl. *Bull.* 948, p. 1022.

du chemin de fer d'embranchement de Saint-Éloi. — 2ᵉ sem. 1869, sér. 11, *Bull.* 1751, p. 435.

D. 3 novembre 1869. Crédit représentant une somme versée pour les travaux du chemin de fer de Commentry à Gannat. — 1ᵉʳ sem. 1870, sér. 11, *Bull.* 1778, p. 67.

PARIS A LYON ET A LA MÉDITERRANÉE.

PARIS A LYON. — DIJON A BESANÇON. — DÔLE A SALINS. — GARD. — MONTPELLIER A CETTE.
MONTPELLIER A NIMES. — AVIGNON A MARSEILLE.
LYON A AVIGNON (MÉDITERRANÉE). — SAINT-ÉTIENNE A LYON.
SAINT-ÉTIENNE A ANDRÉZIEUX. — ANDRÉZIEUX A ROANNE. — JONCTION DE RHÔNE-ET-LOIRE.
PARIS A LYON PAR LE BOURBONNAIS (PARTIE)[1].
GRAND-CENTRAL (PARTIE). — LYON A GENÈVE. — DAUPHINÉ.
BESSÈGES A ALAIS. — VICTOR-EMMANUEL (RHÔNE AU MONT-CENIS).
CHEMINS ALGÉRIENS.

O. 26 février 1823..   Autorisation et concession d'un chemin de fer de la Loire au Pont-de-l'Ane (Andrézieux à Saint-Étienne); tarif. — 1ᵉʳ sem. 1823. sér. 7, *Bull.* 591, p. 193.

O. 30 juin 1824....   Approuvant le tracé du chemin de fer de Saint-Étienne à Andrézieux.

O. 21 juillet 1824..   Autorisation de la compagnie du chemin de fer de Saint-Étienne à la Loire (Andrézieux). Texte des statuts. — 2ᵉ sem. 1824. sér. 7, *Bull.* 691 *bis*, p. 1.

O. 19 avril 1826...   Approuvant une modification des statuts de la compagnie de Saint-Étienne à la Loire (Andrézieux). Texte de la modification. — 1ᵉʳ sem. 1826. sér. 8, *Bull.* 95 *bis*, p. 1.

O. 7 juin 1826.....   Approuvant l'adjudication passée pour la concession d'un chemin de fer de Saint-Étienne à Lyon. — 2ᵉ sem. 1831. 2ᵉ partie. sér. 9. *Bull.* 107, p. 317.

O. 7 mars 1827....   Autorisation de la compagnie du chemin de fer de Saint-Étienne à Lyon. Texte des statuts. — 1ᵉʳ sem. 1827, sér. 8, *Bull.* 155 *bis*. p. 31.

---

[1] Et ancien chemin du Centre (pour l'embranchement de Nevers).

O. 13 juin 1827.... Concession d'un terrain à la compagnie de Saint-Étienne à Lyon pour l'établissement d'une gare de bateaux. — 2ᵉ sem. 1830, 2ᵉ partie, sér. 9, *Bull.* 30, p. 585.

O. 27 août 1828.... Approuvant l'adjudication passée pour l'établissement d'un chemin de fer d'Andrézieux à Roanne. — 2ᵉ sem. 1828, sér. 8, *Bull.* 251, p. 228.

O. 26 avril 1829... Autorisation de la compagnie du chemin de fer de la Loire (Andrézieux à Roanne). Texte des statuts. — 2ᵉ sem. 1829, sér. 8, *Bull.* 301 *bis*, p. 1.

O. 13 décembre 1829. Autorisant la construction d'un pont sur la Saône (Saint-Étienne à Lyon). — 1ᵉʳ sem. 1830, sér. 8, *Bull.* 338, p. 37.

O. 21 mars 1830.... Approbation du tracé du chemin de fer d'Andrézieux à Roanne. Conditions diverses. — 1ᵉʳ sem. 1830, sér. 8, *Bull.* 348, p. 213.

O. 5 décembre 1830. Tarif de la gare d'eau de Perrache (Saint-Étienne à Lyon); construction d'un embranchement du chemin de fer. — 2ᵉ sem. 1830, 2ᵉ partie, sér. 9, *Bull.* 20, p. 581.

O. 30 janvier 1831.. Autorisation de l'établissement d'une gare à Givors, sur le chemin de fer de Saint-Étienne à Lyon. — 1ᵉʳ sem. 1831, sér. 9, 2ᵉ partie, *Bull.* 47, p. 162.

O. 27 avril 1831... Déterminant une partie du tracé du chemin de fer de Saint-Étienne à Lyon. — 1ᵉʳ sem. 1831, sér. 9, 2ᵉ partie, *Bull.* 75, p. 644.

O. 16 septemb. 1831. Tarif à percevoir sur le chemin de fer de Saint-Étienne à Lyon. — 2ᵉ sem. 1831, sér. 9, 2ᵉ partie, *Bull.* 107, p. 315.

L. 29 juin 1833.... Approuvant l'adjudication passée pour l'exécution d'un chemin de fer d'Alais à Beaucaire (Gard). — 1833. — Lois, sér. 9, *Bull.* 108, p. 346.

> Chambre des députés. Présentation : *Mon.* du 8 juin ; rapport par M. Mallet ; *Mon.* du 18 juin; discussion et adoption : *Mon.* du 19 juin, 2ᵉ suppl.
>
> Chambre des pairs. Présentation : *Mon.* du 22 juin; rapport par M. le baron de Lascours : *Mon.* du 25 juin; discussion et adoption : *Mon.* du 25 juin, suppl.

O. 21 juillet 1833.. Raccordement du chemin de fer de Saint-Étienne à Andrézieux avec celui d'Andrézieux à Roanne; tarif pour la partie commune. — 2ᵉ sem. 1833, sér. 9, 2ᵉ partie, 1ʳᵉ section, *Bull.* 243, p. 51.

O. 19 octobre 1835 .   Tracé du chemin de fer d'Alais à Beaucaire. — 2ᵉ sem. 1835, sér. 9,
2ᵉ partie, 1ʳᵉ section, *Bull.* 391, p. 633.

O. 12 mai 1836 . . . .   Autorisation et concession d'un chemin de fer d'Alais à la Grand'Combe
(Gard). Texte du cahier des charges. — 1ᵉʳ sem. 1836, sér. 9,
Bull. 434, p. 337.

L. 9 juillet 1836. . . .   Autorisation et concession d'un chemin de fer de Montpellier à Cette.
Texte du cahier des charges. — 2ᵉ sem. 1836, sér. 9, *Bull.* 444,
p. 128.

    Chambre des députés. Présentation : *Mon.* du 10 mai; rapport par M. Mallet :
Mon. du 27 mai ; discussion et adoption : *Mon.* du 12 juin, suppl.

    Chambre des pairs. Présentation : *Mon.* du 18 juin; rapport par M. le marquis
de Cordoue : *Mon.* du 26 juin ; discussion et adoption : *Mon.* du 30 juin.

L. 17 juillet 1837. .   Approuvant les conventions passées avec la compagnie des mines de la
Grand'Combe et des chemins de fer du Gard, relativement à un prêt
de l'État. Texte des conventions. — 2ᵉ sem. 1837, série 9, *Bull.* 524,
p. 213.

    Chambre des députés. Présentation : *Mon.* du 9 mai; rapport de M. d'Harcourt :
Mon. du 24 mai; discussion et adoption : *Mon.* du 27 mai.

    Chambre des pairs. Présentation : *Mon.* du 2 juillet; discussion et adoption :
Mon. du 13 juillet.

O. 4 juillet 1838. . . .   Autorisation de la compagnie du chemin de fer de Montpellier à Cette.
Texte des statuts. — 2ᵉ sem. 1838, suppl. série 9, *Bull.* 378, p. 17.

L. 7 juillet 1838. . . .   Concession d'un chemin de fer de Paris à Orléans, avec embranchement
sur Corbeil. Texte du cahier des charges. — 2ᵉ sem. 1838, sér. 9,
Bull. 587, p. 56.

    Chambre des députés. Présentation : *Mon.* du 27 mai; rapport par M. Vivien :
Mon. du 15 juin; discussion et adoption : *Mon.* du 17 juin.

    Chambre des pairs. Présentation : *Mon.* du 22 juin; rapport par M. le comte
Daru : *Mon.* du 5 juillet; adoption : *Mon.* du 6 juillet.

L. 15 juillet 1840. . .   Relative à divers chemins de fer. . . . . Autorisant un prêt en faveur de
la compagnie du chemin de fer d'Andrézieux à Roanne, et crédit ou-
vert; sommes affectées au chemin de fer de Montpellier à Nîmes. —
2ᵉ sem. 1840, sér. 9, *Bull.* 753, p. 235.

    Chambre des députés. Présentation : *Mon.* du 8 avril; rapport par M. G. de
Beaumont : *Mon.* du 4 juin; discussion et adoption : *Mon.* des 11, 12, 13, 14,
16 et 17 juin.

    Chambre des pairs. Présentation : *Mon.* du 24 juin ; rapport par M. le baron
Dupin : *Mon.* du 4 juillet; discussion et adoption : *Mon.* du 5 juillet.

O. 9 août 1840 . . . .   Modification du tracé du chemin de fer de Saint-Étienne à Andrézieux.
                         — 2ᵉ sem. 1840, sér. 9, *Bull.* 762, p. 456.

O. 7 septembre 1840.   Établissement d'une seconde voie sur une partie du chemin de fer de
                         Saint-Étienne à Lyon. — 2ᵉ sem. 1840, sér. 9, *Bull.* 774, p. 669.

O. 19 mai 1841 . . . .   Autorisation et reconstitution de la compagnie du chemin de fer de la
                         Loire (Andrézieux à Roanne). Texte des statuts. — 1ᵉʳ sem. 1841,
                         suppl. sér. 9, *Bull.* 541, p. 621.

O. 28 septemb. 1841.   Approuvant une convention passée avec la compagnie du chemin de fer
                         de la Loire (Andrézieux à Roanne) pour la réalisation du prêt de
                         l'État. — 2ᵉ sem. 1841, sér. 9, *Bull.* 856, p. 331.

L. 11 juin 1842 . . . .   Relative à l'établissement de grandes lignes de chemins de fer de Paris
                         sur la Méditerranée, par Lyon, Marseille et Cette; de la Méditerranée
                         sur le Rhin, par Lyon, Dijon, Mulhouse; de l'Océan sur la Méditer-
                         ranée, par Bordeaux et Marseille; conditions d'exécution; allocations
                         et crédits pour les sections de Dijon à Châlon et d'Avignon à Marseille.
                         — 1ᵉʳ sem. 1842, sér. 9, *Bull.* 914, p. 481.

                         Chambre des députés. Présentation : *Mon.* du 8 février; rapport par M. Du-
                         faure : *Mon.* des 17 et 19 avril; discussion et adoption : *Mon.* des 27, 28, 29 et
                         30 avril, 3, 4, 5, 6, 7, 8, 10, 11, 12 et 13 mai.
                         Chambre des pairs. Présentation : *Mon.* du 14 mai; rapport par M. le comte
                         de Gasparin : *Mon.* du 27 mai; discussion et adoption : *Mon.* des 31 mai, 1ᵉʳ, 2,
                         3 et 4 juin.

L. 24 juillet 1843. . .   Concession d'un chemin de fer de Marseille à Avignon; subventions et
                         conditions diverses; crédits; texte du cahier des charges; acceptation
                         par la compagnie. — 2ᵉ sem. 1843, sér. 9, *Bull.* 1025, p. 86.

                         Chambre des députés. Présentation : *Mon.* du 4 avril; rapport par M. Vivien :
                         Mon. du 18 juin; discussion et adoption : *Mon.* des 4, 5 et 6 juillet.
                         Chambre des pairs. Présentation : *Mon.* du 11 juillet; rapport par M. le comte
                         Daru : *Mon.* du 19 juillet; discussion et adoption : *Mon.* du 24 juillet.

O. 29 août 1843 . . .   Autorisation de la compagnie du chemin de fer de Marseille à Avignon.
                         Texte des statuts. — 2ᵉ sem. 1843, suppl. sér. 9, *Bull.* 679,
                         p. 169.

O. 27 janvier 1844 . . .   Modification du tracé du chemin de fer de Saint-Étienne à Andrézieux.
                         — 1ᵉʳ sem. 1844, sér. 9, *Bull.* 1081, p. 185.

L. 7 juillet 1844 . . . .   Autorisant la mise en adjudication d'un chemin de fer de Montpellier à

Nîmes. Texte du cahier des charges. — 2ᵉ sem. 1844, sér. 9, *Bull.* 1111, p. 53.

Chambre des députés. Présentation : *Mon.* du 8 avril; rapport par M. de Beaumont : *Mon.* du 4 juin; discussion et adoption : *Mon.* des 11, 12, 13, 14, 16 et 17 juin.

Chambre des pairs. Présentation : *Mon.* du 24 juin; rapport par M. le baron Ch. Dupin : *Mon.* du 4 juillet; discussion et adoption : *Mon.* du 5 juillet.

L. 26 juillet 1844...   Allocations et crédits pour les sections du chemin de fer de Paris à la Méditerranée entre Paris et Dijon et entre Châlon et Lyon. — 2ᵉ sem. 1844, sér. 9, *Bull.* 1120, p. 176.

Chambre des députés. Présentation : *Mon.* du 4 avril; rapport par M. de la Tournelle : *Mon.* du 6 juin; discussion et adoption : *Mon.* des 20, 21, 22, 23, 25 et 26 juin.

Chambre des pairs. Présentation : *Mon.* du 30 juin; rapport par M. Teste : *Mon.* du 10 juillet; discussion et adoption : *Mon.* des 12, 13 et 14 juillet.

Retour à la chambre des députés : *Mon.* du 17 juillet; rapport par M. de la Tournelle : *Mon.* du 17 juillet; discussion et adoption : *Mon.* du 18 juillet.

L. 26 juillet 1844...   Prolongement du chemin de fer du Centre sur Clermont; dispositions diverses. — 2ᵉ sem. 1844, sér. 9, *Bull.* 1119, p. 145.

Chambre des députés. Présentation : *Mon.* du 3 mars; rapport par M. Lanyer : *Mon.* du 22 juin; discussion et adoption : *Mon.* du 30 juin.

Chambre des pairs. Présentation : *Mon.* du 5 juillet; rapport par M. Persil : *Mon.* du 20 juillet; discussion et adoption : *Mon.* du 23 juillet.

O. 22 septemb. 1844.   Crédit pour surveillance de la ligne d'Avignon à Marseille. — 2ᵉ sem. 1844, sér. 9, *Bull.* 1142, p. 607.

O. 1ᵉʳ novembre 1844.   Approuvant l'adjudication passée pour le bail du chemin de fer de Montpellier à Nîmes. Texte de la soumission. — 2ᵉ sem. 1844, sér. 9, *Bull.* 1149, p. 712.

O. 5 décembre 1844.   Crédit pour surveillance de la ligne d'Avignon à Marseille. — 2ᵉ sem. 1844, sér. 9, *Bull.* 1163, p. 1191.

O. 22 avril 1845...   Autorisation de la compagnie du chemin de fer de Montpellier à Nîmes. Texte des statuts. — 1ᵉʳ sem. 1845, suppl. sér. 9, *Bull.* 777, p. 609.

L. 16 juillet 1845...   Autorisant la concession du chemin de fer de Paris à Lyon. Crédit pour la section de Dijon à Châlon. — 2ᵉ sem. 1845, sér. 9, *Bull.* 1223, p. 204.

Chambre des députés. Présentation : *Mon.* du 18 mars; rapport par M. Dufaure : *Mon.* du 1ᵉʳ juin; discussion et adoption : *Mon.* des 6, 7 et 8 juin.

Chambre des pairs. Présentation : *Mon.* du 17 juin; rapport par M. Bérenger (de la Drôme) : *Mon.* du 9 juillet; discussion et adoption : *Mon.* des 12 et 13 juillet.

L. 19 juillet 1845... Relative à la subvention allouée par la ville d'Aix pour les travaux du chemin de fer d'Aix à Rognac. — 2ᵉ sem. 1845, sér. 11, *Bull.* 1224, p. 307.

Chambre des députés. Présentation : *Mon.* du 25 juin, 5ᵉ suppl.; rapport par M. Marquis : *Mon.* du 27 juin; discussion et adoption : *Mon.* du 2 juillet; 1ᵉʳ suppl.

Chambre des pairs. Présentation : *Mon.* du 4 juillet; rapport par M. le comte de Chastellux : *Mon.* du 9 juillet; discussion et adoption : *Mon.* du 13 juillet, 1ᵉʳ suppl.

L. 19 juillet 1845.. Autorisant la concession de l'embranchement d'Aix à Rognac sur la ligne d'Avignon à Marseille.— 2ᵉ sem. 1845, sér. 9, *Bull.* 1226, p. 368.

Chambre des députés. Présentation : *Mon.* du 12 juin; 3ᵉ suppl.; rapport par M. Pascalis : *Mon.* du 25 juin, 4ᵉ suppl.; adoption : *Mon.* du 2 juillet, 3ᵉ suppl.

Chambre des pairs. Présentation : *Mon.* du 5 juillet, 2ᵉ suppl.; rapport par M. le marquis de Raigecourt : *Mon.* du 12 juillet; adoption : *Mon.* du 15 juillet, suppl.

O. 18 septemb. 1845. Crédit pour la surveillance de la ligne d'Avignon à Marseille. — 2ᵉ sem. 1845, sér. 9, *Bull.* 1244, p. 617.

L. 21 juin 1846 .... Autorisation de concéder les chemins de fer de Dijon à Besançon, avec embranchement d'Auxonne à Gray et de Dôle à Salins. Texte du cahier des charges. — 2ᵉ sem. 1846, sér. 9, *Bull.* 1313, p. 305.

Chambre des députés. Présentation : *Mon.* du 14 juin 1845; rapport par M. le général Bellonet : *Mon.* du 24 août.

Reprise : *Mon.* du 13 janvier 1846; rapport supplémentaire : *Mon.* du 23 avril; discussion et adoption : *Mon.* des 6 et 7 mai.

Chambre des pairs. Présentation : *Mon.* du 10 mai; rapport par M. le président Legagneur : *Mon.* du 11 juin; discussion et adoption : *Mon.* du 12 juin.

L. 21 juin 1846.... Crédits pour la section du Bec-d'Allier à Clermont (Centre), avec embranchement sur Nevers. — 2ᵉ sem. 1846, sér. 9, *Bull.* 1312, p. 281.

Chambre des députés. Présentation : *Mon.* du 19 avril; rapport par M. Dessauret : *Mon.* du 6 mai; discussion et adoption : *Mon.* des 8, 9 et 10 mai.

Chambre des pairs. Présentation : *Mon.* du 20 mai; rapport par M. le baron de Barante : *Mon.* du 30 mai; discussion et adoption : *Mon.* du 9 juin.

L. 3 juillet 1846.... Crédit pour les travaux du chemin de fer de Montpellier à Nîmes. — 2ᵉ sem. 1846, sér. 9, *Bull.* 1313, p. 342.

Chambre des députés. — Présentation : *Mon.* du 24 mars; rapport par M. de Labaume : *Mon.* du 5 mai; discussion et adoption : *Mon.* du 18 juin.

Chambre des pairs. Présentation : *Mon.* du 21 juin; rapport par M. le marquis de Gouvion-Saint-Cyr : *Mon.* du 27 juin; discussion et adoption : *Mon.* du 25 juillet.

O. 8 octobre 1846.. — Établissement de trois ports secs sur le chemin de fer de Saint-Étienne à Lyon. — 1er sem. 1847, sér. 9, *Bull.* 1368, p. 267.

L. 9 août 1847..... — Allocations et crédits pour les travaux de la ligne d'Avignon à Marseille. — 2e sem. 1847, sér. 9, *Bull.* 1412, p. 529.

    Chambre des députés. Présentation : *Mon.* du 21 mai; rapport par M. Pascalis : *Mon.* du 22 juin; discussion et adoption : *Mon.* des 16 et 17 juillet.
    Chambre des pairs. Présentation : *Mon.* du 24 juillet; rapport par M. le comte Daru : *Mon.* du 29 juillet; adoption : *Mon.* des 30 et 31 juillet.

O. 11 septemb. 1847. — Crédits pour les travaux du chemin de fer à la traversée de Lyon. — 2e sem. 1847, sér. 9, *Bull.* 1420, p. 704.

O. 13 novembre 1847. — Autorisant un emprunt de la compagnie du chemin de fer de Marseille à Avignon. Texte de la délibération des actionnaires. — 2e sem. 1847, suppl. sér. 9, *Bull.* 927, p. 485.

D. 17 août 1848 [1]... — L'État prend possession du chemin de fer de Paris à Lyon. Dispositions diverses. — 2e sem. 1848, sér. 10, *Bull.* 62, p. 219.

---

[1] CHEMIN DE FER DE PARIS A LYON.
ANCIENNE COMPAGNIE.

L. 16 juillet 1845........ — Autorisant l'adjudication du chemin de fer de Paris à Lyon et la concession d'un raccordement de Corbeil à Melun. Texte du cahier des charges — 2e sem. 1845, sér. 9, *Bull.* 1223, p. 204.

    Chambre des députés. Présentation : *Mon.* du 18 mars; rapport par M. Dufaure : *Mon.* du 1er juin; discussion et adoption : *Mon.* des 6, 7 et 8 juin.
    Chambre des pairs. Présentation : *Mon.* du 17 juin; rapport par M. Béranger (de la Drôme) : *Mon.* du 9 juillet; discussion et adoption : *Mon.* des 12 et 13 juillet.

O. 21 décembre 1845..... — Approuvant l'adjudication passée pour la concession du chemin de fer de Paris à Lyon. Texte de la soumission. — 2e sem. 1845, série 9, *Bull.* 1265, p. 1251.

O. 1er mars 1846........ — Approbation de la compagnie du chemin de fer de Paris à Lyon. Texte des statuts. — 1er sem. 1846, suppl. sér. 9, *Bull.* 851, p. 349.

L. 9 août 1847........... — Modification de la concession. Texte des modifications. — 2e sem. 1847, sér. 9, *Bull.* 1413, p. 539.

    Chambre des députés. Présentation : *Mon.* du 29 mai; rapport par M. Bélac : *Mon.* du 8 juillet; discussion et adoption : *Mon.* des 18, 19, 20, 21 et 22 juillet.
    Chambre des pairs. Présentation : *Mon.* du 29 juillet; rapport par M. Cordier : *Mon.* du 5 août; discussion et adoption : *Mon.* du 7 août.

O. 11 septembre 1847.... — Approuvant une convention passée pour la réalisation des dispositions précédentes. Texte de la convention. — 2e sem. 1847, sér. 9, *Bull.* 1419, p. 677.

D. 4 septembre 1848..... — Délai accordé aux actionnaires pour leur versement. — 2e sem. 1848, sér. 10, *Bull.* 68, p. 273

Assemblée nationale. Présentation : *Mon.* du 6 août; rapport par M. V. Lefranc : *Mon.* du 13 août; discussion et adoption : *Mon.* des 16, 17 et 18 août.

D. 17 novembre 1848.   Autorisant l'exploitation d'une section du chemin de fer de Paris à Lyon par la compagnie du chemin de fer de Montereau à Troyes. — 2ᵉ sem. 1848, sér. 10, *Bull.* 92, p. 652.

Assemblée nationale. Présentation : *Mon.* du 7 novembre; rapport par M. V. Lefranc : *Mon.* du 15 novembre; discussion et adoption : *Mon.* du 18 novembre.

A. 21 novembre 1848.   Plaçant sous le séquestre la ligne de Marseille à Avignon. — 2ᵉ sem. 1848, sér. 10, *Bull.* 96, p. 693.

L. 4 décembre 1848.   Autorisant la concession de l'embranchement de Nevers à la compagnie du chemin de fer du Centre [1]. — 2ᵉ sem. 1848, sér. 10, *Bull.* 99, p. 707.

Assemblée nationale. Présentation : *Mon.* du 5 novembre; rapport par M. Brunet : *Mon.* du 23 novembre; discussion et adoption : *Mon.* du 5 décembre.

L. 2 février 1849...   Crédits pour les travaux de la ligne de Marseille à Avignon. Dispositions diverses et exécution de l'embranchement de la Joliette. — 1ᵉʳ sem. 1849, sér. 10, *Bull.* 123, p. 103.

Assemblée nationale. Présentation : *Mon.* du 30 décembre 1848; rapport par M. Victor Lefranc : *Mon.* du 26 janvier 1849; discussion et adoption : *Mon.* du 3 février.

A. 6 mai 1849.....   Approuvant une modification des statuts de la compagnie du chemin de fer de Saint-Étienne à Andrézieux. Texte de la modification. — 1ᵉʳ sem. 1849, suppl. sér. 10, *Bull.* 63, p. 712.

L. 7 mai 1849.....   Crédit pour la liquidation des travaux du chemin de fer de Montpellier à Nîmes. — 1ᵉʳ sem. 1849, sér. 10, *Bull.* 160, p. 422.

Assemblée nationale. Présentation : *Mon.* du 12 avril, 4ᵉ suppl.; rapport par M. de Panat : *Mon.* du 15 avril, 4ᵉ suppl.; discussion et adoption : *Mon.* du 8 mai.

L. 10 mai 1849....   Autorisant l'exploitation, par l'État, des parties terminées du chemin de fer de Paris à Lyon. Dispositions diverses et crédits. — 1ᵉʳ sem. 1849, sér. 10, *Bull.* 161, p. 435; *errata*, p. 543.

Assemblée nationale. Présentation : *Mon.* du 1ᵉʳ mai; rapport par M. Emmery : *Mon.* du 9 mai; adoption : *Mon.* du 11 mai.

---

[1] C. 9 décembre 1848.....   Convention passée pour la réalisation de la concession.

L. 8 août 1849. . . . . Crédit pour les travaux du chemin de fer entre Paris et Châlons. — 2ᵉ sem. 1849, sér. 10, *Bull.* 186, p. 145.

> Assemblée nationale. Présentation : *Mon.* du 12 juin; rapport par M. Lestibudois : *Mon.* du 5 août; discussion et adoption : *Mon.* du 9 août.

L. 23 octobre, 10 et Autorisant une garantie d'intérêt sur le capital de la compagnie du
19 novembre 1849.   chemin de fer de Marseille à Avignon. — 2ᵉ sem. 1849, sér. 10, *Bull.* 212, p. 454.

> Assemblée nationale. Présentation : *Mon.* du 29 juillet; rapport par M. P. de Chasseloup-Laubat : *Mon.* du 28 septembre; première lecture : *Mon.* du 24 octobre; deuxième lecture : *Mon.* des 9, 10 et 11 novembre; troisième lecture et adoption : *Mon.* du 20 novembre.

D. 10 mai 1850. . . . Autorisant la compagnie du chemin de fer de Marseille à Avignon à contracter un emprunt. — 1ᵉʳ sem. 1850, sér. 10, *Bull.* 259, p. 535.

D. 13 mai 1850. . . . Approuvant une convention passée avec la compagnie du chemin de fer de Marseille à Avignon, relativement à la garantie d'intérêt, et l'émission d'un emprunt. Texte de la convention. — 1ᵉʳ sem. 1850, sér. 10, *Bull.* 259, p. 536.

D. 2 septembre 1850. Déterminant les justifications financières à présenter par la compagnie du chemin de fer de Marseille à Avignon. — 2ᵉ sem. 1850, sér. 10, *Bull.* 307, p. 422.

L. 6 août 1851. . . . . Crédit pour les travaux du chemin de fer de Paris à Lyon et de Lyon à Avignon. — 2ᵉ sem. 1851, sér. 10, *Bull.* 431, p. 213.

> Assemblée nationale. Présentation : *Mon.* du 4 août; avis de la commission du budget : *Mon.* du 3 août; rapport par M. Gasc : *Mon.* du 5 août; discussion et adoption : *Mon.* des 6 et 7 août.

L. 26 novembre 1851. Crédit pour les travaux du chemin de fer de Paris à Lyon. — 2ᵉ sem. 1851, sér. 10, *Bull.* 463, p. 975.

> Assemblée nationale. Présentation : *Mon.* du 10 avril; rapport par M. Dufaure : *Mon.* du 26 juillet; discussion et adoption : *Mon.* du 27 novembre.

L. 1ᵉʳ décembre 1851. Autorisant l'adjudication du chemin de fer de Lyon à Avignon [1]. Condi-

---

CHEMIN DE FER DE LYON A AVIGNON

ANCIENNE COMPAGNIE.

L. 16 juillet 1845 . . . . . . Autorisant à procéder à l'adjudication du chemin de fer de Lyon à Avignon, avec embranchement sur Grenoble. . . . . . Cahier des charges pour l'établissement du chemin de

tions diverses. Texte du cahier des charges. — 2ᵉ sem. 1851, sér. 10,
Bull. 466, p. 1003.

> Assemblée nationale. Présentation : *Mon.* du 4 mai; rapport par M. Dufaure :
> *Mon.* du 26 juillet; second rapport par M. Dufaure : *Mon.* du 5 août; discussion
> et adoption : *Mon.* des 26, 27, 28, 29, 30 novembre et 2 décembre.

D. 9 décembre 1851.   Modification du précédent cahier des charges. — 2ᵉ sem. 1851, sér. 10,
Bull. 466, p. 1024.

D. 10 décembre 1851.   Autorisation de concéder un chemin de fer de ceinture. Texte du cahier
des charges. — 2ᵉ sem. 1851, sér. 10, *Bull.* 470, p. 1105.

D. 11 décembre 1851.   Approbation de la convention passée pour la concession du chemin de
fer de Ceinture. Texte de la convention. — 2ᵉ sem. 1851, sér. 10,
Bull. 470, p. 1112.

D. 16 décembre 1851.   Modification du cahier des charges du chemin de fer de Lyon à Avignon.
— 2ᵉ sem. 1851, sér. 10, *Bull.* 470, p. 1125.

D. 3 janvier 1852 . . .   Approuvant la concession du chemin de fer de Lyon à Avignon. Texte
de l'adjudication. — 1ᵉʳ sem. 1852, sér. 10, *Bull.* 478, p. 32.

D. 5 janvier 1852 . . .   Autorisant la concession du chemin de fer de Paris à Lyon. Texte du
cahier des charges. — 1ᵉʳ sem. 1852, sér. 10. *Bull.* 482, p. 118.

D. 5 janvier 1852 . . .   Approuvant la convention passée avec la compagnie pour la concession
du chemin de fer de Paris à Lyon. Texte de la convention. — 1ᵉʳ sem.
1852, sér. 10, *Bull.* 482, p. 138.

---

fer de Lyon à Avignon et de l'embranchement de Grenoble. — 2ᵉ sem. 1845, sér. 9,
Bull. 1223, p. 204.

> Chambre des députés. Présentation : *Mon.* du 18 mars; rapport par M. Dufaure : *Mon.* du 1ᵉʳ juin;
> discussion et adoption : *Mon.* des 6, 7 et 8 juin.
>
> Chambre des pairs. Présentation : *Mon.* du 17 juin; rapport par M. Bérenger (de la Drôme) : *Mon.*
> du 4 juillet; discussion et adoption : *Mon.* des 12 et 13 juillet.

O. 11 juin 1846 . . . .   Approuvant l'adjudication passée pour la concession du chemin de fer de Lyon à Avignon,
avec embranchement sur Grenoble. Texte de la soumission des adjudicataires. — 1ᵉʳ sem.
1846, sér. 9, *Bull.* 1301, p. 428.

O. 2 janvier 1847 . . . .   Autorisation de la société anonyme formée sous la dénomination de *Compagnie du chemin de
fer de Lyon à Avignon*; approbation des statuts. Texte des statuts. — 1ᵉʳ sem. 1847, suppl.
sér. 9, *Bull.* 887, p. 161.

D. 6 mars 1853 . . . .   Restitution amiable à l'ancienne compagnie du chemin de fer de Lyon à Avignon . . . . . . de
la moitié de son cautionnement. — 1ᵉʳ sem. 1853, sér. 11, *Bull.* 18, p. 394.

D. 9 janvier 1852...   Somme affectée à la garantie d'intérêt du capital de la compagnie de
                       Marseille à Avignon. — 1ᵉʳ sem. 1852, sér. 10, *Bull.* 478, p. 44.

D. 22 janvier 1852..   Crédit pour les travaux du chemin de fer de Lyon à Avignon.—1ᵉʳ sem.
                       1852, sér. 10, *Bull.* 486, p. 202.

D. 12 février 1852..   Autorisant la concession d'un chemin de fer de Dijon à Besançon, avec
                       embranchement d'Auxonne à Gray. — Texte du cahier des charges.
                       — 1ᵉʳ sem. 1852, sér. 10, *Bull.* 494, p. 393.

D. 12 février 1852..   Autorisant la concession d'un chemin de fer de Dôle à Salins. Texte du
                       cahier des charges. —1ᵉʳ sem. 1852, sér. 10, *Bull.* 494, p. 415.

D. 12 février 1852..   Approuvant une convention passée pour la concession du chemin de fer
                       de Dijon à Besançon, avec embranchement d'Auxonne à Gray. Texte
                       de la convention.—1ᵉʳ sem. 1852, sér. 10, *Bull.* 494, p. 412.

D. 12 février 1852..   Approuvant une convention passée pour la concession du chemin de fer
                       de Dôle à Salins. Texte de la convention. — 1ᵉʳ sem. 1852, sér. 10,
                       Bull. 494, p. 433.

D. 20 mars 1852...   Autorisation de la compagnie du chemin de fer de Paris à Lyon. Texte
                       des statuts. —1ᵉʳ sem. 1852, suppl. sér. 10, *Bull.* 536, p. 321.

D. 24 mars 1852...   Déterminant les distances applicables à certains tarifs du chemin de
                       fer de Saint-Étienne à Lyon. — 1ᵉʳ sem. 1852, sér. 10, *Bull.* 531,
                       p. 1282.

D. 27 mars 1852...   Autorisation de la compagnie du chemin de fer de Lyon à Avignon.
                       Texte des statuts — 1ᵉʳ sem. 1852, supplém. sér. 10, *Bull.* 234,
                       p. 289.

D. 27 mars 1852...   Approuvant une convention passée avec la compagnie du chemin de fer
                       d'Orléans pour diverses concessions, et notamment le prolongement
                       de la ligne du Centre (le Guétin) sur Clermont et sur Roanne. Texte
                       de la convention. —1ᵉʳ sem. 1852, sér. 10, *Bull.* 520, p. 1071.

L. 8 juillet 1852.... Approuvant une convention passée avec la compagnie du chemin de fer
                       de Lyon à Avignon pour la fusion des compagnies de chemin de fer
                       de Montpellier à Cette et à Nîmes, de Marseille à Avignon et des
                       chemins de fer du Gard, ainsi que pour la concession d'un chemin de
                       fer de Marseille à Toulon et d'un embranchement de Rognac à Aix.

Texte de la convention et du cahier des charges. Convention avec les compagnies fusionnées. — 2ᵉ sem. 1852, sér. 10, *Bull.* 558, p. 105.

Corps législatif. Présentation : *Mon.* du 13 juin; rapport par M. de Morny ; *Mon.* du 27 juin; discussion et adoption : *Mon.* du 29 juin.

D. 28 juillet 1852 . . Déterminant le mode des justifications à présenter par la compagnie du chemin de fer de Lyon à Avignon. — 2ᵉ sem. 1852, sér. 10, *Bull.* 573, p. 423.

D. 5 août 1852 . . . . Levée du séquestre du chemin de fer de Marseille à Avignon. — 2ᵉ sem. *Bull.* 1852, sér. 10, *Bull.* 573, p. 434.

D. 31 août 1852 . . . Déterminant le mode des justifications à présenter par la compagnie du chemin de fer de Dijon à Besançon. — 2ᵉ sem. 1852, sér. 10, *Bull.* 573, p. 480.

D. 11 septemb. 1852. Statuts de la compagnie de Dijon à Besançon. — 2ᵉ sem. 1852, suppl. sér. 10, *Bull.* 271, p. 399.

D. 18 octobre 1852 . Approuvant une convention passée pour la garantie d'intérêt du chemin de fer de Dôle à Salins. Texte de la convention. — 2ᵉ sem. 1852, sér. 10, *Bull.* 591, p. 769.

D. 18 novemb. 1852. Approuvant la modification des statuts de la compagnie du chemin de fer de Lyon à Avignon et sa nouvelle dénomination de *Compagnie du chemin de fer de Lyon à la Méditerranée*. Texte des statuts. — 2ᵉ sem. 1852, suppl. sér. 10, *Bull.* 283, p. 741.

D. 8 décembre 1852. Approuvant une convention passée avec la compagnie du chemin de fer de Dijon à Besançon, relativement à la garantie d'intérêt. Texte de la convention. — 1ᵉʳ sem. 1853, sér. 11, *Bull.* 5, p. 61.

D. 21 avril 1853 . . . Approuvant une convention passée pour la concession de diverses lignes (Grand-Central), notamment de Clermont à Lempdes, et, éventuellement, de sections dirigées de Saint-Étienne par Arvant vers Bordeaux. Texte de la convention et du cahier des charges. — 1ᵉʳ sem. 1853, sér. 11, *Bull.* 45, p. 690.

D. 30 avril 1853 . . . Approuvant une convention passée pour la concession d'un chemin de fer de Lyon à la frontière de Genève, avec embranchement d'Ambérieux à Bourg et à Mâcon. Texte de la convention. — 1ᵉʳ sem. 1853, sér. 11, *Bull.* 65, p. 1305.

D. 7 mai 1853. . . . . Approuvant une convention passée pour la concession d'un chemin de fer de Saint-Rambert à Grenoble. Texte de la convention. — 1er sem. 1853, sér. 11. *Bull.* 66, p. 1313.

D. 9 mai 1853. . . . . Approuvant une convention passée avec la compagnie du chemin de fer de Paris à Lyon pour la réalisation de la garantie d'intérêt. Texte de la convention. — 1er sem. 1853, sér. 11, *Bull.* 47, p. 769.

D. 9 mai 1853. . . . . Déterminant le mode des justifications à présenter par la compagnie du chemin de fer de Dijon à Besançon. — 1er sem. 1853, sér. 11, *Bull.* 47, p. 771.

D. 17 mai 1853. . . . Approuvant une convention passée pour la réunion en une entreprise et la concession des lignes de Saint-Étienne à Andrézieux et à Lyon et d'Andrézieux à Roanne, sous le nom de *Chemin de fer de jonction de Rhône-et-Loire.* — 2e sem. 1853, sér. 11, *Bull.* 74, p. 141.

L. 10 juin 1853 . . . . Approuvant certains articles de la convention et du cahier des charges de la concession précitée des chemins de fer de jonction de Rhône-et-Loire. Texte de la convention et du cahier des charges. — 1er sem. 1853, sér. 11, *Bull.* 59, p. 1149.

   Corps législatif. Présentation, rapport par M. de Kervéguen, adoption : *Mon.* des 17, 24 et 28 mai.

L. 10 juin 1853. . . . Approuvant certains articles du cahier des charges de la concession du chemin de fer de Lyon à Genève. Texte du cahier des charges. — 1er sem. 1853, sér. 11, *Bull.* 59, p. 1129.

   Corps législatif. Présentation, rapport par M. de Voize, adoption : *Mon.* des 6, 7, 21 et 27 mai.

L. 10 juin 1853 . . . Approuvant certains articles du cahier des charges du chemin de fer de Saint-Rambert à Grenoble. Texte du cahier des charges. — 1er sem. 1853, sér. 11, *Bull.* 59, p. 1173.

   Corps législatif. Présentation : *Mon.* du 7 mai, suppl. D; rapport par M. Morin : *Mon.* du 24, suppl. M; adoption : *Mon.* du 29.

D. 16 juin 1853. . . . Approuvant une modification des statuts de la compagnie du chemin de fer de Saint-Étienne à Lyon. Texte de la modification. — 1er sem. 1853, suppl. sér. 11, *Bull.* 26, p. 858.

D. 6 août 1853. . . . . Autorisation de la compagnie du chemin de fer de Lyon à Genève. Texte des statuts. — 2e sem. 1853, suppl. sér. 11, *Bull.* 37, p. 398.

D. 10 août 1853...   Approuvant une modification des statuts de la compagnie du chemin de fer de Saint-Étienne à la Loire (Andrézieux). Texte de la modification. — 2ᵉ sem. 1853, suppl. sér. 11. *Bull.* 36, p. 363.

D. 17 août 1853...   Approuvant une convention passée avec la compagnie du chemin de fer de Paris à Lyon pour la concession d'un embranchement de la Roche à Auxerre. Texte de la convention. — 2ᵉ sem. 1853, sér. 11, *Bull.* 87, p. 403.

D. 17 août 1853...   Approuvant une convention passée avec la compagnie du chemin de fer de Dijon à Besançon pour la concession d'un chemin de fer de Besançon à Belfort. Texte de la convention. — 2ᵉ sem. 1853, sér. 11, *Bull.* 87, p. 406.

D. 18 août 1853....   Déterminant le mode des justifications à présenter par la compagnie du chemin de fer de Paris à Lyon. — 2ᵉ sem. 1853, sér. 11, *Bull.* 84, p. 345.

D. 18 août 1853....   Allocation pour les lignes de Clermont et de Nevers. — 2ᵉ sem. 1853, sér. 11, *Bull.* 84, p. 353.

D. 30 septemb. 1853. Autorisation de la compagnie des chemins de fer de jonction du Rhône à la Loire. Texte des statuts. — 2ᵉ sem. 1853, suppl. sér. 11, *Bull.* 49, p. 813.

D. 26 décembre 1853. Approuvant une convention relative à la fusion des lignes de jonction de Rhône-et-Loire avec le Grand-Central. Texte de la convention. Cahier des charges supplémentaire. — 1ᵉʳ sem. 1854, sér. 11, *Bull.* 131, p. 147.

D. 11 janvier 1854.. Crédit pour subvention à la compagnie du chemin de fer de Lyon à la Méditerranée. — 2ᵉ sem. 1854, sér. 11, *Bull.* 210, p. 205.

D. 18 février 1854.. Autorisation de la compagnie du chemin de fer de Saint-Rambert à Grenoble. Texte des statuts. — 1ᵉʳ sem. 1854, suppl. sér. 11, *Bull.* 76, p. 683.

D. 20 avril 1854...   Approuvant une convention passée avec la compagnie du chemin de fer de Paris à Lyon pour la fusion du chemin de fer de Dijon à Besançon et Belfort, avec embranchement d'Auxonne à Gray, pour la concession d'un chemin de fer de Bourg à Lons-le-Saunier et de Lons-le-Saunier à Dôle ou à Besançon ou à un point intermédiaire, et d'un chemin de fer de Châlon à Dôle. Texte de la convention et du cahier des charges. — 1ᵉʳ sem. 1854, sér. 11, *Bull.* 177, p. 1398.

D. 7 juin 1854..... Approuvant une convention passée pour la concession d'un chemin de fer de Bességes à Alais. Texte de la convention et du cahier des charges. — 2ᵉ sem. 1854, sér. 11, *Bull.* 198, p. 30.

D. 19 juin 1854.... Approuvant une modification des statuts de la compagnie du chemin de fer de Paris à Lyon. Texte de la modification. — 1ᵉʳ sem. 1854, suppl. sér. 11, *Bull.* 93, p. 1301.

D. 13 janvier 1855.. Approuvant une convention passée avec la compagnie du chemin de Saint-Rambert à Grenoble relativement à la garantie d'intérêt. Texte de la convention. — 1ᵉʳ sem. 1855, sér. 11, *Bull.* 261, p. 185.

D. 13 janvier 1855.. Remise à la compagnie du chemin de fer de Paris à Lyon de certains terrains compris dans sa concession. — 1ᵉʳ sem. 1855, sér. 11, *Bull.* 278, p. 421.

D. 3 février 1855... Approuvant une convention passée avec la compagnie du chemin de fer de Lyon à la Méditerranée pour l'exécution de la ligne de Marseille à Toulon. Texte de la convention. — 1ᵉʳ sem. 1855, sér. 11, *Bull.* 271, p. 330.

D. 24 février 1855.. Approuvant une convention passée avec la compagnie du chemin de fer de Lyon à la Méditerranée pour la réalisation de la garantie d'intérêt. Texte de la convention. — 1ᵉʳ sem. 1855, sér. 11, *Bull.* 275, p. 373.

D. 27 février 1855.. Approuvant une convention passée avec la compagnie du chemin de fer de Lyon à Genève relativement à la subvention de la compagnie. Texte de la convention. — 1ᵉʳ sem. 1855, sér. 11, *Bull.* 278, p. 416.

D. 28 février 1855.. Accordant une prorogation de délai pour l'achèvement du chemin de fer de Dôle à Salins. — 1ᵉʳ sem. 1855, sér. 11, *Bull.* 276, p. 381.

D. 8 mars 1855.... Déterminant le mode des justifications à présenter par la compagnie du chemin de fer de Saint-Rambert à Grenoble. — 1ᵉʳ sem. 1855, sér. 11, *Bull.* 279, p. 449.

D. 10 mars 1855.... Déterminant le mode des justifications à présenter par la compagnie du chemin de fer de Lyon à la Méditerranée. — 1ᵉʳ sem. 1855, sér. 11, *Bull.* 280, p. 475.

D. 7 avril 1855..... Approuvant une convention passée avec les compagnies des chemins de fer de Paris à Lyon, d'Orléans et du Grand-Central, pour la concession des chemins de fer de Corbeil et de Moret à Nevers, de Roanne à Lyon et de l'embranchement de Vichy, formant, avec le chemin de Rhône-et-Loire, une ligne de Paris à Lyon par le Bourbonnais entreprise en commun par les compagnies. Texte de la convention et du cahier des charges. Traité entre les trois compagnies. Traité portant cession au Grand-Central de la ligne de Saint-Germain-des-Fossés à Clermont. — 1er sem. 1856, sér. 11, *Bull.* 354, p. 49.

D. 7 avril 1855..... Approuvant une convention passée pour la concession, à la compagnie du Grand-Central, d'une ligne de Saint-Étienne vers Bordeaux. — 2e sem. 1855, sér. 11, *Bull.* 313, p. 58.

L. 2 mai 1855..... Approuvant certains articles de la convention précitée. Texte de la convention et du cahier des charges. — 1er sem. 1855, sér. 11, *Bull.* 292, p. 828.

Corps législatif. Présentation, discussion et adoption : *Mon.* des 21 mars et 18 avril.

D. 14 juillet 1855... Approuvant une convention passée pour la concession d'un chemin de fer des mines d'Ougney à la ligne de Besançon. Texte de la convention et du cahier des charges. — 2e sem. 1855, sér. 11, *Bull.* 348, p. 783.

D. 16 août 1855... Autorisation de la compagnie du chemin de fer de Bességes à Alais. Texte des statuts. — 2e sem. 1855, suppl. sér. 11, *Bull.* 220, p. 517.

D. 3 octobre 1855.. Autorisation de la compagnie des mines de la Grand'Combe. Texte des statuts. Garantie de l'emprunt des chemins de fer du Gard. — 2e sem. 1855, suppl. sér. 11, *Bull.* 227, p. 662.

D. 26 décembre 1855. Assainissement de certains travaux du chemin de fer de Lyon à la Méditerranée.

D. 26 décembre 1855. Approuvant une convention passée pour la concession, au chemin de fer du Bourbonnais, d'un embranchement de Montrond à Montbrison[1].

---

[1] CHEMIN DE FER DE MONTBRISON À MONTROND.

CONCESSION ABANDONNÉE.

L. 26 avril 1833......... Autorisant l'adjudication d'un embranchement du chemin de fer d'Andrézieux à Roanne dirigé sur Montbrison. Dispositions diverses et maximum des tarifs. — Lois, sér. 9, *Bull.* 96, p. 140.

O. 16 novembre 1834..... Autorisant le ministre à procéder à l'adjudication, aux conditions d'un cahier des charges. — 2e sem. 1834, sér. 9, 2e partie, 1re section, *Bull.* 340, p. 221.

O. 14 septembre 1835..... Approuvant l'adjudication effectuée pour la concession du chemin de fer de Montbrison. — 2e sem. 1835, sér. 9, 2e partie, 1re section, *Bull.* 387, p. 298.

O. 31 janvier 1837....... Autorisation de la société anonyme du chemin de fer de Montbrison à Montrond. Approbation des statuts et texte de ceux-ci. — 1er sem. 1837, suppl. sér. 9, *Bull.* 264, p. 81.

pour la traversée de Roanne et la rectification du chemin de fer d'Andrézieux à Roanne. Texte de la convention.—1er sem. 1856, sér. 11, *Bull.* 354, p. 130.

D. 1er mars 1856... Allocation pour la ligne de Nevers à Clermont. — 1er sem. 1856, sér. 11, *Bull.* 369, p. 321.

D. 5 avril 1856.... Approuvant une convention passée avec la compagnie du chemin de fer de Paris à Lyon pour la reprise du chemin de fer de Dôle à Salins. Texte de la convention. — 1er sem. 1856, sér. 11, *Bull.* 383, p. 504.

L. 21 juillet 1856.. Autorisant une subvention applicable à l'établissement des chemins de fer de Grenoble à Lyon (Rives) et de Grenoble (Moirans) à Valence. — 2e sem. 1856, sér. 11, *Bull.* 415, p. 314.

    Corps législatif. Présentation : *Mon.* du 30 juin, p. 58; rapport par M. de Voize ; *Mon.* du 30 juin, suppl. p. 67; adoption : *Mon.* du 3 juillet.

D. 7 mars 1857.... Approuvant une convention passée avec la compagnie du chemin de fer de Lyon à Genève pour la fixation du tracé et la modification du cahier des charges. Texte de la convention. — 1er sem. 1857, sér. 11, *Bull.* 477, p. 405.

D. 18 mars 1857... Approuvant une convention passée avec la compagnie du chemin de fer de Saint-Rambert à Grenoble pour la concession des chemins de fer de Grenoble à Lyon et de Grenoble à Valence. Texte de la convention. — 1er sem. 1857, sér. 11, *Bull.* 479, p. 420.

D. 19 juin 1857 ... Approuvant une convention passée avec les compagnies des chemins de fer de Paris à Lyon et de Lyon à la Méditerranée pour la fusion des deux entreprises, la reprise d'une partie du chemin de fer Grand-Central (entre Saint-Germain, Clermont, le Puy et Saint-Étienne), la reprise du Bourbonnais, de Lyon à Genève, et pour la concession, à la compagnie de Paris à Lyon et à la Méditerranée, des chemins de fer de Nevers et de Moulins vers Chaguy, de Châtillon vers Montbard, d'un embranchement de Mouchard sur la Suisse par les Verrières et Jougne, et d'un embranchement sur Audincourt, et, éventuellement, des chemins de fer de Brioude vers Alais, de Montbrison à Andrézieux, de Privas à Livron et à Sorgues ou Crest, de Carpentras à la ligne d'Avignon, de Toulon à Nice, avec embranchement des Arcs à Draguignan, d'Avignon à Gap, avec embranchements de Pertuis à Aix et de Salon à Miramas, de Gap vers la frontière sarde. Texte de la convention et du cahier des charges. Traités divers entre les deux compagnies et avec les compagnies d'Orléans, du Grand-Central et de Lyon à Genève. — 2ᵉ sem. 1857, sér. 11, *Bull.* 522, p. 275.

L. 19 juin 1857.... Approuvant certains articles de la convention précitée relative au chemin de fer de Paris à Lyon et à la Méditerranée.— 2ᵉ sem. 1857, sér. 11, *Bull.* 522, p. 242.

       Corps législatif. Présentation et exposé des motifs : annexes I et K ; rapport par M. Lequien ; annexe N ; discussion et adoption : *Mon.* du 28 mai.

L. 19 juin 1857.... Autorisant la ville d'Aix à s'imposer pour subvention à la compagnie de Paris à Lyon et à la Méditerranée.— 1ᵉʳ sem. 1857, sér. 11, *Bull.* 512, p. 1252.

D. 24 juin 1857.... Approuvant une convention passée pour la concession d'un chemin de fer d'embranchement sur les houillères de Trelys. Texte de la convention et du cahier des charges. — 2ᵉ sem. 1857, sér. 11. *Bull.* 520, p. 31.

D. 3 juillet 1857... Autorisation de la compagnie des chemins de fer de Paris à Lyon et à la Méditerranée. Texte des statuts. — 2ᵉ sem. 1857, suppl. sér. 11, *Bull.* 400, p. 113.

D. 24 juillet 1857.. Approuvant une convention passée avec la compagnie du chemin de fer de Lyon à Genève pour la concession d'un embranchement de Culoz à la frontière sarde. Texte de la convention. — 2ᵉ sem. 1857, sér. 11. *Bull.* 541, p. 749.

D. 1ᵉʳ octobre 1857.. Approuvant une modification des statuts de la compagnie du chemin de fer de Bességes à Alais. — 2ᵉ sem. 1857, suppl. sér. 11. *Bull.* 424, p. 826.

D. 5 décembre 1857. Approuvant une modification des statuts de la compagnie du chemin de fer de Saint-Rambert à Grenoble et sa nouvelle dénomination de *Compagnie des chemins de fer du Dauphiné*. Texte de la modification des statuts. — 2ᵉ sem. 1857, suppl. sér. 11, *Bull.* 451, p. 1341.

D. 14 décembre 1858. Promulgation de la convention conclue avec la Sardaigne pour l'établissement d'un pont sur le Rhône. Texte du règlement annexé. — 2ᵉ sem. 1858, sér. 11, *Bull.* 654, p. 931.

D. 8 janvier 1859... Promulgation de la convention conclue avec la Sardaigne relativement aux chemins de fer internationaux, en ce qui concerne la douane. — 1ᵉʳ sem. 1859, sér. 11, *Bull.* 660, p. 35.

D. 8 janvier 1859... Règlement pour le transit international par les chemins de fer entre la France et la Sardaigne. — 1ᵉʳ sem. 1859, sér. 11, *Bull.* 660, p. 39.

D. 11 juin 1859... Approuvant une convention passée avec la compagnie de Paris à Lyon et à la Méditerranée pour l'approbation de la fusion de la compagnie du Dauphiné et pour la division des lignes en ancien et en nouveau réseau; garantie d'intérêt accordée à ce dernier; conditions diverses. Texte de la convention. — 2ᵉ sem. 1859, sér. 11. *Bull.* 709, p. 21.

D. 11 juin 1859... Approuvant une convention passée avec la compagnie du Dauphiné relativement à la fusion de cette compagnie avec celle de la Méditerranée. Texte de la convention. Texte du nouveau cahier des charges du Dauphiné. Traité entre les deux compagnies. — 2ᵉ sem. 1859, sér. 11, *Bull.* 709. p. 26.

L. 11 juin 1859.... Approuvant certains articles des conventions homologuées par les deux décrets précédents. — 2ᵉ sem. 1859, sér. 11, *Bull.* 709, p. 13.

> Corps législatif. Présentation : *Mon.* des 23 février et 4 mars, suppl.; rapport par M. le baron de Jouvenel : *Mon.* du 31 mai, suppl. p. xiv; discussion et adoption : *Mon.* des 18, 19 et 20 mai.

D. 3 août 1859.... Déclaration d'utilité publique et concession définitive d'un chemin de fer de Toulon à Nice, avec embranchement du Muy à Draguignan, et d'un embranchement de Privas à la ligne de Lyon-Avignon, avec prolongement de Livron à Sorgues ou Crest. — 2ᵉ sem. 1859, sér. 11, *Bull.* 725, p. 515.

D. 14 septemb. 1859. Expropriation de terrains et construction d'un embranchement de la station de la Seyne à l'arsenal de Castigneau. — 2ᵉ sem. 1859, sér. 11. *Bull.* 732, p. 669.

D. 11 juin 1860... Traité conclu avec la Sardaigne pour la cession de la Savoie à la France. Conditions relatives aux contrats passés par le gouvernement sarde et à l'exécution du tunnel du Mont-Cenis. — 1ᵉʳ sem. 1860, sér. 11, *Bull.* 803, p. 833.

D. 30 juin 1860... Travaux d'endiguement aux abords d'Avignon; concours financier de la compagnie.

D. 11 juillet 1860.. Fixant le tracé (et les tarifs) pour la ligne de Lyon à Grenoble au delà de Bourgoin. — 2ᵉ sem. 1860, sér. 11, *Bull.* 833, p. 369.

L. 1ᵉʳ août 1860... Approuvant certains articles (garantie d'intérêt) de la convention passée avec la compagnie de la Méditerranée pour la concession, dans le nouveau réseau, des lignes de Besançon à Vesoul et de Besançon à Gray et embranchement (fusion de l'embranchement d'Ougney). Texte de la convention. — 2ᵉ sem. 1860, sér. 11, *Bull.* 833, p. 366.

Corps législatif. Présentation et exposé des motifs : *Mon.* du 7 juillet et annexe R, p. LXIX ; rapport par M. le marquis d'Andelarre : *Mon.* du 16 juillet et annexe T, p. LXXXIX ; discussion et adoption : *Mon.* du 20 juillet.

D. 1er août 1860... Déclarant d'utilité publique l'établissement des chemins de fer d'Annecy à Aix et de Montmélian vers Grenoble. — 2e sem. 1860, sér. 11, *Bull.* 848, p. 773.

D. 22 août 1860... Déclaration d'utilité publique et concession d'un chemin de fer entre le Var et Nice ; augmentation du capital garanti à la compagnie. — 2e sem. 1869, sér. 11, *Bull.* 848, p. 781.

D. 31 août 1860... Déclarant d'utilité publique l'établissement d'un chemin de fer de Grenoble à la limite du département de la Savoie. — 2e sem. 1860, sér. 11, *Bull.* 852, p. 825.

D. 31 août 1860... Déclaration d'utilité publique et concession définitive d'un embranchement de Carpentras à la ligne de Lyon à Avignon, et dispositions relatives à l'embranchement de Privas. — 2e sem. 1860, sér. 11, *Bull.* 852, p. 826.

D. 29 décembre 1860. Déclarant d'utilité publique l'établissement d'un chemin de fer devant relier la ligne de Genève à celle du Chablais (Collonges à Thonon). — 1er sem. 1861, sér. 11, *Bull.* 894, p. 35.

D. 1er février 1861.. Crédits pour travaux publics, chemins de fer, etc. dans les départements savoisiens. — 1er sem. 1861, sér. 11, *Bull.* 905, p. 233.

D. 13 février 1861.. Traité entre la France et la principauté de Monaco ; passage du chemin de fer de Nice à Gênes sur le territoire de Monaco (article 5). — 1er sem. 1861, sér. 11, *Bull.* 907, p. 253.

L. 5 juin 1861..... Autorisant une subvention ou une garantie d'intérêt pour l'établissement d'un embranchement de chemin de fer d'Aigues-Mortes à Lunel. — 1er sem. 1861, sér. 11, *Bull.* 936, p. 718.

Corps législatif. Exposé des motifs : *Mon.* annexe T, n° 365 ; rapport par M. Perouse : *Mon.* du 20 juin ; discussion et adoption : *Mon.* du 25 mai.

D. 14 juin 1861... Déclaration d'utilité publique relative au chemin de fer de Dijon à Langres, près Chalindrey. — 2e sem. 1861, sér. 11, *Bull.* 953, p. 233.

D. 14 juin 1861... Déclaration d'utilité publique relative au chemin de fer d'Auxerre à la ligne de Nevers à Chagny (Cercy-la-Tour.) — 2e sem. 1861, sér. 11, *Bull.* 953, p. 241

D. 14 juin 1861.... Déclaration d'utilité publique relative au chemin de fer de Clermont à Montbrison. — 2ᵉ sem. 1861, sér. 11, *Bull.* 953, p. 242.

D. 14 juin 1861.... Déclaration d'utilité publique relative au chemin de fer d'Annonay à Saint-Rambert. — 2ᵉ sem. 1861, sér. 11, *Bull.* 953, p. 246.

D. 14 juin 1861.... Déclaration d'utilité publique relative au chemin de fer d'embranchement de Grasse à la ligne de Toulon à Nice. — 2ᵉ sem. 1861, sér. 11, *Bull.* 953, p. 248.

D. 20 juin 1861.... Déclaration d'utilité publique et concession définitive d'un chemin de fer d'Andrézieux à Montbrison. — 2ᵉ sem. 1861, sér. 11, *Bull.* 951, p. 214.

L. 29 juin 1861.... Crédits (obligations trentenaires) pour divers chemins de fer : Annecy à Aix, Grenoble à Montmélian, Thonon à Collonges — 1ᵉʳ sem. 1861, sér. 11, *Bull.* 944, p. 859.

    Corps législatif. Exposé des motifs : *Mon.* du 3 juillet ; rapport par M. le duc d'Albuféra : annexe D, nº 259 ; discussion et adoption : *Mon.* du 20 juin.

L. 2 juillet 1861.... Crédits (obligations trentenaires) pour l'exécution de diverses lignes : Annonay à Saint-Rambert, Dijon à Langres, Grasse à la ligne de Nice (la Bouca), Clermont à Montbrison. — 2ᵉ sem. 1861, sér. 11, *Bull.* 946, p. 1.

    Corps législatif. Exposé des motifs : *Mon.* du 18 juin ; rapport par M. Alfred Le Roux : *Mon.* des 29 et 30 juin ; discussion et adoption : *Mon.* des 25 et 26 juin.

D. 4 juillet 1861.... Création des obligations trentenaires précitées. — 2ᵉ sem. 1861, sér. 11, *Bull.* 946, p. 5.

D. 25 août 1861.... Déclaration d'utilité publique et concession définitive d'un chemin de fer d'Avignon à Gap, avec embranchements de Pertuis à Aix et d'Orgon à Miramas. — 2ᵉ sem. 1861, sér. 11, *Bull.* 965, p. 475.

D. 25 août 1861.... Protection de la ville de Beaucaire contre les inondations ; concours financier de la compagnie. — 2ᵉ sem. 1861, sér. 11, *Bull.* 991, p. 995.

D. 1ᵉʳ février 1862.. Approuvant une convention passée pour la concession des chemins de fer de Vesoul à Gray et de Gray à Besançon ; fusion de l'embranchement d'Ougney. — 1ᵉʳ sem. 1862, sér. 11, *Bull.* 1003, p. 303.

L. 12 février 1862.. Conversion des rentes..... et des obligations trentenaires précitées. 1ᵉʳ sem. 1862, sér. 11, *Bull.* 998, p. 105.

    Corps législatif. Exposé des motifs : *Mon.* du 29 janvier ; rapport par M. Gouin : *Mon.* du 7 février ; discussion et adoption : *Mon.* des 8 et 9 février.

D. 9 avril 1862.....   Déclaration d'utilité publique et concession définitive d'un chemin de
                       fer de Brioude vers Alais. — 1ᵉʳ sem. 1862, sér. 11, *Bull.* 1020,
                       p. 653.

D. 9 juin 1862.....   Convention relative aux chemins de fer entre la France et l'Italie; cons-
                       truction, par l'État, du tunnel du Mont-Cenis; garantie d'intérêt de la
                       compagnie Victor-Emmanuel; stipulations relatives au prolongement du
                       chemin de fer de Nice jusqu'à la frontière et au cautionnement de la
                       compagnie de la ligne d'Italie ¹. — 1ᵉʳ sem. 1862, sér. 11, *Bull.* 1028,
                       p. 873.

L. 6 juillet 1862....   Département du Gard. Subvention pour l'établissement du chemin de
                       fer d'Aigues-Mortes à la ligne de Nimes à Montpellier. — 2ᵉ sem. 1862,
                       sér. 11, *Bull.* 1039, p. 154.

                          Corps législatif. Exposé des motifs : *Mon.* du 17 juin et annexe N, p. LII; rap-
                       port par M. Alfred Le Roux : *Mon.* du 24 juin et annexe Q, p. LXIV; discussion et
                       adoption : *Mon.* du 26 juin.

D. 10 juillet 1862..   Tracé du chemin de fer d'embranchement de Draguignan. — 2ᵉ sem.
                       1862, sér. 11, *Bull.* 1043, p. 376.

D. 11 août 1862...   Approuvant une convention relative au payement en numéraire de la
                       subvention allouée à la compagnie. — 2ᵉ sem. 1862, sér. 11,
                       Bull. 1051, p. 590.

D. 25 octobre 1862.   Agrandissement de la gare d'Avignon; terrains réunis à la concession. —
                       1ᵉʳ sem. 1863, sér. 11, *Bull.* 1087, p. 119.

D. 11 février 1863..   Établissement d'une seconde voie entre Montpellier et Cette; terrains
                       réunis à la concession. — 1ᵉʳ sem. 1863, sér. 11, *Bull.* 1113, p. 800.

D. 7 mars 1863....   Ouverture d'une avenue aux abords de la gare de Nice; dépense à la
                       charge de la compagnie. — 1ᵉʳ sem. 1863, sér. 11, *Bull.* 1119,
                       p. 947.

D. 23 mai 1863....   Agrandissement de la gare de Frontignan. — 2ᵉ sem. 1863, sér. 11,
                       Bull. 1146, p. 250.

D. 27 mai 1863....   Approuvant une convention passée avec la compagnie Victor-Emma-
                       nuel pour la réalisation de la garantie d'intérêt. Annulation de la con-
                       cession d'Ayton à Annecy. Texte du cahier des charges de la conces-
                       sion. — 2ᵉ sem. 1863, sér. 11, *Bull.* 1141, p. 114.

---

¹ D. 30 mars 1864.......   Annulation de la concession, faite à la compagnie de la ligne d'Italie, d'un chemin de fer
                       de la frontière de Genève à celle du Valais. — 1ᵉʳ sem. 1864, sér. 11. *Bull.* 1192, p. 451.

L. 27 mai 1863 . . . . Approuvant certains articles de la convention homologuée par le décret précédent. — 2ᵉ sem. 1863, sér. 11, *Bull.* 1141, p. 113.

> Corps législatif. Exposé des motifs : *Mon.* des 8 avril, 1ᵉʳ et 3 mai; rapport par M. Palluel : *Mon.* du 29 avril et annexe O, p. LVII; discussion et adoption : *Mon.* du 6 mai.

D. 6 juin 1863 . . . . Règlement pour les justifications relatives à la garantie d'intérêt de la Méditerranée. — 1ᵉʳ sem. 1863, sér. 11, *Bull.* 1129, p. 1251.

D. 11 juin 1863 . . . . Approuvant une convention passée avec la compagnie de Paris à la Méditerranée pour la concession des lignes (ancien réseau) du Var à Nice et à la frontière, de l'embranchement de Grasse, d'Annonay à Saint-Rambert, de l'embranchement d'Hyères, de Lunel à Aigues-Mortes, de Marseille à Aix, de la gare maritime à Lestaque, de Lunel à Arles, d'Aubagne à Fuveau, et des lignes (nouveau réseau) de Lunel au Vigan, Grenoble à Montmélian, Annecy à Aix, Thonon à Collonges, Dijon à Langres, Auxerre à Nevers et à Cercy-la-Tour, Clermont à Montbrison; pour la concession éventuelle des lignes de Sorgues à Saint-Saturnin (ancien réseau), de Santenay à Étang, de Salon à Rognac, de Grenoble à la ligne de Gap, d'Apt à ladite ligne, de Digne à ladite ligne, d'Avallon aux lignes d'Auxerre à Nevers et de Paris à Dijon, de Champagnole à la ligne de Dôle en Suisse, d'Alais au Pouzin et embranchement sur Aubenas, du Pouzin à Givors (nouveau réseau). Annulation de la concession de Salon à Miramas. Maintien comme voie définitive de la voie provisoire établie au-dessus du souterrain de Terre-Noire. Modification des conventions antérieures; passage à l'ancien réseau de la ligne de Toulon au Var et embranchement, et des embranchements de Privas, de Crest, de Carpentras et d'Avignon à Salon. Annuités de l'État pour subventions diverses. — 2ᵉ sem. 1863, sér. 11, *Bull.* 1141, p. 159.

L. 11 juin 1863 . . . . Approuvant certains articles de la convention homologuée par le décret précédent. — 2ᵉ sem. 1863, sér, 11, *Bull.* 1141, p. 158.

> Corps législatif. Exposé des motifs : *Mon.* des 8 avril, 1ᵉʳ mai, p. 681 et 682, et 3 mai, p. 698; rapport par M. le comte Léopold Lehon : *Mon.* du 30 avril et annexe O, p. LX et LXI; discussion et adoption : *Mon.* du 7 mai.

D. 11 juin 1863[1] . . . Approuvant une convention passée pour la cession des chemins de fer

---

'CHEMINS DE FER DE L'ALGÉRIE'.

D. 8 avril 1857 . . . . Décide l'établissement d'un réseau de chemins de fer en Algérie.

---

[1] Les chemins de fer de l'Algérie sont placés dans les attributions de S. Exc. le ministre de la guerre.

algériens à la compagnie de Paris à la Méditerranée. Concession de la ligne de Blidah à Saint-Denis-du-Sig. Subvention et garantie d'intérêt. Texte de la convention et du cahier des charges. — 2ᵉ sem. 1863, sér. 11, *Bull.* 1141, p. 168.

L. 11 juin 1863.... Approuvant certains articles de la convention homologuée ci-dessus. — 2ᵉ sem. 1863, sér. 11, *Bull.* 1141, p. 166.

> Corps législatif. Exposé des motifs : *Mon.* des 11 avril et 6 mai; rapport par M. le général Dautheville : *Mon.* du 29 avril et annexe O, p. lviii et lix; discussion et adoption : *Mon.* du 7 mai.

D. 22 juin 1863.... Sommes versées au Trésor par les compagnies d'Orléans, de Lyon et de l'Ouest. — 2ᵉ sem. 1863, sér. 11, *Bull.* 1134, p. 10.

D. 16 juillet 1863.. Approuvant les traités passés entre la compagnie de Paris-Lyon-Méditerranée et les compagnies de Genève et du Dauphiné. Texte des

---

L. 20 juin 1860......... Subvention et garantie d'intérêt accordées à l'entreprise des chemins de fer algériens. — 1ᵉʳ sem. 1860, sér. 11, *Bull.* 810, p. 987.

> Corps législatif. Exposé des motifs : *Mon.* du 14 mars; rapport par M. le comte Lehon, annexe H; discussion et adoption : *Mon.* du 3 juin.

D. 11 juillet 1860......... Approuvant une convention passée pour la concession de chemins de fer en Algérie. Texte de la convention et du cahier des charges. — 2ᵉ sem. 1860, sér. 11, *Bull.* 842, p. 682.

D. 18 septembre 1860.... Autorisation de la compagnie des chemins de fer algériens. Texte des statuts. — 1ᵉʳ sem. 1861, suppl. sér. 11, *Bull.* 711, p. 149.

L. 2 juillet 1861........ Crédit pour l'exécution du chemin de fer d'Alger à Blidah. — 2ᵉ sem. 1861, sér. 11, *Bull.* 946, p. 4.

> Corps législatif. Exposé des motifs : annexe G, n° 220; rapport par M. Jossem : annexe G, n° 332; discussion et adoption : *Mon.* du 28 juin.

D. 4 juillet 1861........ Création d'obligations trentenaires pour le crédit précité. — 2ᵉ sem. 1861, sér. 11, *Bull.* 946, p. 5.

L. 12 février 1862........ Conversion des rentes et des obligations trentenaires précitées. — 1ᵉʳ sem. 1862, sér. 11, *Bull.* 998, p. 105.

> Corps législatif. Exposé des motifs : *Mon.* du 29 janvier; rapport par M. Gouin : *Mon.* du 7 février; discussion et adoption : *Mon.* des 8 et 9 février.

D. 14 juillet 1862....... Application à l'Algérie de la loi de 1845 sur la police des chemins de fer. — 2ᵉ sem. 1862, sér. 11, *Bull.* 1043, p. 379.

D. 27 juillet 1862....... Application à l'Algérie de divers lois et décrets sur la police et l'exploitation des chemins de fer. — 2ᵉ sem. 1862, sér. 11, *Bull.* 1046, p. 550.

D. 7 septembre 1863.... Tarif pour fers et rails à l'importation en Algérie. — 2ᵉ sem. 1863, sér. 11, *Bull.* 1163, p. 789.

D. 20 septembre 1863.... Règlement pour les justifications financières relatives à la garantie d'intérêt. — 2ᵉ sem. 1863, sér. 11, *Bull.* 1155, p. 545.

D. 7 août 1867.......... Modification du cahier des charges. — 2ᵉ sem. 1867, sér. 11, *Bull.* 1520, p. 277.

traités pour la désignation des commissions arbitrales. — 2ᵉ sem. 1863, sér. 11, *Bull.* 1148, p. 272.

D. 30 juillet 1863... Alimentation d'eau à la gare de Montargis. — 2ᵉ sem. 1863, suppl. sér. 11, *Bull.* 992, p. 1048.

D. 6 août 1863.... Règlement pour les justifications relatives à la garantie de l'intérêt du chemin Victor-Emmanuel. — 2ᵉ sem. 1863, sér. 11, *Bull.* 1143, p. 222.

D. 2 septembre 1863. Déclaration d'utilité publique et concession définitive d'un chemin de fer d'Avallon aux lignes d'Auxerre à Nevers et de Paris à Dijon. — 2ᵉ sem. 1863, sér. 11, *Bull.* 1151, p. 399.

D. 23 janvier 1864.. Déclaration d'utilité publique et concession définitive du chemin de fer de Santenay à Étang. — 1ᵉʳ sem. 1864, sér. 11, *Bull.* 1182, p. 285.

D. 20 février 1864.. Déclaration d'utilité publique et concession définitive du chemin de fer de Champagnole à la ligne de Dôle en Suisse. — 1ᵉʳ sem. 1864, sér. 11, *Bull.* 1188, p. 394.

D. 20 novembre 1864. Modifiant le tracé du chemin de fer d'embranchement de Montbéliard à Delle et Audincourt. — 2ᵉ sem. 1864, sér. 11, *Bull.* 1252, p. 533.

D. 22 février 1865.. Alimentation d'eau de la gare de Byans; déclaration d'utilité publique. — 1ᵉʳ sem. 1865, sér. 11, *Bull.* 1285, p. 495.

D. 22 février 1865.. Alimentation d'eau de la gare de Saint-Amour; déclaration d'utilité publique. — 1ᵉʳ sem. 1865, sér. 11, *Bull.* 1285, p. 495.

D. 17 mai 1865.... Approuvant une convention passée pour la modification du cahier des charges de certaines lignes (terrassements et ouvrages). — 1ᵉʳ sem. 1865, sér. 11, *Bull.* 1296, p. 744.

D. 1ᵉʳ juillet 1865.. Modification du cahier des charges du chemin de fer de Lunel au Vigan. 2ᵉ sem. 1865, sér. 11, *Bull.* 1322, p. 288.

D. 14 décembre 1865. Modification du cahier des charges de diverses lignes concédées (ouvrages d'art). — 2ᵉ sem. 1865, sér. 11, *Bull.* 1359, p. 1026.

D. 10 février 1866.. Approuvant un traité passé entre la compagnie de la Méditerranée et celle de Bessèges à Alais pour la cession de cette dernière ligne; abaissement de certains tarifs. — 1ᵉʳ sem. 1866, sér. 11, *Bull.* 1368, p. 133.

16

D. 25 avril 1866...   Département de l'Yonne. Imposition extraordinaire pour subvention à l'embranchement d'Avallon. — 1er sem. 1866, sér. 11, *Bull.* 1382, p. 476.

D. 23 juin 1866...   Châlon à Dôle; modification du cahier des charges. — 2e sem. 1866, sér. 11. *Bull.* 1402, p. 7.

L. 11 juillet 1866..   Ville de Valence; couverture d'une tranchée du chemin de fer. — 2e sem. 1866, sér. 11, *Bull.* 1404, p. 49.

     Corps législatif. Exposé des motifs : *Mon.* du 18 juillet; rapport de M. Lacroix Saint-Pierre : *Mon.* du 2 septembre; adoption : *Mon.* du 23 juin.

L. 18 juillet 1866..   Échange de terrains situés à Vienne. — 2e sem. 1866, sér. 11, *Bull.* 1408, p. 124.

     Corps législatif. Exposé des motifs : *Mon.* du 25 novembre; rapport par M. Faugier : *Mon.* du 25 novembre; adoption : *Mon.* du 1er juillet.

D. 18 juillet 1866..   Agrandissement de la gare de Villeneuve-sur-Yonne; terrains réunis à la concession. — 2e sem. 1866, sér. 11, *Bull.* 1435, p. 638.

D. 5 août 1866....   Concession d'un embranchement reliant la gare à la ville de Besançon et au canal. — 2e sem. 1866, sér. 11, *Bull.* 1426, p. 457.

D. 13 décembre 1866.   Ligne d'Avignon à Gap et embranchement de Pertuis à Aix; modification du cahier des charges (ouvrages d'art). — 2e sem. 1866, sér. 11, *Bull.* 1451, p. 874.

D. 9 mars 1867....   Alimentation d'eau de la gare de Paray-le-Monial; déclaration d'utilité publique. — 1er sem. 1867, sér. 11, *Bull.* 1494, p. 675.

D. 29 mai 1867....   Déclaration d'utilité publique et concession définitive du chemin de fer d'Alais au Pouzin. — 1er sem. 1867, sér. 11. *Bull.* 1498, p. 734.

D. 29 mai 1867....   Embranchement de Livron à Crest; modification du cahier des charges. — 1er sem. 1867, sér. 11. *Bull.* 1498, p. 733.

L. 27 juillet 1867...   Ville de Grasse; emprunt pour subvention à l'embranchement de Grasse à la ligne de Toulon à Nice. — 2e sem. 1867, sér. 11. *Bull.* 1515, p. 137.

     Corps législatif. Exposé des motifs : *Mon.* du 4 septembre; rapport par M. le duc de Rivoli : *Mon.* du 11 juillet; adoption : *Mon.* du 16 juillet.

D. 3 août 1867 . . . . Déclaration d'utilité publique et concession définitive de l'embranchement d'Apt à la ligne d'Avignon à Gap. — 2ᵉ sem. 1867, sér. 11. *Bull.* 1521, p. 326.

L. 27 septemb. 1867. Approuvant certains articles de la convention ci-après. — 2ᵉ sem. 1867, sér. 11, *Bull.* 1530, p. 565.

> Corps législatif. Exposé des motifs : *Mon.* des 10, 11 et 15 septembre; rapport par M. le marquis de Talhouët : *Mon.* des 25, 26 juin et 31 avril; discussion et adoption : *Mon.* des 16, 19 et 21 juin.

D. 27 septemb. 1867. Approuvant la convention passée pour le transfert du chemin de fer Victor-Emmanuel à la compagnie de Paris-Méditerranée. Texte de la convention. — 2ᵉ sem. 1867, sér. 11, *Bull.* 1530, p. 566.

D. 30 novembre 1867. Crédit ouvert à titre de fonds de concours; abords de la gare du chemin d'Annecy à Aix-les-Bains; chemin de Thonon à Collonges. — 2ᵉ sem. 1867, sér. 11, *Bull.* 1550, p. 890.

D. 18 janvier 1868. . Construction d'un pont aux abords de la gare d'Auxerre. — 1ᵉʳ sem. 1868, sér. 11, *Bull.* 1573, p. 195.

D. 22 janvier 1868. . Embranchement de Digne; concession définitive. — 1ᵉʳ sem. 1868, sér. 11, *Bull.* 1568, p. 131.

L. 25 janvier 1868. . Approuvant un échange de terrains entre l'État et la compagnie de Paris-Méditerranée. — 1ᵉʳ sem. 1868, sér. 11, *Bull.* 1565, p. 69.

D. 11 mars 1868 . . . . Convention entre l'Italie et la France, relative au tunnel des Alpes. — 1ᵉʳ sem. 1868, sér. 11, *Bull.* 1577, p. 243.

L. 18 juillet 1868 . . . Approuvant les stipulations financières résultant du décret ci-après, en date du 28 avril 1869. — 1ᵉʳ sem. 1869, sér. 11, *Bull.* 1699, p. 363.

> Corps législatif. Exposé des motifs : *Mon.* du 18 juin; rapport par M. Bournat : *Mon.* des 17, 18, 19 et 22 juillet; discussion et adoption : *Mon.* des 14 et 16 juin.

D. 26 juillet 1868 . . . Embranchement de la gare de la Viotte (Besançon); prorogation du délai d'exécution. — 2ᵉ sem. 1868, sér. 11, *Bull.* 1628, p. 338.

D. 20 septembre 1868. Agrandissement de la gare de Ners; terrains réunis à la concession — 2ᵉ sem. 1868, sér. 11, *Bull.* 1652, p. 789.

D. 1ᵉʳ décembre 1868. Givors à la Voulte. Concession rendue définitive. — 2ᵉ sem. 1868, sér. 11, *Bull.* 1669, p. 1121.

D. 2 janvier 1869 . . . Grenoble à Gap. Concession rendue définitive. — 1ᵉʳ sem. 1869, sér. 11, *Bull.* 1676, p. 24.

D. 28 avril 1869 . . . Approuvant une convention passée pour la concession des lignes de Salon à Miramas; du Cailar à la ligne de Nîmes à Montpellier; d'Aix à Carnoules; de Thonon à Saint-Gingolph; d'Albertville à la ligne du Rhône, et, éventuellement, de Vichy à Thiers et à Ambert, et d'Annemasse à Annecy, avec embranchement sur la frontière suisse, ou d'Annemasse à Collonges. — 1ᵉʳ sem. 1869, sér. 11, *Bull.* 1699, p. 364.

D. 12 mai 1869 . . . . Approuvant divers travaux à exécuter sur l'ancien réseau: lignes de Paris à Lyon par la Bourgogne, de Paris à Lyon par le Bourbonnais, et d'Avignon à Marseille. — 1ᵉʳ sem. 1869, sér. 11, *Bull.* 171, p. 841.

D. 12 mai 1869 . . . . . Approuvant divers travaux à exécuter sur l'ancien réseau; lignes de Paris à Lyon par le Bourbonnais, et de Tarascon à Cette avec embranchement sur la Grand'Combe. — 1ᵉʳ sem. 1869, sér. 11, *Bull.* 1718, p. 843.

D. 12 mai 1869 . . . Approuvant divers travaux à exécuter sur l'ancien réseau; ligne de Paris à Lyon par la Bourgogne. — 1ᵉʳ sem. 1869, sér. 11, *Bull.* 1718, p. 844.

D. 15 mai 1869 . . . . Crédit ouvert à titre de fonds de concours: chemin de Grenoble à Montmélian. — 1ᵉʳ sem. 1869, sér. 11, *Bull.* 1718, p. 852.

D. 7 juillet 1869 . . . Approuvant divers travaux à exécuter sur l'ancien réseau; lignes de Lyon à Genève, d'Avignon à Marseille, de Tarascon à Cette, de Lyon à Avignon, du Bourbonnais, de Gray à Auxonne, de Dijon à Belfort, de Dôle à Salins, de Mouchard aux Verrières, de Paris à Lyon, de Marseille à Toulon, d'Aubagne à Fuveau, de Toulon à Nice, de Valence à Grenoble, de Lyon à Grenoble. — 2ᵉ sem. 1869, sér. 11, *Bull.* 1731, p. 71.

D. 7 juillet 1869 . . . Approuvant les travaux à exécuter sur les lignes de Paris à Marseille, de Tarascon à Nîmes et de Saint-Étienne à Lyon (rails en acier). — 2ᵉ sem. 1869, sér. 11, *Bull.* 1731, p. 75.

D. 17 juillet 1869 . . Approuvant divers travaux à exécuter sur le nouveau réseau; lignes de Saint-Étienne au Puy et Saint-Germain-des-Fossés à Brioude. — 2ᵉ sem. 1869, sér. 11, *Bull.* 1731, p. 81.

D. 17 juillet 1869 . . Approuvant divers travaux à exécuter sur l'ancien réseau; lignes de Paris à Lyon, de Dijon à Belfort, de Bourg à Besançon, du Bourbonnais, de Chagny à Nevers, de Lyon à Avignon, d'Aix à Rognac, d'Avignon à Marseille, de Toulon à Nice. — 2ᵉ sem. 1869, sér. 11, *Bull.* 1733, p. 93.

D. 18 novembre 1869.   Approuvant divers travaux à exécuter sur la ligne de Saint-Germain-des-Fossés à Brioude. — 2ᵉ sem. 1869, sér. 11. *Bull.* 1768, p. 692.

D. 25 décembre 1869.   Lunel à Aigues-Mortes. Modification du cahier des charges (travaux pour une seule voie). — 1ᵉʳ sem. 1870, sér. 11. *Bull.* 1782, p. 173.

D. 12 janvier 1870.   Approuvant divers travaux à exécuter sur l'ancien réseau: lignes de Paris à Lyon, du Bourbonnais, de Dijon à Belfort, de Mouchard aux Verrières, de Lyon à Avignon, de Lyon à Grenoble, de Valence à Grenoble, d'Avignon à Marseille, de Nîmes à Alais, de Toulon à Nice. Conditions relatives à deux gares. — 1ᵉʳ sem. 1870, sér. 11, *Bull.* 1783, p. 187.

MIDI

ET CANAL LATÉRAL A LA GARONNE.

BORDEAUX A LA TESTE. — GRAISSESSAC A BÉZIERS. — CARMAUX A ALBI.

L. 17 juillet 1837 . . .   Autorisant la concession d'un chemin de fer de Bordeaux à la Teste.
Texte du cahier des charges. — 2ᵉ sem. 1837, sér. 9, *Bull.* 534,
p. 217.
> Chambre des députés. Présentation : *Mon.* des 4 et 5 juin; rapport par M. Laurence : *Mon.* des 2 et 23 juin; discussion et adoption : *Mon.* du 25 juin.
> Chambre des pairs. Présentation : *Mon.* du 2 juillet; rapport par M. le comte de la Villegontier : *Mon.* du 11 juillet; adoption : *Mon.* du 14 juillet.

O. 15 décembre 1837.   Approbation de l'adjudication du chemin de fer de Bordeaux à la Teste.
Texte de la soumission. — 2ᵉ sem. 1837, sér. 9, *Bull.* 551, p. 852.

O. 25 février 1838 . .   Autorisation de la compagnie du chemin de fer de Bordeaux à la Teste.
Texte des statuts. — 1ᵉʳ sem. 1838, suppl. sér. 9, *Bull.* 360, p. 513.

L. 1ᵉʳ août 1839 . . . .   Autorisant l'administration à modifier le cahier des charges du chemin
de fer de Bordeaux à la Teste. — 2ᵉ sem. 1839, sér. 9, *Bull.* 665,
p. 96.
> Chambre des députés. Présentation : *Mon.* du 5 juin; rapport par M. Tesnières : *Mon.* du 6 juillet; discussion et adoption : *Mon.* du 10 juillet.
> Chambre des pairs. Présentation : *Mon.* du 20 juillet; rapport par M. Gauthier : *Mon.* du 25 juillet; adoption : *Mon.* du 27 juillet.

L. 13 juin 1841 . . . .   Prorogation de la concession du chemin de fer de Bordeaux à la Teste.
— 1ᵉʳ sem. 1841, sér. 9, *Bull.* 820, p. 807.
> Chambre des députés. Présentation : *Mon.* du 6 avril; rapport par M. Goury : *Mon.* du 11 avril; discussion et adoption : *Mon.* du 29 avril.
> Chambre des pairs. Présentation : *Mon.* du 6 mai; rapport par M. Gauthier : *Mon.* du 23 mai; adoption : *Mon.* du 3 juin.

L. 11 juin 1842.... Relative à l'établissement de grandes lignes de chemins de fer, notamment de l'Océan sur la Méditerranée, par Bordeaux, Toulouse[1] et Marseille, et de Paris sur l'Espagne, par Tours, Bordeaux et Bayonne. — 2ᵉ sem. 1842, sér. 9, *Bull.* 914, p. 481.

> Chambre des députés. Présentation : *Mon.* du 8 février; rapport par M. Dufaure : *Mon.* des 17 et 19 avril; discussion et adoption : *Mon.* des 27, 28, 29 et 30 avril, 3, 4, 5, 6, 7, 8, 10, 11, 12 et 13 mai.
>
> Chambre des pairs. Présentation : *Mon.* du 14 mai; rapport par M. le comte de Gasparin : *Mon.* du 27 mai; discussion et adoption : *Mon.* des 31 mai, 1ᵉʳ, 2, 3 et 4 juin.

A. 30 octobre 1848. Plaçant sous séquestre le chemin de fer de Bordeaux à la Teste. — 2ᵉ sem. 1848, sér. 10, *Bull.* 92, p. 657.

L. 17 novembre 1848. Autorisant le prélèvement des sommes nécessaires pour assurer l'exploitation du chemin de fer de Bordeaux à la Teste. — 2ᵉ sem. 1848, sér. 10, *Bull.* 92, p. 651.

> Assemblée nationale. Présentation : *Mon.* du 7 novembre; rapport par M. Guérin : *Mon.* du 15 novembre; discussion et adoption : *Mon.* du 18 novembre.

L. 1ᵉʳ juin 1850.... Autorisant le prélèvement des sommes nécessaires pour assurer l'exploitation du chemin de fer de Bordeaux à la Teste. — 1ᵉʳ sem. 1850, sér. 10, *Bull.* 268, p. 624.

> Assemblée nationale. Présentation : *Mon.* des 4 et 5 mars; rapport par M. Benoist d'Azy : *Mon.* du 22 mai; discussion et adoption : *Mon.* du 2 juin.

D. 27 mars 1852... Autorisant la concession d'un chemin de fer de Graissessac à Béziers. Texte du cahier des charges. — 2ᵉ sem. 1852, sér. 11, *Bull.* 591, p. 749.

D. 27 mars 1852... Approuvant la convention relative à la concession précitée. Texte de la convention. — 2ᵉ sem. 1852, sér. 11, *Bull.* 591, p. 765.

L. 8 juillet 1852... Autorisant la concession du chemin de fer de Bordeaux à Cette[2] et du

---

[1] O. 21 août 1831........ Concession d'un chemin de fer de Toulouse à Montauban. (Extrait.) — 2ᵉ sem. 1831, sér. 9, 2ᵉ partie, 1ʳᵉ section, *Bull.* 108, p. 339. (Concession abandonnée.)

[2] CHEMIN DE FER DE BORDEAUX A CETTE.

ANCIENNE COMPAGNIE.

L. 21 juin 1846.......... Concession d'un chemin de fer de Bordeaux à Cette. Autorisation de la concession d'un embranchement sur Castres. Texte du cahier des charges. — 2ᵉ sem. 1846, sér. 9, *Bull.* 1307, p. 5.

canal latéral à la Garonne[1]. Texte du cahier des charges. — 2e sem. 1852, sér. 10, *Bull.* 558, p. 126.

Corps législatif. Présentation et rapport par M. Curnier : *Mon.* du 27 juin; adoption : *Mon.* du 29 juin.

. 24 août 1852.... Approuvant la convention passée pour la concession du chemin de fer de Bordeaux à Cette et du canal latéral à la Garonne, ainsi que des chemins de fer (éventuels) de Bordeaux à Bayonne et de Narbonne à Perpignan, et la prorogation de la concession de la Teste. Texte de la convention et du cahier des charges des embranchements de Bayonne et de Perpignan. — 2e sem. 1852, sér. 10, *Bull.* 573, p. 475.

D. 6 novembre 1852. Approbation de la compagnie des chemins de fer du Midi et du canal latéral à la Garonne. Texte des statuts.— 2e sem. 1852, suppl. sér. 10, *Bull.* 281, p. 685.

D. 13 février 1853.. Virement de crédit applicable au chemin de fer de Bordeaux à Cette.— 1er sem. 1853, sér. 11, *Bull.* 28, p. 393.

D. 26 février 1853.. Autorisant la compagnie du chemin de fer de Graissessac à Béziers. Texte des statuts. — 1er sem. 1853, suppl. sér. 11, *Bull.* 11, p. 289.

D. 24 mars 1853... Approuvant la convention passée pour la concession des chemins de fer de Bordeaux à Bayonne et de Narbonne à Perpignan.— 1er sem. 1853, sér. 11, *Bull.* 51, p. 947.

Chambre des députés. Présentation : *Mon.* du 24 juin 1845; reprise : *Mon.* du 13 janvier 1846; rapport par M. Duprat : *Mon.* des 13 et 14 avril; discussion et adoption : *Mon.* des 24, 25, 28 et 29 avril.

Chambre des pairs. Présentation : *Mon.* du 7 mai; rapport par M. Girard : *Mon.* des 1er et 2 juin; discussion et adoption : *Mon.* des 3 et 4 juin.

O. 1er juillet 1846....... Approuvant une convention passée pour la concession de l'embranchement de Castres. Texte de la convention et de la soumission de la compagnie. — 2e sem. 1846, sér. 9, *Bull.* 1037, p. 23.

O. 24 septembre 1846... Autorisation de la compagnie du chemin de fer de Bordeaux à Cette. Texte des statuts. — 2e sem. 1846, suppl. sér. 9, *Bull.* 862, p. 235.

A. 28 décembre 1847.... Décision du ministre des travaux publics déclarant la compagnie déchue de sa concession.

A. 21 juin 1848......... Décision du ministre des finances portant que le cautionnement sera acquis au Trésor public.

D. 6 mars 1853.......... Restitution amiable à l'ancienne compagnie de Bordeaux à Cette de la moitié de son cautionnement. — 1er sem. 1853, sér. 11, *Bull.* 28, p. 394

L. 22 avril 1852...... Autorisant l'exécution d'un canal latéral à la Garonne. — Lois, sér. 9, *Bull.* 80, p. 317.

L. 3 juillet 1838......... Indemnité au concessionnaire du canal. Allocation pour les travaux. — 2e sem. 1838, sér. 9, *Bull.* 584, p. 19.

L. 28 mai 1853 . . . . Approuvant certains articles relatifs aux engagements du Trésor dans la convention de concession des chemins du Midi et dans le cahier des charges des embranchements de Bayonne et de Perpignan. Texte de la convention et du cahier des charges (déjà inséré au décret du 24 août 1852). — 1er sem. 1853, sér. 11. *Bull.* 48. p. 793.

Corps législatif, Présentation : *Mon.* du 31 mars, suppl. C. p. xii; rapport par M. Granier de Cassagnac : *Mon.* du 24 avril, suppl. E. p. xx; discussion et adoption : *Mon.* du 26 avril.

D. 1er septembre 1853. Levée du séquestre du chemin de fer de Bordeaux à la Teste. — 2e sem. 1853, sér. 11. *Bull.* 89, p. 427.

D. 4 mars 1854 . . . . . Approuvant une convention passée pour la concession d'un chemin de fer de Carmaux à Albi. Texte de la convention et du cahier des charges. — 1er sem. 1854, sér. 11, *Bull.* 162, p. 1023.

D. 19 août 1854 . . . . Approuvant une convention passée avec la compagnie du Midi pour la concession d'un embranchement d'Agde à Pézénas et vers Lodève. Texte de la convention et cahier des charges supplémentaire. — 2e sem. 1854, sér. 11. *Bull.* 213, p. 257.

D. 18 novembre 1854. Autorisation donnée aux compagnies du chemin de fer du Midi et du Nord d'importer des rails et tôles à certaines conditions. — 2e sem. 1854, sér. 11, *Bull.* 248, p. 1004.

D. 13 février 1855 . . . Approuvant une convention passée avec la compagnie des chemins de fer du Midi relativement à la subvention. Texte de la convention. — 1er sem. 1855, sér. 11, *Bull.* 272, p. 333.

D. 10 mars 1855 . . . Autorisant les nouveaux statuts de la compagnie de Bordeaux à la Teste. Texte des statuts. — 1er sem. 1855, suppl. sér. 11, *Bull.* 164. p. 494.

L. 21 juillet 1856 . . . Autorisant une subvention applicable aux chemins de fer de Toulouse à Bayonne et embranchements, et d'Agen à Tarbes et à Mont-de-Marsan. 2e sem. 1856, sér. 11. *Bull.* 415, p. 316.

Corps législatif, Présentation : *Mon.* du 30 juin, suppl. p. 40; rapport par M. Granier de Cassagnac : *Mon.* suppl. p. 67; discussion et adoption : *Mon.* du 3 juillet.

D. 11 août 1856 . . . . Modification des statuts du Midi. — 2e sem. 1856, suppl. sér. 11, *Bull.* 308, p. 412.

D. 23 octobre 1856. Déclarant d'utilité publique l'établissement des chemins de fer de Toulouse à Bayonne, avec embranchements de Portes-Saint-Simon à

Foix et de Ramous à Dax; d'Agen à Tarbes et de Rabastens (Andrest) à Mont-de-Marsan. — 2ᵉ sem. 1856, sér. 11, *Bull.* 438, p. 839.

D. 14 avril 1857.... Approuvant une convention passée avec la compagnie du Midi pour la concession d'un prolongement de la Teste à Arcachon et la pose de la deuxième voie sur le chemin de la Teste. Texte de la convention. — 1ᵉʳ sem. 1857, sér. 11, *Bull.* 490, p. 683.

L. 19 juin 1857.... Approuvant les articles de la convention passée avec la compagnie d'Orléans, comprenant les clauses ci-après mentionnées. — 2ᵉ sem. 1857, sér. 11, *Bull.* 522, p. 241.

Corps législatif. Présentation : *Mon.* du 10 mai et annexe K, p. XLI; rapport par M. Lequien : *Mon.* des 22 et 23 mai et annexe N, p. LIII; discussion et adoption : *Mon.* du 27 mai et annexe O, p. LX.

D. 19 juin 1857.... Approuvant une convention passée avec la compagnie du chemin de fer de Paris à Orléans pour la fusion du Grand-Central; clauses relatives à une subvention pour l'exécution des lignes des Pyrénées. Texte de la convention. — 2ᵉ sem. 1857, sér. 11, *Bull.* 522, p. 244.

L. 19 juin 1857.... Approuvant certains articles de la convention passée avec les compagnies de Lyon et de la Méditerranée comprenant les clauses ci-après mentionnées. — 2ᵉ sem. 1857, sér. 11, *Bull.* 522, p. 242.

Corps législatif. Présentation : *Mon.* du 10 mai et annexe K, p. XLI; rapport par M. Lequien : *Mon.* des 22 et 23 mai et annexe N, p. LIII; discussion et adoption : *Mon.* du 27 mai et annexe O, p. LX.

D. 19 juin 1857.... Approuvant une convention passée avec les compagnies de Lyon et de la Méditerranée pour la fusion des entreprises; clauses relatives à une subvention pour l'exécution des lignes des Pyrénées. Texte de la convention. — 2ᵉ sem. 1857, sér. 11, *Bull.* 522, p. 275.

D. 3 juillet 1857.... Approuvant une convention passée avec la compagnie du Midi relativement à l'embranchement de Narbonne à Perpignan. Texte de la convention. — 2ᵉ sem. 1857, sér. 11, *Bull.* 525, p. 403.

D. 1ᵉʳ août 1857.... Approuvant une convention passée avec la compagnie du Midi pour la concession des chemins de fer pyrénéens : de Toulouse à Bayonne, avec embranchements sur Foix et Dax; d'Agen à Tarbes, de Mont-de-Marsan à Rabastens (Andrest), et, pour moitié, d'un raccordement à Bordeaux; enfin pour la concession éventuelle d'un embranchement sur Castres et la fixation d'un embranchement de Pézenas à Clermont. Texte de la convention et du cahier des charges. — 2ᵉ sem. 1857 sér. 11, *Bull.* 544, p. 781. Convention passée avec la compagnie d'Orléans pour le raccordement et le pont de Bordeaux, annexée au décret du 1er août 1857, *Bull.* 544, p. 811.

D. 1er août 1857 . . . . Approuvant une convention passée avec la compagnie du Midi pour l'exécution de routes agricoles dans les Landes, et déclarant l'utilité publique de celles-ci [1]. Concession éventuelle de chemins à rails de bois ou de fer le long de ces routes. Texte de la convention et des cahiers des charges. — 2e sem. 1857, sér. 11, *Bull.* 544, p. 813.

D. 12 mai 1858 . . . . Plaçant sous séquestre le chemin de fer de Graissessac à Béziers. — 1er sem. 1858, sér. 11, *Bull.* 603, p. 1050.

D. 21 juin 1858 . . . . Approuvant une convention passée pour la sanction du traité d'affermage du canal du Midi à la compagnie des chemins de fer du Midi. Texte de la convention et du traité. — 2e sem. 1859, sér. 11, *Bull.* 713, p. 151.

D. 15 août 1858 . . . . Crédit pour l'achèvement des travaux du chemin de fer de Graissessac à Béziers et pour l'exploitation dudit chemin. — 2e sem. 1858, sér. 11, *Bull.* 627, p. 214.

D. 11 juin 1859 . . . . Approuvant une convention passée avec la compagnie du Midi : pour la concession d'une ligne de Bayonne à la frontière d'Espagne, ainsi que du prolongement jusqu'à Lodève de l'embranchement d'Agde à Clermont ; pour la concession éventuelle d'un chemin de fer de Perpignan à Port-Vendres ; enfin pour l'approbation du traité de fusion de la compagnie de Bordeaux à la Teste. Exécution des travaux par l'État sur la ligne de Toulouse à Bayonne et embranchement de Bagnères-de-Bigorre, et sur celle de Port-Vendres. Abandon par la compagnie de la subvention relative au réseau pyrénéen et aux routes des Landes. Division des lignes du Midi en ancien et nouveau réseau ; garantie d'intérêt accordée à ce dernier. Conditions diverses. Texte de la convention et d'un cahier des charges supplémentaire pour les sections exécutées par l'État. — 2e sem. 1859, sér. 11, *Bull.* 709, p. 126.

L. 11 juin 1859 . . . . Approuvant certains articles de la convention homologuée par le précédent décret. — 2e sem. 1859, sér. 11, *Bull.* 709, p. 13.

> Corps législatif. Présentation : *Mon.* des 23 février et 4 mars, suppl. ; rapport par M. le baron de Jouvenel : *Mon.* du 31 mai, suppl. xiv ; discussion et adoption : *Mon.* des 18, 19 et 20 mai.

---

[1] L. 19 juin 1857 . . . . Relative aux landes de Gascogne — 1er sem. 1857, sér. 11, *Bull.* 512, p. 1240.

D. 21 avril 1860.... Autorisation de la compagnie des houillères et du chemin de fer de
Carmaux. Texte des statuts. — 1ᵉʳ sem. 1860, suppl. sér. 11, *Bull.* 653,
p. 794.

L. 14 juillet 1860.. Autorisant la ville d'Agen à contracter un emprunt auprès de la compagnie. — 2ᵉ sem. 1860, sér. 11, *Bull.* 820, p. 75.
    Corps législatif. Exposé des motifs : *Mon.* annexe K, nᵒ 212; rapport par
M. Noubel ; annexe N, nᵒ 277; discussion et adoption : *Mon.* du 25 juin.

D. 16 janvier 1861.. Déclaration d'utilité publique et concession définitive d'un chemin de fer
de Perpignan à Port-Vendres. — 1ᵉʳ sem. 1861, sér. 11, *Bull.* 901,
p. 148.

D. 1ᵉʳ février 1861.. Crédit pour les travaux du chemin de fer de Toulouse à Bayonne. —
1ᵉʳ sem. 1861, sér. 11, *Bull.* 905, p. 238.

D. 14 juin 1861.... Déclaration d'utilité publique relative au chemin de fer de Port-Vendres
à la frontière d'Espagne. — 2ᵉ sem. 1861, sér. 11, *Bull.* 953, p. 243.

D. 14 juin 1861.... Déclaration d'utilité publique relative au chemin de fer de Saint-Girons
à la ligne de Toulouse à Bayonne (Boussens). — 2ᵉ sem. 1861, sér. 11,
Bull. 953, p. 247.

D. 30 juin 1861.... Déclaration d'utilité publique et concession définitive d'un chemin de
fer d'embranchement sur Castres. — 2ᵉ sem. 1861, sér. 11, *Bull.* 951,
p. 215.

L. 29 juin 1861.... Crédits (obligations trentenaires) pour les travaux des chemins de fer de
Toulouse à Bayonne, Perpignan à Port-Vendres. — 1ᵉʳ sem. 1861,
sér. 11, *Bull.* 944, p. 859.
    Corps législatif. Exposé des motifs : *Mon.* du 3 juillet; rapport par M. le duc
d'Albuféra ; annexe D, nᵒ 259; discussion et adoption : *Mon.* du 20 juin.

L. 2 juillet 1861... Crédits (obligations trentenaires) pour l'exécution de diverses lignes :
Saint-Girons à la ligne de Toulouse à Tarbes et Port-Vendres à la
frontière d'Espagne. — 2ᵉ sem. 1861, sér. 11, *Bull.* 946, p. 1.
    Corps législatif. Exposé des motifs : *Mon.* du 18 juin; rapport par M. Alfred
Le Roux ; *Mon.* des 29 et 30 juin; discussion et adoption : *Mon.* des 25 et
26 juin.

D. 4 juillet 1861... Création des obligations trentenaires précitées. — 2ᵉ sem. 1861, sér. 11,
Bull. 946, p. 5.

L. 12 février 1862.. Conversion des rentes..... et des obligations trentenaires précitées. —
1ᵉʳ sem. 1862, sér. 11, *Bull.* 998, p. 105.

> Corps législatif. Exposé des motifs : *Mon.* du 29 janvier; rapport par M. Gouin :
> *Mon.* du 7 février; discussion et adoption : *Mon.* des 8 et 9 février.

L. 16 avril 1862.... Département de l'Ariège. Subvention pour les travaux du chemin de fer
de Saint-Girons à la ligne de Toulouse à Bayonne. — 1ᵉʳ sem. 1862,
sér. 11, *Bull.* 1017, p. 612.

> Corps législatif. Exposé des motifs : annexe E, n° 62; rapport par M. de Per-
> pessac : annexe F, n° 95; discussion et adoption : *Mon.* du 26 mars.

D. 24 mai 1862.... Agrandissement d'une gare sur la ligne de Bordeaux à Cette; terrains
réunis à la concession. — 2ᵉ sem. 1862, sér. 11, *Bull.* 1039, p. 180.

D. 13 juillet 1862... Agrandissement de la gare de Rivesaltes; terrains réunis à la concession.
— 2ᵉ sem. 1862, sér. 11, *Bull.* 1056, p. 775.

D. 7 février 1863... Alimentation des locomotives à la station de Carcassonne. — 1ᵉʳ sem.
1863, suppl. sér. 11, *Bull.* 943, p. 947.

D. 25 février 1863.. Établissement d'une gare maritime à Bordeaux et raccordement; terrains réunis à la concession. — 1ᵉʳ sem. 1863, sér. 11, *Bull.* 1118,
p. 931.

L. 4 mars 1863.... Département de la Haute-Garonne. Subvention pour le chemin de fer d'embranchement de Boussens à Saint-Girons. — 1ᵉʳ sem. 1863, sér. 11,
Bull. 1090, p. 130.

> Corps législatif. Exposé des motifs : *Mon.* du 19 janvier; rapport par M. Du-
> plan : *Mon.* du 26 janvier, annexe F, p. xxii; discussion et adoption : *Mon.* du
> 3 février.

L. 4 mars 1863.... Limites de la commune de Villefranche (Haute-Garonne). Attribution
des terrains du chemin de fer (Midi). — 1ᵉʳ sem. 1863, sér. 11,
Bull. 1090, p. 149.

> Corps législatif. Exposé des motifs : *Mon.* du 24 juin 1862, annexe, p. xxvi;
> rapport par M. Dabeaux : *Mon.* du 11 février et annexe G, p. xxvi; discussion et
> adoption : *Mon.* du 14 février.

D. 6 mai 1863..... Règlement pour les justifications relatives à la garantie d'intérêt. —
1ᵉʳ sem. 1863, sér. 11, *Bull.* 1127, p. 1185.

D. 14 juin 1863.... Approuvant une convention passée avec la compagnie du Midi pour la
concession des lignes de Saint-Girons à la ligne de Toulouse à Tarbes, de
Port-Vendres à la frontière, de Montpellier à la ligne d'Agde à Lodève
(Paulhan), de Castels à Milhau, avec embranchement sur Graissessac.

de Milhau à Rodez; achèvement du chemin de Perpignan à Port-Vendres. Concession éventuelle des lignes de Castres à Albi, de Castres à Mazamet, de Carcassonne à Quillan, de Langon à Bazas, de Toulouse à Auch, de Montrejean à Bagnères-de-Luchon, de Lourdes à Pierrefitte. Modification du cahier des charges et des conventions antérieures. Annuités de l'État pour subvention. Rachat de la ligne de Graissessac; éventualité du rachat de Carmaux à Albi. — 2ᵉ sem. 1863, sér. 11. *Bull.* 1141, p. 153.

L. 11 juin 1863.... Approuvant certains articles de la convention homologuée par le décret précédent. — 2ᵉ sem. 1863, sér. 11, *Bull.* 1141, p. 151.

 Corps législatif. Exposé des motifs : *Mon.* du 22 avril et annexe L, p. LXVIII et XIX; rapport par M. Pouyer-Quertier : *Mon.* du 1ᵉʳ mai et annexe P, p. LXII et LXIII; discussion et adoption : *Mon.* du 7 mai.

D. 22 juin 1863.... Alimentation des locomotives à la station d'Auterive. — 2ᵉ sem. 1863, sér. 11, suppl. *Bull.* 972, p. 347.

D. 9 mars 1864.... Déclaration d'utilité publique et concession définitive des chemins de fer de Castres à Albi et de Castres à Mazamet. — 1ᵉʳ sem. 1864, sér. 11, *Bull.* 190, p. 409.

D. 9 mars 1864.... Déclaration d'utilité publique et concession définitive d'un chemin de fer de Carcassonne à Quillan. — 1ᵉʳ sem. 1864, sér. 11, *Bull.* 190, p. 408.

D. 2 avril 1864.... Établissement d'une gare à Leucate; terrains réunis à la concession. — 2ᵉ sem. 1864, sér. 11. *Bull.* 1223, p. 23.

D. 28 juin 1864.... Promulguant une convention internationale relative au service de surveillance et de douane pour le transit du chemin du Midi avec l'Espagne. — 1ᵉʳ sem. 1864, sér. 11, *Bull.* 1220, p. 987.

D. 2 novembre 1864. Déclaration d'utilité publique et concession définitive du chemin de fer de Langon à Bazas. — 2ᵉ sem. 1864, sér. 11. *Bull.* 1249, p. 447.

D. 17 juin 1865.... Déclaration d'utilité publique et concession définitive du chemin de fer de Toulouse à Auch. — 1ᵉʳ sem. 1865, sér. 11, *Bull.* 1304, p. 845.

D. 14 décembre 1865. Déclaration d'utilité publique et concession définitive du chemin de fer de Montrejean à Bagnères-de-Luchon. — 2ᵉ sem. 1865, sér. 11, *Bull.* 1359, p. 1027.

D. 14 décembre 1865.   Déclaration d'utilité publique et concession définitive du chemin de fer
de Lourdes à Pierrefitte. — 2ᵉ sem. 1865, sér. 11, *Bull.* 1359,
p. 1028.

D. 23 décembre 1865.   Approuvant le rachat (nouveau réseau) des chemins de fer de Graissessac
à Béziers et de Carmaux à Albi par la compagnie du Midi. Fixation
du capital garanti et du revenu moyen réservé. — 1ᵉʳ sem. 1866,
sér. 11, *Bull.* 1361, p. 1.

D. 14 juillet 1866. .   Établissement d'une gare près de Gujan; terrains réunis à la concession.
— 2ᵉ sem. 1866, sér. 11, *Bull.* 1433, p. 618.

D. 30 novembre 1867.   Crédit ouvert à titre de fonds de concours; études du prolongement du
chemin de fer de Boussens à Saint-Girons; chemin de Perpignan à
Port-Vendres. — 2ᵉ sem. 1867, sér. 11, *Bull.* 1550, p. 890.

D. 7 décembre 1867.   Crédit ouvert à titre de fonds de concours; chemin de Perpignan à Port-
Vendres. — 2ᵉ sem. 1867, sér. 11, *Bull.* 1556, p. 1043.

D. 29 janvier 1868. .   Agrandissement de la gare de Cette (marchandises) et du bassin maritime; terrains réunis à la concession. — 1ᵉʳ sem. 1868, sér. 11, *Bull.*
1583, p. 330.

D. 13 juin 1868. . . .   Fixant le raccordement des chemins de Mont-de-Marsan à Tarbes et
d'Agen à Tarbes. — 1ᵉʳ sem. 1868, sér. 11, *Bull.* 1601, p. 720.

L. 10 août 1868 . . .   Approuvant les stipulations financières comprises dans la convention ci-
après. — 2ᵉ sem. 1868, sér. 11, *Bull.* 1642, p. 639.

> Corps législatif. Exposé des motifs : *Mon.* des 14 et 17 juin; rapport par M. Roul-
> beaux-Dugage : *Mon.* des 26, 27 juillet, 1ᵉʳ, 4, 7, 20, 23 et 28 août; discussion et
> adoption : *Mon.* des 23 et 25 juin.

D. 10 août 1868 . . .   Approuvant une convention passée pour la concession des lignes de Saint-
Affrique à la ligne de Montpellier à Milhau; de Foix à Tarascon; de
Mende à Sévérac, avec embranchement sur Marvejols, et, éventuelle-
ment, de Condom à Port-Sainte-Marie; d'Oloron à la ligne de Pau à
Bayonne; de Mazamet à Saint-Pons et de Marvejols à Neussargues. —
2ᵉ sem. 1868, sér. 11, *Bull.* 1642, p. 640.

D. 2 septembre 1868.   Approuvant une modification des statuts de la compagnie. — 2ᵉ sem.
1868, suppl. sér. 11, *Bull.* 1443, p. 491.

D. 20 septemb. 1868. Convention passée avec la compagnie du Midi, relativement aux tarifs du canal latéral à la Garonne et du canal du Midi. — 2ᵉ sem. 1868, sér. 11, *Bull.* 1644, p. 675.

D. 11 octobre 1868.. Crédit ouvert à titre de fonds de concours; chemin de Perpignan à Port-Vendres. — 2ᵉ sem. 1868, sér. 11, *Bull.* 1655, p. 829.

D. 1ᵉʳ décembre 1868. Crédit ouvert à titre de fonds de concours; chemins de Port-Vendres à la frontière, de Carcassonne à Quillan et de Milhau à Rodez. — 2ᵉ sem. 1868, sér. 11, *Bull.* 1669, p. 1122.

D. 17 décembre 1868. Établissement d'un viaduc sous rails; déclaration d'utilité publique. — 1ᵉʳ sem. 1869, sér. 11, *Bull.* 1692, p. 311.

D. 6 février 1869.... Crédit ouvert à titre de fonds de concours; chemins de Port-Vendres à la frontière, de Carcassonne à Quillan et de Milhau à Rodez. — 1ᵉʳ sem. 1869, sér. 11, *Bull.* 1681, p. 112.

D. 31 mars 1869.... Condom à Port-Sainte-Marie. Concession définitive. — 1ᵉʳ sem. 1869, sér. 11, *Bull.* 1691, p. 295.

D. 9 juin 1869..... Approuvant divers travaux à exécuter sur les lignes de Bordeaux à Bayonne, de Bordeaux à Cette et sur d'autres lignes de l'ancien réseau non dénommées. — 1ᵉʳ sem. 1869, sér. 11, *Bull.* 1723, p. 961.

D. 11 août 1869.... Crédit représentant une somme versée par la compagnie du Midi à titre de fonds de concours. — 2ᵉ sem. 1869, sér. 11, *Bull.* 1741, p. 249.

D. 12 janvier 1870.. Raccordement près de la gare de Vias; terrains réunis à la concession.

CEINTURE

(RIVE DROITE).

D. 10 décembre 1851 .   Décide l'établissement et autorise la concession d'un chemin de fer de Ceinture, reliant, à l'intérieur des fortifications, les gares de l'Ouest et de Rouen, du Nord, de Strasbourg, de Lyon et d'Orléans. Crédit ouvert et dispositions diverses. Texte du cahier des charges. — 2ᵉ sem. 1851, sér. 10. *Bull.* 470, p. 1105.

D. 11 décembre 1851.   Approuvant la convention passée avec les diverses compagnies pour la concession du chemin de fer de Ceinture. Texte de la convention — 2ᵉ sem. 1851, sér. 10, *Bull.* 470, p. 1112.

D. 22 janvier 1852 . .   Crédits pour les travaux du chemin de fer de Ceinture. — 1ᵉʳ sem. 1852, sér. 10, *Bull.* 486, p. 202.

D. 22 janvier 1853 . .   Portant institution du syndicat de la société formée par les compagnies concessionnaires du chemin de fer de Ceinture. Dispositions diverses. — 1ᵉʳ sem. 1853, sér. 11, *Bull.* 27, p. 385.

D. 18 juillet 1855 . . .   Crédit représentant une somme payée par la compagnie d'Orléans pour le chemin de fer de Ceinture. — 2ᵉ sem. 1855, sér. 11, *Bull.* 320, p. 257.

D. 19 octobre 1864 . .   Approuvant une convention passée entre la ville de Paris et le syndicat pour l'établissement d'un embranchement reliant le marché aux bestiaux de Paris au chemin de fer de Ceinture. Texte de la convention. — 2ᵉ sem. 1865, sér. 11, *Bull.* 1314, p. 171.

CHARENTES.

D. 14 juin 1861 . . . .   Déclaration d'utilité publique relative aux chemins de fer de Napoléon-Vendée à la Rochelle, de Rochefort à Saintes et de Saintes à Coutras. — 2ᵉ sem. 1861, sér. 11, *Bull.* 953, p. 252.

D. 14 juin 1861 . . . .   Déclaration d'utilité publique relative au chemin de fer d'Angoulême à Saintes. — 2ᵉ sem. 1861, sér. 11, *Bull.* 953, p. 238.

L. 2 juillet 1861 . . . .   Crédits (obligations trentenaires[1]) pour l'exécution de diverses lignes : Napoléon-Vendée à la Rochelle, Rochefort à Saintes, Saintes à Coutras. — 2ᵉ sem. 1861, sér. 11, *Bull.* 946, p. 1.

    Corps législatif. Exposé des motifs : *Mon.* du 18 juin ; rapport par M. Alfred Le Roux : *Mon.* des 29 et 30 juin ; discussion et adoption : *Mon.* des 25 et 26 juin.

D. 19 avril 1862 . . . .   Autorisant la concession, par voie d'adjudication, des chemins de fer ci-après : Napoléon-Vendée à la Rochelle, Rochefort à Saintes, Saintes à Coutras, Angoulême à Saintes ; éventualité d'une ligne d'Angoulême à Limoges. Texte du cahier des charges. — 2ᵉ sem. 1862, sér. 11, *Bull.* 1041, p. 246.

L. 6 juillet 1862 . . . .   Approuvant la subvention applicable aux chemins de fer précités. — 2ᵉ sem. 1862, sér. 11, *Bull.* 1041, p. 241.

    Corps législatif. Exposé des motifs : *Mon.* du 20 juin ; rapport par M. Alfred Le Roux : *Mon.* du 24 juin et annexe Q, p. LXIV ; discussion et adoption : *Mon.* du 2 juillet.

D. 6 juillet 1862 . . . .   Approuvant l'adjudication passée pour la concession des chemins de fer précités. — 2ᵉ sem. 1862, sér. 11, *Bull.* 1041, p. 242.

D. 30 mai 1863 . . . . .   Approuvant la compagnie des chemins de fer des Charentes. Texte des statuts. — 1ᵉʳ sem. 1863, suppl. sér. 11, *Bull.* 958, p. 1245.

---

[1] D. 4 juillet 1861 . . . . .   Création des obligations trentenaires précitées. — *Bull.* 946.

   L. 12 février 1862 . . . .   Conversion desdites obligations. — *Bull.* 998.

D. 12 février 1868...   Tracé du chemin de fer de Saintes à Coutras. — 1ᵉʳ sem. 1868, sér. 11,
                         Bull. 1572, p. 182.

L. 18 juillet 1868...   Approuvant les stipulations comprises dans la convention ci-après. —
                         2ᵉ sem. 1868, sér. 11, *Bull.* 1628, p. 315.

D. 18 juillet 1868...   Approuvant une convention passée pour la concession des lignes d'An-
                         goulême à Limoges; de Saint-Savinien à Saint-Jean-d'Angely, et, éven-
                         tuellement, de Nontron à la ligne d'Angoulême à Limoges; de Blaye
                         à la ligne de Saintes à Coutras; de Libourne à la même ligne; de la
                         Rochelle à Rochefort; de Saint-Jean-d'Angely à Niort et de Marennes
                         à la ligne de Rochefort à Saintes, avec prolongement sur le Chapus.
                         — 2ᵉ sem. 1868, sér. 11. *Bull.* 1628, p. 317.

D. 7 avril 1869.....   Nomination d'une commission pour le rachat du pont de Jarnac. —
                         1ᵉʳ sem. 1869, sér. 11, *Bull.* 1693, p. 322.

D. 22 septemb. 1869.   La Rochelle à Rochefort, ligne directe; concession définitive. — 2ᵉ sem.
                         1869, sér. 11, *Bull.* 1756, p. 559.

D. 6 avril 1870....   Nontron à la ligne d'Angoulême à Limoges; concession définitive. —
                         1ᵉʳ sem. 1870, sér. 11, *Bull.* 1797, p. 442.

NORD-EST.

D. 22 mai 1869. . . . . Approuvant la convention passée pour la concession de divers chemins de
fer dans les départements du Nord, du Pas-de-Calais et de l'Aisne,
savoir : concessions définitives : Lille à Comines, Tourcoing à Menin,
Gravelines à Watten [1], Boulogne à Saint-Omer; concessions éven-
tuelles : Saint-Omer à Berguette, Berguette à Armentières [2], Dunkerque
à Calais par Gravelines; Somain à Roubaix et Tourcoing par Orchies
et Cysoing; Erquelines à Fourmies ou à Anor; Chauny à la ligne de
Soissons à Laon, près Anisy; garantie d'intérêt et dispositions diverses.
— 1er sem. 1869, sér. 11. *Bull.* 1721, p. 909

L. 22 mai 1869. . . . . Approuvant les stipulations financières comprises dans la convention précitée. — 1er sem. 1867, sér. 11, *Bull.* 1721, p. 907.

Corps législatif; exposé des motifs : *J. off.* du 15 avril; rapport par M. de Saint-
Paul : *J. off.* des 15, 16 et 26 avril; discussion et adoption : *J. off.* du 23 avril.

[1] L. 18 juillet 1868. . . . . Relative à l'exécution de plusieurs chemins de fer (notamment de Gravelines à la ligne de
Lille à Calais). — *Bull.* 1612, p. 103.

[2] AIRE A BERGUETTE. (CONCESSION ABANDONNÉE.)

D. 17 janvier 1867. . . . Approuvant la convention passée pour la concession du chemin de fer d'Aire à Berguette sur
le chemin de fer des houillères du Pas-de-Calais. Texte de la convention et du cahier des
charges. — 1er sem. 1867, sér. 11, *Bull.* 1468, p. 289.

L. 27 juillet 1867. . . . . Département du Pas-de-Calais. Imposition pour subvention au chemin de fer précité. —
2e sem. 1867, sér. 11, *Bull.* 1515, p. 127.

Corps législatif. Exposé des motifs; rapport par M. Jourdain: adoption : *Mon.* du 19 juillet.

D. 24 juin 1868. . . . . . Prorogation des délais d'exécution. — 2e sem. 1868, sér. 11, *Bull.* 1608, p. 52.

ORLÉANS A CHÂLONS-SUR-MARNE.

D. 14 juin 1864..... Approuvant une convention passée pour la concession d'un chemin de fer d'Orléans à Châlons-sur-Marne. Texte de la convention et du cahier des charges. — 1ᵉʳ sem. 1864, sér. 11, *Bull.* 1221, p. 995.

D. 13 juin 1868..... Déchéance de la concession; restitution d'une partie du cautionnement. — 2ᵉ sem. 1868, sér. 11, *Bull.* 1605, p. 4.

D. 19 juin 1868..... Chemin de fer d'Orléans à la ligne de Paris à Strasbourg. Déclaration d'utilité publique. — 2ᵉ sem. 1868, sér. 11, *Bull.* 1658, p. 324.

Corps législatif. Exposé des motifs : *Mon.* des 21 mai, 10-14 juin, 14-16 juillet; rapport par M. Bouravaumont : *Mon.* des 25-26 juillet et 6 septembre; discussion et adoption : *Mon.* des 20 et 21 juin.

L. 18 juillet 1868.. Relative au classement et à l'exécution de plusieurs chemins de fer. — 2ᵉ sem. 1868, sér. 11, *Bull.* 1612, p. 103.

D. 29 mai 1869..... Mise en adjudication du chemin de fer d'Orléans à Châlons-sur-Marne. Nouveau cahier des charges. — 1ᵉʳ sem. 1869, sér. 11, *Bull.* 1719, p. 867.

L. 16 février 1870.. Approuvant les clauses financières de la concession. — 1ᵉʳ sem. 1870, sér. 11, *Bull.* 1786, p. 209.

D. 16 février 1870.. Approuvant l'adjudication passée pour la concession du chemin de fer précité. Texte du procès-verbal d'adjudication. — 1ᵉʳ sem. 1870, sér. 11, *Bull.* 1786, p. 210.

VENDÉE.

D. 14 juin 1861....   Déclaration d'utilité publique relative au chemin de fer de Napoléon-
                      Vendée aux Sables-d'Olonne. — 2ᵉ sem. 1861, sér. 11, *Bull.* 953,
                      p. 238.

D. 14 juin 1861....   Déclaration d'utilité publique relative au chemin de fer de Napoléon-
                      Vendée à la ligne d'Angers à Niort. — 2ᵉ sem. 1861, sér. 11, *Bull.* 953,
                      p. 239.

L. 2 juillet 1861.... Crédits (obligations trentenaires¹) pour l'exécution de diverses lignes :
                      Napoléon-Vendée aux Sables-d'Olonne et à la ligne d'Angers à Niort.
                      — 2ᵉ sem. 1861, sér. 11, *Bull.* 946, p. 1.

                      Corps législatif. Exposé des motifs : *Mon.* du 18 juin ; rapport par M. Alfred
                      Le Roux : *Mon.* des 29 et 30 juin ; discussion et adoption : *Mon.* des 25 et 26 juin.

D. 10 juillet 1862.. Tracé du chemin de fer de Napoléon-Vendée à Bressuire. — 2ᵉ sem. 1862,
                      sér. 11, *Bull.* 1043, p. 375.

D. 15 septemb. 1862. Autorisant la mise en adjudication des chemins de fer de Napoléon-
                      Vendée aux Sables-d'Olonne et de Napoléon-Vendée à Bressuire.
                      Texte du cahier des charges. — 1ᵉʳ sem. 1863, sér. 11, *Bull.* 1092,
                      p. 193.

D. 28 février 1863.. Approuvant l'adjudication passée pour la concession des chemins de fer
                      de Napoléon-Vendée aux Sables-d'Olonne et de Napoléon-Vendée à
                      Bressuire. Texte de la soumission. — 1ᵉʳ sem. 1863, sér. 11,
                      Bull. 1092, p. 189.

L. 4 mars 1863....   Approuvant les subventions applicables aux chemins de fer précités. —
                      1ᵉʳ sem. 1863, sér. 11, *Bull.* 1089, p. 121.

                      Corps législatif. Exposé des motifs : *Mon.* du 13 janvier et annexe E, p. xx,
                      rapport par M. Mame : *Mon.* du 27 janvier et annexe F, p. xxii ; discussion et
                      adoption : *Mon.* du 3 février.

____

¹ D. 4 juillet 1861........   Création des obligations trentenaires précitées. — *Bull.* 946

  L. 13 février 1862......   Conversion desdites obligations. — *Bull.* 998

D. 31 octobre 1863 .   Approuvant la compagnie des chemins de fer de la Vendée. Texte des statuts. — 2ᵉ sem. 1863, suppl. sér. 11, *Bull.* 990, p. 977.

D. 19 juin 1868....   Bressuire à Tours. Déclaration d'utilité publique. — 2ᵉ sem. 1868, sér. 11, *Bull.* 1628, p. 329.

L. 18 juillet 1868...   Classement et exécution par l'État de plusieurs chemins de fer.—2ᵉ sem. 1868, sér. 11, *Bull.* 1612, p. 103.

> Corps législatif. Exposé des motifs : *Mon.* des 21 mai, 10-14 juin, 14-16 juillet ; rapport par M. Boucaumont ; *Mon.* des 25, 26 juillet et 6 septembre ; discussion et adoption : *Mon.* des 20 et 21 juin.

D. 12 juin 1869 ...   Établissement de grues de déchargement sur le port des Sables-d'Olonne. — 2ᵉ sem. 1869, série 11, *Bull.* 1758, p. 582.

D. 5 mars 1870. ...   Modification du tracé de la ligne de Bressuire à Tours ; raccordement près de Joué. — 1ᵉʳ sem. 1870, sér. 11, *Bull.* 1797, p. 424.

CLERMONT A TULLE.

D. 19 juin 1868....   Tulle à Clermont-Ferrand et embranchement de Vendes. Déclaration d'utilité publique. — 2ᵉ sem. 1868, sér. 11. *Bull.* 1628, p. 325.

L. 18 juillet 1868...   Classement et exécution par l'État de plusieurs chemins de fer. — 2ᵉ sem. 1868, sér. 11, *Bull.* 1612, p. 103.

    Corps législatif. Exposé des motifs : *Mon.* des 21 mai, 10-14 juin, 14-16 juillet; rapport par M. Boucaumont : *Mon.* des 25, 26 juillet et 6 septembre; discussion et adoption : *Mon.* des 20 et 21 juin.

D. 30 avril 1870....   Clermont à Tulle et embranchement de Vendes. Mise en adjudication. Texte du cahier des charges.

LÉROUVILLE A SEDAN.

D. 19 juin 1868 . . .   Lérouville à la ligne des Ardennes, près de Sedan. Déclaration d'utilité
                        publique. — 2ᵉ sem. 1868, sér. 11, *Bull.* 1628, p. 321.

L. 18 juillet 1868 . . Relative au classement et à l'exécution de plusieurs chemins de fer. —
                        2ᵉ sem. 1868, sér. 11, *Bull.* 1612, p. 103.

    Corps législatif. Exposé des motifs : *Mon.* des 21 mai, 10-14 juin, 14-16 juil-
let; rapport par M. Boucaumont : *Mon.* des 25, 26 juillet et 6 septembre; discussion et adoption : *Mon.* des 20 et 21 juin.

D. 7 avril 1869. . . . Mise en adjudication du chemin de fer précité. Texte du cahier des
                        charges. — 1ᵉʳ sem. 1869, sér. 11, *Bull.* 1700, p. 396.

D. 21 août 1869. . . . Approbation de l'adjudication passée pour la concession dudit chemin.
                        Texte de la soumission. — 2ᵉ sem. 1869, sér. 11, *Bull.* 1743,
                        p. 282.

MÉDOC[1].

(BORDEAUX AU VERDON.)

D. 4 mars 1863.... Autorisant l'adjudication du chemin de fer de Bordeaux au Verdon. Texte du cahier des charges. — 1er sem. 1863, sér. 11, *Bull.* 1129, p. 1233.

D. 2 juin 1863.... Approbation de l'adjudication et concession du chemin de fer de Bordeaux au Verdon. Texte de l'adjudication. — 1er sem. 1863, sér. 11, *Bull.* 1129, p. 1231.

D. 2 mars 1864.... Approbation des statuts de la compagnie du chemin de fer du Médoc. Texte des statuts. — 1er sem. 1864, suppl. sér. 11, *Bull.* 1019, p. 482.

D. 3 mars 1866.... Bordeaux à Pauillac; prorogation des délais d'exécution. — 1er sem. 1866, sér. 11, *Bull.* 1371, p. 178.

---

[1] D. 17 octobre 1857.... Concession d'un chemin de fer de Bordeaux au Verdon. — 2e sem. 1857, sér. 11, *Bull.* 560, p. 988.

D. 15 juin 1861....... Résiliation de ladite concession. — 2e sem. 1861, sér. 11, *Bull.* 948, p. 65.

VITRÉ A FOUGÈRES.

L. 31 mai 1865.... Département d'Ille-et-Vilaine. Imposition relative à la subvention du chemin de fer de Vitré à Fougères. — 1ᵉʳ sem. 1865, sér. 11, *Bull.* 1294, p. 704.

> Corps législatif. Exposé des motifs : *Mon.* du 2 mai: rapport par M. de Dalmas: *Mon.* du 28 mai; discussion et adoption : *Mon.* du 16 mai.

D. 30 août 1865... Approuvant une convention passée pour la concession d'un chemin de fer de Vitré à Fougères. Texte de la convention et du cahier des charges. — 2ᵉ sem. 1865, sér. 11, *Bull.* 1340, p. 637.

D. 18 avril 1866... Autorisation de la compagnie du chemin de fer de Vitré à Fougères. Texte des statuts. — 1ᵉʳ sem. 1866, suppl. sér. 11, *Bull.* 1215, p. 1093.

D. 26 mai 1866.... Concernant la subvention affectée aux travaux dudit chemin. — 1ᵉʳ sem. 1866, sér. 11, *Bull.* 1394, p. 794.

L. 26 juillet 1868.. Approuvant les stipulations financières contenues dans la convention ci-après. — 2ᵉ sem. 1868, sér. 11, *Bull.* 1620, p. 163.

> Corps législatif. Exposé des motifs: *Mon.* des 13 et 16 septembre; rapport par M. de Saint-Germain : *Mon.* du 4 octobre; discussion et adoption : *Mon.* du 9 juillet.

D. 26 juillet 1868.. Approuvant une convention passée pour la concession éventuelle d'un chemin de fer de Fougères à la baie du Mont-Saint-Michel. — 2ᵉ sem. 1868, sér. 11, *Bull.* 1620, p. 164.

D. 22 décemb. 1869. Fougères à la baie du Mont-Saint-Michel. Concession définitive. — 1ᵉʳ sem. 1870, sér. 11, *Bull.* 1777, p. 54.

BRESSUIRE A POITIERS.

D. 19 juin 1868....   Chemin de fer de Bressuire à Poitiers. Déclaration d'utilité publique. — 2ᵉ sem. 1868, sér. 11. *Bull.* 1628, p. 328.

L. 18 juillet 1868..   Relative à l'exécution et au classement de plusieurs chemins de fer. — 2ᵉ sem. 1868, sér. 11, *Bull.* 1612, p. 103.

     Corps législatif. Exposé des motifs : *Mon.* des 21 mai, 10-14 juin, 14-16 juillet; rapport par M. Boucaument : *Mon.* des 25, 26 juillet et 6 septembre; discussion et adoption : *Mon.* des 20 et 21 juin.

D. 18 décemb. 1869.   Mise en adjudication du chemin de fer précité. — Texte du cahier des charges. — 1ᵉʳ sem. 1870, sér. 11, *Bull.* 1788, p. 249.

LYON A MONTBRISON.

D. 19 juin 1868.... Chemin de fer de Lyon à Montbrison; déclaration d'utilité publique.
— 2ᵉ sem. 1868, sér. 11, *Bull.* 1628, p. 332.

L. 18 juillet 1868... Relative au classement et à l'exécution de plusieurs chemins de fer. —
2ᵉ sem. 1868, sér. 11, *Bull.* 1612, p. 103.

> Corps législatif. Exposé des motifs: *Mon.* des 21 mai, 10-14 juin, 14-16 juillet; rapport par M. Boucaumont : *Mon.* des 25, 26 juillet et 6 septembre; discussion et adoption : *Mon.* des 20 et 21 juin.

L. 8 mai 1869...... Approuvant les engagements du Trésor relatifs au chemin de fer de Lyon
à Montbrison. — 2ᵉ sem. 1869, sér. 11, *Bull.* 1760, p. 593.

> Corps législatif. Exposé des motifs : *J. off.* du 22 avril; rapport par M. Perras: *J. off.* du 24 avril; discussion et adoption : *J. off.* du 23 avril.

L. 15 mai 1869.... Département du Rhône; emprunt pour l'exécution du chemin de fer de
Lyon à Montbrison. — 1ᵉʳ sem. 1869, sér. 11, *Bull.* 1709, p. 684.

D. 16 octobre 1869. Approuvant la convention passée pour la concession dudit chemin. Texte
de la convention et du cahier des charges. — 2ᵉ sem. 1869, sér. 11,
Bull. 1760, p. 594.

ÉPINAC A VELARS.

O. 7 avril 1830[1]....   Autorise les concessionnaires des houillères d'Épinac à établir un chemin
                           de fer d'Épinac au canal de Bourgogne, près de Pont-d'Ouche. Droits
                           de péage et dispositions diverses. — 1er sem. 1830, sér. 8, *Bull.* 350,
                           p. 247.

D. 1er août 1864....   Approuvant une convention passée pour la rectification du chemin de
                           fer d'Épinac au canal de Bourgogne, et pour la concession d'un pro-
                           longement de Pont-d'Ouche à la ligne de Paris à Lyon, ainsi que d'un
                           raccordement sur la ligne de Santenay à Étang. — 2e sem. 1864,
                           sér. 11, *Bull.* 1236, p. 277.

---

[1] O. 31 mai 1840......   Remise à la compagnie des mines et du chemin de fer d'Épinac du payement de la redevance
                             pour 1839 et 1840. — 2e sem. 1840, suppl. sér. 9, *Bull.* 501, p. 175.

D. 2 juillet 1850......   Approbation des statuts de la compagnie des houillères et du chemin de fer d'Épinac. —
                             2e sem. 1850, suppl. sér. 10, *Bull.* 136, p. 81.

SATHONAY A BOURG.

L. 18 avril 1863.... Autorisant l'établissement d'un chemin de fer de Sathonay à Bourg. — 2ᵉ sem. 1864, sér. 11, *Bull.* 1233, p. 213.

> Corps législatif. Exposé des motifs : *Mon.* du 24 février et annexe G, p. xxvii; rapport par M. de Saint-Germain : *Mon.* du 28 mars et du 26 avril, 2ᵉ suppl.; discussion et adoption : *Mon.* du 8 avril.

D. 25 juillet 1864.. Approuvant une convention passée pour la concession d'un chemin de fer de Sathonay à Bourg. Texte de la convention et du cahier des charges. — 2ᵉ sem. 1864, sér. 11, *Bull.* 1233, p. 214.

D. 17 septemb. 1864. Approbation des statuts de la compagnie de la Dombes. Texte des statuts. — 2ᵉ sem. 1864, suppl. sér. 11, *Bull.* 1071, p. 661.

L. 18 juillet 1866... Fixant les droits d'enregistrement des actes relatifs au desséchement des étangs de la Dombes. — 2ᵉ sem. 1866, sér. 11, *Bull.* 1408, p. 125.

> Corps législatif. Exposé des motifs : *Mon.* du 15 mars; rapport par M. le comte Lehon : *Mon.* du 15 septembre; adoption : *Mon.* du 30 juin.

LILLE A BÉTHUNE.

D. 28 décembre 1859. Approuvant une convention passée pour la concession d'un chemin de fer de Bully-Grenay et des houillères de Grenay au canal d'Aire à la Bassée, avec raccordement sur la ligne des houillères du Pas-de-Calais. Texte de la convention et du cahier des charges. — 1er sem. 1860, sér. 11. *Bull.* 762, p. 24.

D. 29 août 1863.... Approuvant une convention passée pour la concession d'un chemin de fer de la Bassée à Lille. Texte de la convention et du cahier des charges. — 2e sem. 1863, sér. 11, *Bull.* 1150, p. 353.

D. 8 mars 1865.... Portant concession d'un embranchement du chemin de fer de la Bassée à Lille sur Béthune. Prorogation du délai d'achèvement. — 1er sem. 1865, sér. 11, *Bull.* 1276, p. 212.

D. 22 mai 1865... Approuvant les statuts de la compagnie du chemin de fer de Lille à Béthune et à Bully-Grenay. — 1er sem. 1865, suppl. sér. 11, *Bull.* 1124, p. 1097.

D. 29 mai 1867.... Acquisition des terrains pour la seconde voie entre Lille et Violaines. — 1er sem. 1867, sér. 11, *Bull.* 1498, p. 735.

VALENCIENNES A LILLE.

D. 11 juillet 1864.. Approuvant une convention passée pour la concession d'un chemin de fer de Valenciennes à Lille. Texte de la convention et du cahier des charges. — 2e sem. 1864, sér. 11, *Bull.* 1232, p. 193.

PERPIGNAN A PRADES.

L. 6 mai 1863. . . . . Autorisant une subvention pour le chemin de fer de Perpignan à Prades. 1er sem. 1863, sér. 11, *Bull.* 1212, p. 751.

> Corps législatif. Exposé des motifs : *Mon.* des 8 et 29 avril, 2e suppl.; rapport par M. Durand : *Mon.* du 16 avril et du 14 mai; discussion et adoption : *Mon.* du 21 avril.

D. 18 juin 1863. . . . Autorisant l'adjudication du chemin de fer de Perpignan à Prades. Texte du cahier des charges. — 2e sem. 1863, sér. 11, *Bull.* 1150, p. 374.

D. 29 août 1863 . . . Approuvant l'adjudication du chemin de fer de Perpignan à Prades. Texte du procès-verbal. — 2e sem. 1863, sér. 11, *Bull.* 1150, p. 372.

ANZIN A SOMAIN.

(SOMAIN A ANZIN ET A LA FRONTIÈRE BELGE.)

O. 24 octobre 1835 .   Autorisant la compagnie des mines d'Anzin à établir un chemin de fer
de Saint-Waast-le-Haut à Denain. — 2ᵉ sem. 1835, sér. 9, 2ᵉ partie,
1ʳᵉ section, *Bull.* 391, p. 364.

O. 24 octobre 1835 .   Autorisant la compagnie des mines d'Anzin à établir un chemin de fer
d'Abscon à Denain. Extrait des cahiers des charges annexés à cette
ordonnance et à la précédente. — 2ᵉ sem. 1835, sér. 9, 2ᵉ partie,
1ʳᵉ section, *Bull.* 391, p. 366.

O. 17 août 1836 . . .   Complètant le tarif pour les bestiaux sur le chemin de fer d'Abscon à
Denain. — 1ᵉʳ sem. 1837, sér. 9. *Bull.* 453, p. 313.

O. 17 août 1836 . . .   Complètant le tarif pour les bestiaux sur le chemin de fer de Saint-Waast
à Denain. — 1ᵉʳ sem. 1837, sér. 9. *Bull.* 453, p. 315.

O. 31 janvier 1841..   Autorisant la compagnie des mines d'Anzin à prolonger jusqu'à Anzin le
chemin de fer de Saint-Waast à Denain.— 1ᵉʳ sem. 1841, sér. 9,
Bull. 792, p. 388.

O. 8 octobre 1846..   Autorisant la compagnie des mines d'Anzin à prolonger jusqu'à Somain
le chemin de fer d'Abscon à Denain. Tarif, etc. — 2ᵉ sem. 1846,
sér. 9, *Bull.* 1348, p. 1021.

D. 24 octobre 1868 .   Concession du chemin de fer d'Anzin à la frontière de Belgique, vers
Péruwelz. Texte de la convention.— 2ᵉ sem. 1868, sér. 11, *Bull.* 1659,
p. 857.

D. 18 mars 1870 . . .   Convention conclue avec la Belgique pour l'établissement du chemin de
fer précité. — 1ᵉʳ sem. 1870, sér. 11. *Bull.* 1799, p. 467.

SAINT-NAZAIRE AU CROISIC.

D. 19 juin 1868.... Chemin de fer de Saint-Nazaire au Croisic. Déclaration d'utilité publique.
— 2ᵉ sem. 1868, sér. 11, *Bull.* 1628, p. 330.

L. 18 juillet 1868... Loi relative au classement et à l'exécution de plusieurs chemins de fer.
— 2ᵉ sem. 1868, sér. 11, *Bull.* 1612, p. 103.

Corps législatif. Exposé des motifs : *Mon.* des 21 mai, 10-14 juin, 14-16 juillet; rapport par M. Boucaumont : *Mon.* des 25, 26 juillet et 6 septembre; discussion et adoption : *Mon.* des 20 et 21 juin.

L. 12 mai 1869.... Département de la Loire-Inférieure; emprunt pour le chemin de fer
du Croisic. — 1ᵉʳ sem. 1869, sér. 11, *Bull.* 1705, p. 531.

D. 22 décembre 1869. Mise en adjudication du chemin de fer de Saint-Nazaire au Croisic. Texte
du cahier des charges. — 1ᵉʳ sem. 1870, sér. 11, *Bull.* 1798, p. 447.

D. 27 avril 1870.... Approbation de l'adjudication. — Texte de la soumission.

SAINT-DIZIER A VASSY.

D. 23 décembre 1865. Approuvant une convention passée pour la concession d'un chemin de
fer de Vassy à Saint-Dizier, ainsi qu'un traité passé avec la compagnie
de l'Est. Texte de la convention et du cahier des charges. — 1ᵉʳ sem.
1866, sér. 11, *Bull.* 1363, p. 15.

D. 27 avril 1867.... Autorisation de la compagnie. Texte des statuts. — 1ᵉʳ sem. 1867,
suppl. sér. 11, *Bull.* 1315, p. 1102.

MARSEILLE À LA MADRAGUE-DE-PODESTAT.

D. 6 août 1865.....   Approuvant une convention passée pour l'établissement d'un chemin de
fer de Marseille à la Madrague-de-Podestat. Embranchements éven-
tuels sur Mazargues et sur le Vieux-Port. Texte de la convention et
du cahier des charges. — 2ᵉ sem. 1865, sér. 11, *Bull.* 1347, p. 841.

D. 3 janvier 1868...   Concession définitive d'un embranchement du chemin de fer de Mar-
seille à Podestat sur Mazargues, et d'un prolongement sur le Vieux-
Port. Prorogation du délai d'exécution. — 1ᵉʳ sem. 1868, sér. 11,
Bull. 1561, p. 32.

CHAUNY À SAINT-GOBAIN.

D. 23 avril 1856 ...   Approuvant une convention passée pour la concession d'un chemin de
fer de Saint-Gobain à Chauny. Texte de la convention et du cahier
des charges. — 2ᵉ sem. 1857, sér. 11, *Bull.* 523, p. 345.

HAZEBROUCK A LA FRONTIÈRE BELGE.

D. 19 décembre 1866.   Approuvant une convention passée pour la concession d'un chemin de fer d'Hazebrouck à la frontière belge. Texte de la convention et du cahier des charges. — 1er sem. 1867, sér. 11, *Bull.* 1456, p. 1.

D. 22 septemb. 1869.   Prorogation du délai d'exécution. — 2e sem. 1869, sér. 11, *Bull.* 1756, p. 562.

D. 12 janvier 1870..   Convention conclue avec la Belgique relativement aux chemins de fer de Dunkerque à Furnes et d'Hazebrouck à Poperinghe. — 1er sem. 1870, sér. 11, *Bull.* 1778, p. 61.

DUNKERQUE A LA FRONTIÈRE BELGE.

D. 26 avril 1862...   Autorisant la concession, par voie d'adjudication, d'un chemin de fer de Dunkerque à la frontière belge (vers Furnes). Texte du cahier des charges. — 1er sem. 1863, sér. 11, *Bull.* 1127, p. 1194.

D. 23 mai 1863....   Approbation de l'adjudication passée pour la concession d'un chemin de fer de Dunkerque à la frontière belge. Texte de la soumission. — 1er sem. 1863, sér. 11, *Bull.* 1127, p. 1192.

D. 28 avril 1866...   Prorogation du délai d'exécution. — 1er sem. 1866, sér. 11, *Bull.* 1386, p. 619.

D. 15 mai 1867....   Nouvelle prorogation du délai d'exécution. — 1er sem. 1867, sér. 11, *Bull.* 1497, p. 722.

D. 12 janvier 1870..   Convention conclue avec la Belgique relativement aux chemins de fer de Dunkerque à Furnes et d'Hazebrouck à Poperinghe. — 1er sem. 1870, sér. 11, *Bull.* 1778, p. 61.

LA CROIX-ROUSSE A SATHONAY.

D. 12 janvier 1861..   Concession d'un chemin de fer de la Croix-Rousse à Sathonay. Texte du
                        cahier des charges. — 1ᵉʳ sem. 1861, sér. 11, *Bull.* 905, p. 205.

D. 5 août 1861.....   Approbation des statuts de la compagnie du chemin de fer de la Croix-
                        Rousse à Sathonay. Texte des statuts. — 2ᵉ sem. 1861, suppl. sér. 11,
                        Bull. 756, p. 377.

D. 26 octobre 1864.   Plaçant sous séquestre le chemin de fer de la Croix-Rousse à Sathonay.
                        — 2ᵉ sem. 1864, sér. 11, *Bull.* 1249, p. 445.

ENGHIEN-LES-BAINS A MONTMORENCY.

D. 10 septemb. 1864.   Approuvant une convention passée pour l'établissement d'un chemin de
                        fer d'Enghien-les-Bains à Montmorency. Texte de la convention et du
                        cahier des charges. — 2ᵉ sem. 1864, sér. 11, *Bull.* 1245, p. 393.

ARMENTIÈRES A LA FRONTIÈRE BELGE.

D. 26 mai 1866. . . .   Chemin de fer d'Armentières à la frontière belge; concession et cahier des charges. — 1er sem. 1866, sér. 11, *Bull.* 1398, p. 881.

VIREUX A LA FRONTIÈRE BELGE.

O. 8 mars 1845. . . .   Autorisation et concession d'un chemin de fer de la frontière de Belgique à Vireux-sur-Meuse. Texte du cahier des charges. — 1er sem. 1845, sér. 9, *Bull.* 1185, p. 273.

D. 25 février 1852. .   Prorogation du délai d'exécution. — 1er sem. 1852, sér. 10, *Bull.* 497, p. 555.

LYON A LA CROIX-ROUSSE.

D. 26 mars 1859. . .   Approuvant une convention passée pour la concession d'un chemin de fer de Lyon à la Croix-Rousse. Texte de la convention et du cahier des charges. — 1er sem. 1859, sér. 11, *Bull.* 691, p. 699.

D. 4 août 1860. . . .   Approuvant les statuts de la compagnie du chemin de fer de Lyon à la Croix-Rousse. Texte des statuts. — 2e sem. 1860, suppl. sér. 11, *Bull.* 675, p. 218.

D. 12 septemb. 1866.   Approuvant une modification desdits statuts. — 2e sem. 1866, suppl. sér. 11, *Bull.* 1250, p. 537.

CHEMINS DÉCRÉTÉS ET NON CONCÉDÉS.

D. 19 juin 1868. . . .   Épinal à Neufchâteau. Déclaration d'utilité publique. — 2ᵉ sem. 1868, sér. 11, *Bull.* 1628, p. 322.

D. 19 juin 1868. . . .   Besançon à la frontière suisse, par Morteau. Déclaration d'utilité publique. — 2ᵉ sem. 1868, sér. 11, *Bull.* 1628, p. 323.

D. 19 juin 1868. . . .   Cercy-la-Tour à Gilly-sur-Loire. Déclaration d'utilité publique. — 2ᵉ sem. 1868, sér. 11, *Bull.* 1628, p. 333.

D. 19 juin 1868. . . .   Auxerre à la ligne du Bourbonnais. Déclaration d'utilité publique. — 2ᵉ sem. 1868, sér. 11, *Bull.* 1628, p. 335.

D. 19 juin 1868. . . .   Niort à la ligne de Bordeaux, près Ruffec. Déclaration d'utilité publique. — 2ᵉ sem. 1868, sér. 11, *Bull.* 1628, p. 327.

D. 19 juin 1868. . . .   Aurillac à Saint-Denis-les-Martel. Déclaration d'utilité publique. — 2ᵉ sem. 1868, sér. 11, *Bull.* 1628, p. 326.

D. 19 juin 1868. . . .   Tours à Montluçon. Déclaration d'utilité publique. — 2ᵉ sem. 1868, sér. 11, *Bull.* 1628, p. 334.

D. 19 juin 1868. . . .   Sottevast à Coutances. Déclaration d'utilité publique. — 2ᵉ sem. 1868, sér. 11, *Bull.* 1628, p. 331.

L. 18 juillet 1868. . .   Classement et exécution par l'État de plusieurs chemins de fer. — 2ᵉ sem. 1868, sér. 11, *Bull.* 1612, p. 103.

> Corps législatif. Exposé des motifs : *Mon.* des 21 mai, 10-14 juin, 14-16 juillet ; rapport par M. Boucaumont : *Mon.* des 25, 26 juillet et 6 septembre ; discussion et adoption : *Mon.* des 20 et 21 juin.

CHEMINS D'INTÉRÊT LOCAL[1].

PARAY-LE-MONIAL A MÂCON, CHÂLON A LONS-LE-SAUNIER.
(Départements de Saône-et-Loire et du Jura.)

L. 1er juillet 1865...   Département de Saône-et-Loire. Imposition relative aux lignes de chemin de fer de Mâcon à Paray-le-Monial et de Châlon à la ligne de Lons-le-Saunier à Bourg. — 2e sem. 1865, sér. 11, *Bull.* 1367, p. 5.

> Corps législatif. Exposé des motifs : *Mon.* du 4 juin; rapport par M. Chagot : *Mon.* du 12 juin; adoption : *Mon.* du 9 juin.

D. 16 juin 1866....   Paray-le-Monial à Mâcon, Châlon à Lons-le-Saunier; concession. Texte de la convention et du cahier des charges. —2e sem. 1866, sér. 11, *Bull.* 1421, p. 417.

L. 11 juillet 1866..   Département du Jura. Imposition relative au chemin de fer de Châlon à Lons-le-Saunier. — 2e sem. 1866, sér. 11, *Bull.* 1404, p. 25.

> Corps législatif. Exposé des motifs : *Mon.* du 8 septembre; rapport par M. Dalloz : *Mon.* du 29 novembre; adoption : *Mon.* du 27 juin.

L. 11 juillet 1866..   Ville de Lons-le-Saunier. Imposition relative au chemin de fer précité. 2e sem. 1866, sér. 11, *Bull.* 1404, p. 42.

> Corps législatif. Exposé des motifs : *Mon.* du 28 août; rapport par M. Dalloz : *Mon.* du 3 octobre; adoption : *Mon.* du 28 juin.

D. 16 mars 1867...   Modification du tracé du chemin de fer de Paray-le-Monial à Mâcon. Texte d'une convention additionnelle. — 1er sem. 1867, sér. 11, *Bull.* 1483, p. 452.

---

[1] L. 12 juillet 1865...... Relative aux chemins de fer d'intérêt local. — 2e sem. 1865, sér. 11, *Bull.* 1314, p. 145.

> Corps législatif. Exposé des motifs : *Mon.* des 29-31 mai; rapport par M. le comte Lehon : *Mon.* des 29 juin, 1er et 2 juillet; discussion et adoption : *Mon.* du 4 juillet.

PONT-DE-L'ARCHE A GISORS.

(Département de l'Eure.)

D. 9 juin 1866. . . . . Chemin de fer de Pont-de-l'Arche à Gisors et embranchement sur le port de Poses; concession. Texte de la convention et du cahier des charges. — 2ᵉ sem. 1866, sér. 11, *Bull.* 1413, p. 225.

L. 11 juillet 1866. . . Département de l'Eure. Emprunt pour subvention au chemin de fer précité. — 2ᵉ sem. 1866, sér. 11, *Bull.* 1403, p. 17.

    Corps législatif. Exposé des motifs : *Mon.* du 26 août; rapport par M. Petit : *Mon.* du 9 septembre; adoption : *Mon.* du 24 juin.

D. 17 avril 1867. . . . Approuvant un nouveau traité relatif à l'exécution du chemin de fer précité. — 1ᵉʳ sem. 1867, sér. 11, *Bull.* 1492, p. 552.

D. 10 juillet 1867. . . Approbation de la compagnie. Texte des statuts. — 2ᵉ sem. 1867, suppl. sér. 11, *Bull.* 1351, p. 861.

GLOS-SUR-RISLE A PONT-AUDEMER.

(Département de l'Eure.)

D. 9 juin 1866 . . . . . Chemin de fer de Glos-sur-Rislé à Pont-Audemer; concession. Texte de la convention et du cahier des charges. — 2ᵉ sem. 1866, sér. 11, *Bull.* 1413, p. 242.

L. 11 juillet 1866. . . Département de l'Eure. Emprunt pour subvention au chemin de fer précité. — 2ᵉ sem. 1866, sér. 11, *Bull.* 1403, p. 17.

    Corps législatif. Exposé des motifs : *Mon.* du 26 août; rapport par M. Petit : *Mon.* du 9 septembre; adoption : *Mon.* du 24 juin.

D. 20 février 1867. . Approbation de la compagnie du chemin de fer de Glos-Montfort à Pont-Audemer. Texte des statuts. — 1ᵉʳ sem. 1867, suppl. sér. 11, *Bull.* 1299, p. 745.

D. 28 juillet 1869. . Modification des statuts de la compagnie. — 2ᵉ sem. 1869, suppl. sér. 11, *Bull.* 1512, p. 112.

MUNSTER A COLMAR.

(Département du Haut-Rhin.)

D. 5 août 1866. . .   Chemin de fer de Munster à Colmar; concession. Emprunt de la ville de Munster. Texte de la convention et du cahier des charges. — 2ᵉ sem. 1866, sér. 11, *Bull.* 1430, p. 489.

L. 10 juillet 1867. . .   Département du Haut-Rhin. Imputation sur une imposition antérieure de la subvention due au chemin de fer précité. — 2ᵉ sem. 1867, sér. 11, *Bull.* 1505, p. 14.

    Corps législatif. Exposé des motifs ; *Mon.* du 18 juillet; rapport par M. West ; *Mon.* du 19 juillet; adoption : *Mon.* du 16 juin.

MAMERS A SAINT-CALAIS.

(Département de la Sarthe.)

L. 6 avril 1864. . . .   Département de la Sarthe. Imposition relative à des travaux de voies de communication et de chemins de fer. — 1ᵉʳ sem. 1864, sér. 11, *Bull.* 1192, p. 428.

    Corps législatif. Exposé des motifs ; *Mon.* du 2 mars; rapport par M. le prince de Beauveau ; *Mon.* du 5 avril; adoption : *Mon.* du 12 mars.

D. 16 août 1867. . .   Chemin de fer de Mamers à Saint-Calais; concession. Texte de la convention et du cahier des charges. — 2ᵉ sem. 1867, sér. 11, *Bull.* 1529, p. 542.

L. 31 juillet 1867. .   Département de la Sarthe. Emprunt pour la construction du chemin de fer précité. — 2ᵉ sem. 1867, sér. 11, *Bull.* 1517, p. 208.

    Corps législatif. Rapport par M. de Tillancourt; adoption : *Mon.* du 19 juillet.

BOURG A LA CLUSE, BOURG A CHÂLON, AMBÉRIEUX A VILLEBOIS.

(Département de l'Ain.)

D. 3o mars 1867 . . .   Chemins de fer de Bourg à la Cluse, de Bourg à Châlon-sur-Saône et d'Ambérieux à Villebois; concession. Texte de la convention et du cahier des charges. — 1ʳ sem. 1867, sér. 11, *Bull.* 1496, p. 697.

L. 3i juillet 1867 . .   Département de l'Ain, Emprunt pour subvention aux chemins de fer précités. — 2ᵉ sem. 1867, sér. 11, *Bull.* 1517, p. 295.

> Corps législatif. Exposé des motifs; rapport par M. le comte Lehon; adoption : *Mon.* du 21 juillet.

SAINT-CHINIAN A MONTBAZIN, AGDE A MÈZE, MONTPELLIER A RABIEUX,
MONTPELLIER A PALAVAS.

(Département de l'Hérault.)

L. 31 juillet 1867 . .   Département de l'Hérault. Emprunt pour la construction de chemins de fer. — 2ᵉ sem. 1867, sér. 11, *Bull.* 1517, p. 297.

> Corps législatif. Exposé des motifs : *Mon.* du 13 octobre; rapport par M. Pagézy; adoption : *Mon.* du 19 juillet.

D. 14 août 1867 . . . .   Chemins de fer de Saint-Chinian à Montbazin, d'Agde à Mèze, de Montpellier à Rabieux, de Montpellier à Palavas, et (éventuellement) de Roquessels à Pézénas; concession. Texte du cahier des charges. — 2ᵉ sem. 1867, sér. 11, *Bull.* 1525, p. 492.

D. 4 août 1869 . . . .   Promulgation d'un nouveau cahier des charges. — 2ᵉ sem. 1869, sér. 11, *Bull.* 1751, p. 421.

GISORS A VERNON.

(Département de l'Eure.)

D. 31 juillet 1867.. Chemin de fer de Gisors à Vernonnet, avec embranchement sur le port de ce nom; concession. Texte de la convention et du cahier des charges. — 2ᵉ sem. 1867, sér. 11, *Bull.* 1535, p. 617.

D. 29 avril 1868... Concession de la traversée de la Seine, entre Vernonnet et Vernon. — 1ᵉʳ sem. 1868, sér. 11, *Bull.* 1590, p. 423.

L. 11 juillet 1868... Département de l'Eure; subvention au chemin de fer de Vernon. — 2ᵉ sem. 1868, sér. 11, *Bull.* 1609, p. 66.

    Corps législatif. Exposé des motifs : *Mon.* du 17 juillet; rapport par M. le comte d'Arjuzon ; *Mon.* du 28 août, adoption : *Mon.* du 17 juin.

AMAGNE A VOUZIERS, PONT-MAUGIS A MOUZON, ETC.

(Département des Ardennes.)

D. 9 novembre 1867. Chemins de fer d'Amagne à Vouziers, de Pont-Maugis à Mouzon, de Carignan à Messempré, de Donchery à Vrigne-aux-Bois et de Monthermé station à Monthermé, concession. Texte de la convention et du cahier des charges. — 2ᵉ sem. 1867, sér. 11, *Bull.* 1555, p. 1023.

ARCHES A LAVELINE.

(Département des Vosges.)

D. 25 décembre 1867.   Chemin d'Arches à Laveline. Concession. Texte de la convention et du cahier des charges. — 1ᵉʳ sem. 1868, sér. 11, *Bull.* 1585, p. 337.

L. 15 mai 1869....   Département des Vosges; emprunt pour chemins d'intérêt local. — 1ᵉʳ sem. 1869, sér. 11, *Bull.* 1709, p. 685.

> Corps législatif. Exposé des motifs : *J. off.* du 29 avril; rapport par M. Géliot : *J. off.* du 5 mai; adoption : *J. off.* du 23 avril.

ACHIET A BAPAUME.

(Département du Pas-de-Calais.)

D. 30 mai 1868....   Concession à la ville de Bapaume du chemin d'intérêt local d'Achiet à Bapaume. Texte de la convention et du cahier des charges. — 1ᵉʳ sem. 1868, sér. 11, *Bull.* 1603, p. 737.

GUISE A SAINT-QUENTIN.

(Département de l'Aisne.)

L. 13 juin 1868....   Impositions du département de l'Aisne; études et dépenses des chemins d'intérêt local. — 1ᵉʳ sem. 1868, sér. 11, *Bull.* 1599, p. 694.

> Corps législatif. Exposé des motifs : *Mon.* du 4 juin; rapport de M. Hébert : *Mon.* du 18 juin; adoption : *Mon.* du 26 mai.

L. 15 mai 1869....   Département de l'Aisne; imposition pour les travaux du chemin de fer de Guise à Saint-Quentin. — 1ᵉʳ sem. 1869, sér. 11, *Bull.* 1706, p. 671.

> Corps législatif. Exposé des motifs : *J. off.* du 1ᵉʳ mai; rapport par M. de Tillancourt : *J. off.* du 9 mai; adoption : *J. off.* du 24 avril.

ROUEN AU PETIT-QUEVILLY.

(Département de la Seine-Inférieure.)

D. 20 juin 1868.... Chemin d'intérêt local de Rouen au Petit-Quevilly. Concession. Texte de la convention et du cahier des charges. — 2ᵉ sem. 1868, sér. 11, *Bull.* 1611, p. 87.

D. 17 avril 1869.... Modification du tracé. — 1ᵉʳ sem. 1869, sér. 11, *Bull.* 1709, p. 693.

BRIOUZE A LA FERTÉ-MACÉ.

(Département de l'Orne.)

D. 24 juin 1868.... Chemin d'intérêt local de Briouze à la Ferté-Macé. Texte de la convention et du cahier des charges. — 2ᵉ sem. 1868, sér. 11, *Bull.* 1629, p. 347.

NANCY A VEZELISE ET EMBRANCHEMENTS.

(Département de la Meurthe.)

D. 26 juillet 1868.. Concession du chemin d'intérêt local de Nancy à Vezelise, et embranchements sur le canal de la Marne au Rhin, sur les forges de Jarville, les mines de Vandœuvre et la brasserie de Tantonville. Convention et cahier des charges. — 2ᵉ sem. 1868, sér. 11, *Bull.* 1636, p. 543.

AVRICOURT A CIREY.
(Département de la Meurthe.)

D. 26 juillet 1868...   Concession du chemin de fer d'intérêt local d'Avricourt à Cirey. Traité et cahier des charges. — 2ᵉ sem. 1868, sér. 11, *Bull.* 1639, p. 591.

NANCY A CHÂTEAU-SALINS.
(Département de la Meurthe.)

D. 26 juillet 1868..   Concession du chemin de fer d'intérêt local de Nancy à Château-Salins, avec embranchement sur Vic. Traité et cahier des charges. — 2ᵉ sem. 1868, sér. 11, *Bull.* 1643, p. 651.

L. 10 août 1868....   Autorisant le département de la Meurthe à contracter un emprunt applicable aux trois chemins de fer précités. — 2ᵉ sem. 1868, sér. 11, *Bull.* 1625, p. 277.

Corps législatif. Exposé des motifs : *Mon.* du 19 octobre ; rapport par M. le baron Buquet : *Mon.* des 23 et 24 octobre ; adoption : *Mon.* du 24 juillet.

D. 27 novembre 1868.   Relatif au payement des subventions allouées au département de la Meurthe, pour chemins d'intérêt local. — 2ᵉ sem. 1868, sér. 11, *Bull.* 1669, p. 1116.

MAGNY A CHARS.
(Département de Seine-et-Oise.)

D. 26 juillet 1868...   Concession du chemin de fer d'intérêt local de Magny à Chars. Convention et cahier des charges. — 2ᵉ sem. 1868, sér. 11, *Bull.* 1631, p. 371.

RAMBERVILLERS A CHARMES.
(Département des Vosges.)

D. 23 août 1868. . . . Concession du chemin de fer d'intérêt local de Rambervillers à Charmes. Cahier des charges et traités divers. — 2ᵉ sem. 1868, sér. 11. *Bull.* 1653, p. 791.

D. 12 septemb. 1868. Modification du décret précédent — 2ᵉ sem. 1868, sér. 11. *Bull.* 1653, p. 811.

L. 15 mai 1869. . . . Département des Vosges : emprunt pour chemin d'intérêt local. — 1ᵉʳ sem. 1869, sér. 11, *Bull.* 1709, p. 685.

    Corps législatif. Exposé des motifs : *J. off.* du 29 avril; rapport par M. Géhot : *J. off.* du 5 mai; adoption : *J. off.* du 23 avril.

SARREBOURG A SARREGUEMINES.
(Départements de la Meurthe, de la Moselle et du Bas-Rhin.)

D. 11 octobre 1868. Concession du chemin de fer d'intérêt local de Sarrebourg à Fénétrange (Meurthe), et prolongement jusqu'à la limite du département du Bas-Rhin. Cahier des charges. — 2ᵉ sem. 1868, sér. 11. *Bull.* 1662, p. 961.

D. 11 octobre 1868. Concession du chemin de fer d'intérêt local de Sarrebourg à Sarreguemines. Partie comprise dans le département du Bas-Rhin. Traité et cahier des charges. — 2ᵉ sem. 1868, sér. 11, *Bull.* 1670, p. 1137.

D. 30 janvier 1869. . Concession du chemin de fer de Sarrebourg à Sarralbe et à la limite du Bas-Rhin. Cahier des charges. — 1ᵉʳ sem. 1869, sér. 11, *Bull.* 1712, p. 739.

L. 27 mars 1869. . . . Département de la Meurthe. Emprunt pour subvention. — 1ᵉʳ sem. 1869, sér. 11, *Bull.* 1688, p. 253.

    Corps législatif. Exposé des motifs : *J. off.* du 1ᵉʳ mars; rapport par M. Chevandier de Valdrôme : *J. off.* du 18 mars; adoption : *J. off.* du 13 mars.

BELLEVILLE A BEAUJEU.
(Département du Rhône.)

D. 11 octobre 1868. Concession du chemin de fer d'intérêt local de Belleville à Beaujeu. Convention et cahier des charges. — 2ᵉ sem. 1868, sér. 11. *Bull.* 1672, p. 1185.

ÉPERNAY A ROMILLY-SUR-SEINE.
(Département de la Marne.)

D. 12 novembre 1868. Concession du chemin de fer d'intérêt local d'Épernay à Romilly-sur-Seine. Convention et cahier des charges. — 2ᵉ sem. 1868, sér. 11. *Bull.* 1672, p. 1202.

BAZANCOURT A BÉTHENIVILLE.
(Département de la Marne.)

D. 27 novembre 1868. Concession du chemin de fer d'intérêt local de Bazancourt à Bétheniville. Cahier des charges. Traité avec la compagnie de l'Est. — 1ᵉʳ sem. 1869, sér. 11. *Bull.* 1710, p. 699.

METZ A TETERCHEN.
(Département de la Moselle.)

D. 17 février 1869 . . Concession du chemin de fer de Metz (Courcelles-sur-Nied) à Teterchen. Cahier des charges. — 1ᵉʳ sem. 1869, sér. 11, *Bull.* 1715, p. 799.

COLMAR AU RHIN.
(Département du Haut-Rhin.)

D. 24 avril 1869 . . . . Concession du chemin de Colmar à Neuf-Brisach. Cahier des charges. Traité passé avec la compagnie de l'Est. — 2ᵉ sem. 1869, sér. 11, *Bull.* 1750, p. 397.

L. 1ᵉʳ mai 1869 . . . . Ville de Colmar : emprunt relatif audit chemin de fer. — 1ᵉʳ sem. 1869, sér. 11, *Bull.* 1700, p. 385.

Corps législatif. Exposé des motifs : *J. off.* des 13 et 15 avril; rapport par M. Lefébure : *J. off.* du 27 avril; adoption : *J. off.* du 20 avril.

ÉVREUX A ELBEUF, DREUX A ACQUIGNY ET EMBRANCHEMENT.
(Département de l'Eure.)

D. 1ᵉʳ mai 1869 . . . . Concession du chemin de fer d'Évreux à la limite de la Seine-Inférieure et du chemin de fer d'Acquigny à la limite d'Eure-et-Loir, avec embranchement de Pacy à Vernon. Texte des deux conventions, des traités et des cahiers des charges. — 2ᵉ sem. 1869, sér. 11, *Bull.* 1738, p. 157.

L. 5 mai 1869 . . . . . Département de l'Eure : emprunts pour subventions auxdits chemins de fer. — 1ᵉʳ sem. 1869, sér. 11, *Bull.* 1702, p. 448.

Corps législatif. Exposé des motifs : *J. off.* du 29 avril; rapport de M. Pouyer-Quertier : *J. off.* du 13 mai; adoption : *J. off.* du 25 avril.

BORDEAUX A LA SAUVE.
(Département de la Gironde.)

D. 1er mai 1869 . . . .   Concession du chemin de fer d'intérêt local de Bordeaux à la Sauve. Texte du cahier des charges. — 2e sem. 1869, sér. 11, *Bull.* 1727, p. 9.

L. 8 mai 1869 . . . . .   Département de la Gironde : emprunt pour le chemin de fer de Bordeaux à la Sauve. — 1re sem. 1869, sér. 11, *Bull.* 1704, p. 514.

Corps législatif. Exposé des motifs : *J. off.* du 29 avril; rapport de M. le baron Travot : *J. off.* du 8 mai; adoption : *J. off.* du 24 avril.

STEINBOURG A BOUXVILLER.
(Département du Bas-Rhin.)

D. 15 mai 1869 . . . .   Concession du chemin de fer d'intérêt local de Steinbourg à Bouxviller. Texte de la convention et du cahier des charges. — 2e sem. 1869, sér. 11, *Bull.* 1740, p. 205.

FRÉVENT A GAMACHES.
(Département de la Somme.)

D. 15 mai 1869 . . . .   Concession du chemin de fer d'intérêt local de Bouquemaison à Gamaches. — Texte du cahier des charges. — 2e sem. 1869, sér. 11, *Bull.* 1728, p. 29.

CHÂTEAUNEUF A BARBEZIEUX.
(Département de la Charente.)

D. 15 mai 1869.... Concession du chemin de fer d'intérêt local de Barbezieux à Châteauneuf. Texte du cahier des charges. — 2ᵉ sem. 1869, sér. 11. *Bull.*
1745, p. 301.

PICARDIE ET FLANDRES.
(Département de la Somme.)

D. 15 mai 1869.... Concession du chemin de fer d'intérêt local d'Épehy près Cambrai
(limite du département du Nord) à Gannes (limite du département
de l'Oise). Convention et cahier des charges. — 1ᵉʳ sem. 1869.
sér. 11, *Bull.* 1724, p. 967.

MUTZIG A SCHIRMECK.
(Départements des Vosges et du Bas-Rhin.)

L. 15 mai 1869.... Département des Vosges : emprunt pour le chemin de fer de Mutzig à
Schirmeck et autres chemins d'intérêt local. — 1ᵉʳ sem. 1869. sér. 11.
Bull. 1709, p. 635.
    Corps législatif. Exposé des motifs : *J. off.* du 29 avril; rapport par M. Géliot ;
J. off. du 5 mai; adoption : *J. off.* du 23 avril.

D. 27 avril 1870... Concession (Bas-Rhin) du chemin de fer de Mutzig à la limite du département des Vosges. Texte du traité et du cahier des charges.

D. 27 avril 1870... Concession (Vosges) du chemin de fer de la limite du département près
Wische à Schirmeck. Texte du traité et du cahier des charges.

ORLÉANS A ROUEN.
(Département d'Eure-et-Loir.)

D. 4 août 1869. . . . Concession du chemin de fer de Dreux vers Orléans (dans Eure-et-Loir). Texte de la convention et du cahier des charges. — 2ᵉ sem. 1869, sér. 11, *Bull.* 1753, p. 445.

VILLEBOIS A MONTALIEU.
(Département de l'Isère.)

D. 1ᵉʳ décembre 1869. Concession du chemin de fer d'intérêt local de Villebois à Montalieu. Texte de la convention et du cahier des charges. — 1ᵉʳ sem. 1870, sér. 11, *Bull.* 1787, p. 225.

LE TRÉPORT A ABANCOURT.
(Département de la Seine-Inférieure.)

D. 18 décembre 1869. Concession du chemin de fer d'intérêt local du Tréport à la station d'Abancourt. Texte de la convention et du cahier des charges. — 1ᵉʳ sem. 1870, sér. 11, *Bull.* 1781, p. 129.

PAS-DES-LANCIERS A MARTIGUES.
TARASCON A SAINT-REMY.
(Département des Bouches-du-Rhône.)

L. 5 mai 1869 . . . . . Imposition pour deux chemins de fer d'intérêt local. — 1ᵉʳ sem. 1869, sér. 11, *Bull.* 1792, p. 446.

    Corps législatif. Exposé des motifs : *J. off.* du 1ᵉʳ mai ; rapport par M. Bournat : *J. off.* du 2 mai ; adoption : *J. off.* du 23 avril.

D. 19 février 1870 . . Concession des chemins de fer d'intérêt local de Pas-des-Lanciers à Martigues et de Tarascon à Saint-Remy. Texte de la convention et du cahier des charges. — 1ᵉʳ sem. 1870, sér. 11, *Bull.* 1800, p. 479.

ALENÇON A CONDÉ-SUR-HUISNE.
(Département de l'Orne.)

D. 12 mars 1870 . . . Concession du chemin de fer d'intérêt local d'Alençon à Condé-sur-Huisne. Texte de la convention et du cahier des charges.

NIZAN A SAINT-SYMPHORIEN.
(Département de la Gironde.)

D. 27 avril 1870 . . . . Concession du chemin de fer d'intérêt local de Nizan à Saint-Symphorien. Texte de la convention et du cahier des charges.

ORBEC A LISIEUX.
(Département du Calvados.)

D. 30 avril 1870 . . . . Concession du chemin de fer d'intérêt local d'Orbec à Lisieux. Texte de la convention et du cahier des charges.

FALAISE A BERJOU.

(Département du Calvados.)

D. 14 mai 1870. . . .　Concession du chemin de fer d'intérêt local de Falaise à Berjou-Pont-
　　　　　　　d'Ouilly. Texte de la convention et du cahier des charges.

CHEMINS INDUSTRIELS [1].

CHEMIN DE FER DES CARRIÈRES DU LONG-ROCHER AU CANAL DU LOING.

O. 16 octobre 1834.   Autorisant le concessionnaire des carrières du Long-Rocher, dans la forêt de Fontainebleau, à établir un chemin de fer de ces carrières au canal du Loing. (Extrait.) — 2ᵉ sem. 1846, sér. 9, 2ᵉ partie, 2ᵉ section, *Bull.* 118, p. 667.

CHEMIN DE FER DE VILLERS-COTTERETS AU PORT-AUX-PERCHES.

O. 6 juin 1836.....   Autorisant l'établissement d'un chemin de fer de Villers-Cotterets au Port-aux-Perches, sur la rivière d'Ourcq. Texte du cahier des charges. — 1ᵉʳ sem. 1836, sér. 9, *Bull.* 439, p. 4. (Passé au Nord par le décret du 26 juin 1857.)

CHEMIN DE FER D'ÉPINAC AU CANAL DU CENTRE.

L. 17 juillet 1837..   Autorisant l'établissement d'un chemin de fer d'Épinac au canal du Centre. (Concession restée sans effet.) Dispositions générales et texte du cahier des charges. — 2ᵉ sem. 1837, sér. 9, *Bull.* 524, p. 233.

    Chambre des députés. Présentation : *Mon.* des 4 et 5 juin; rapport par M. de Bussière : *Mon.* du 18 juin; discussion et adoption : *Mon.* du 25 juin.

    Chambre des pairs. Présentation : *Mon.* du 7 juillet; rapport par M. le comte de la Villegontier : *Mon.* du 11 juillet; adoption : *Mon.* du 15 juillet.

CHEMIN A RAILS DE BOIS DE L'ADOUR A MAGESCQ.

O. 20 décembre 1840. ...   Concession d'une ligne à rails de bois de Saint-Paul-lez-Dax à Magescq. Cahier des charges pour voyageurs et marchandises. (Extrait.) — 2ᵉ sem. 1840, suppl. sér. 9, *Bull.* 520, p. 904.

O. 22 juin 1842.......   Autorisation de prolonger la voie de bois jusqu'à l'Adour, près de Dax.

CHEMIN DE FER DU CREUZOT AU CANAL DU CENTRE.

O. 26 décembre 1837.   Autorisant l'établissement d'un chemin de fer du Creuzot au canal du
                        Centre. Texte du cahier des charges. — 1ᵉʳ sem. 1838, sér. 9,
                        Bull. 552. p. 933.

O. 7 mai 1840. . . . .   Autorisation donnée au chemin de fer du Creuzot d'établir un nouveau
                        port sur le canal. Conditions diverses. — 1ᵉʳ sem. 1840, sér. 9,
                        Bull. 737, p. 413.

O. 12 septemb. 1842.   Autorisant les concessionnaires du chemin de fer du Creuzot au canal
                        du Centre à établir sur ce chemin un transport public de voyageurs.
                        Tarif et conditions diverses. — 2ᵉ sem. 1842, sér. 9. *Bull.* 960,
                        p. 689.

D. 7 mars 1860. . . .   Concernant l'emploi de machines locomotives sur ce chemin de fer. —
                        1ᵉʳ sem. 1860, sér. 11, *Bull.* 780. p. 265.

CHEMINS DE FER DES MINES DE FINS ET DES MINES DE MONTET-AUX-MOINES À L'ALLIER.

LL. 25 juillet 1838. .   Autorisation de l'établissement d'un chemin de fer des mines de Fins
                        et Noyant à l'Allier : conditions diverses. Autorisation de l'établisse-
                        ment d'un chemin de fer des mines de Montet-aux-Moines à l'Allier;
                        conditions diverses. Cahier des charges du chemin de fer des mines
                        de Fins. Cahier des charges du chemin de fer des mines de Montet-
                        aux-Moines à l'Allier. — 2ᵉ sem. 1838, sér. 9, *Bull.* 591, p. 178.
                        (Concessions restées sans effet.)

CHEMIN DE FER DES MINES DE DECIZE AU CANAL DU NIVERNAIS.

O. 12 septemb. 1841[1].   Autorisant la compagnie des mines de Decize à établir un chemin de fer
                        desdites mines au canal du Nivernais. (Extrait.)—2ᵉ sem. 1841. sér. 9,
                        Bull. 860, p. 387.

---

[1] O. 17 mai 1842. . . . .   Autorisation de la société anonyme des mines de Decize. Texte des statuts. — 1ᵉʳ sem. 1842.
suppl. sér. 9, *Bull.* 603, p. 655.

CHEMIN DE FER DES MINES DE COMMENTRY AU CANAL DU BERRY

O. 16 février 1844.. Autorisation de l'établissement d'un chemin de fer des houillères de Commentry au canal du Berry, près de Montluçon. Texte du cahier des charges. — 1ᵉʳ sem. 1844, sér. 9, *Bull.* 1085, p. 265.

D. 14 mars 1855... Approuvant une convention passée pour la concession d'un prolongement du chemin de fer des mines de Commentry au canal du Berry. Texte de la convention. — 1ᵉʳ sem. 1855, sér. 11, *Bull.* 280, p. 488.

D. 18 mars 1865... Portant concession d'un embranchement reliant le chemin de fer des mines de Commentry à la ligne de Montluçon à Moulins, dans la gare de Commentry. — 1ᵉʳ sem. 1865, sér. 11, *Bull.* 1276, p. 217.

CHEMIN DE FER DES MINES DE MONTRAMBERT

O. 2 avril 1843.... Autorisant la compagnie des mines de Montrambert et du quartier Gaillard à établir un chemin de fer entre lesdites mines et le chemin de fer de Saint-Étienne à la Loire. Texte du cahier des charges. — 2ᵉ sem. 1843, sér. 9, *Bull.* 1022, p. 41.

O. 4 juillet 1844... Autorisant la mise en communication de ce chemin avec le chemin de fer de Saint-Étienne à Lyon. — 2ᵉ sem. 1844, sér. 9, *Bull.* 1115, p. 94. (Passé à Rhône-et-Loire par le décret du 17 mars 1853. Voir au chemin de fer de Paris à Lyon et à la Méditerranée.)

CHEMIN DE FER DES MINES D'ANICHE

D. 18 février 1850.. Autorisant l'établissement d'un chemin de fer des mines d'Aniche à la ligne du Nord, près de Somain. Texte du cahier des charges. — 1ᵉʳ sem. 1850, sér. 10, *Bull.* 250, p. 373.

D. 4 août 1869.... Portant concession d'un embranchement sur la fosse Saint-René. Texte du cahier des charges. — 2ᵉ sem. 1869, sér. 11, *Bull.* 1764, p. 645.

CHEMIN DE FER DES MINES DE SORBIER.

D. 27 juillet 1853...   Autorisant une société formée par la compagnie de Saint-Étienne à Lyon
et diverses sociétés houillères à établir un chemin d'embranchement
des mines de Sorbier aux lignes de Saint-Étienne à Lyon et à Andrézieux, près du Pont-de-l'Ane. Texte du cahier des charges. — 2ᵉ sem.
1853, sér. 11, *Bull.* 85, p. 378.

CHEMIN DE FER DES MINES DE CARMAUX.

D. 4 mars 1854....   Approuvant une convention passée pour la concession d'un chemin de
fer de Carmaux à Albi (y compris l'embranchement minier). Texte du
cahier des charges. — 1ᵉʳ sem. 1854, sér. 11, *Bull.* 162, p. 1023.

D. 21 avril 1860...   Autorisation de la compagnie des houillères et du chemin de fer de
Carmaux. Texte des statuts. — 1ᵉʳ sem. 1860, suppl. sér. 11,
Bull. 653, p. 794.

D. 23 décembre 1865.   Approuvant le rachat de la ligne principale de Carmaux à Albi par la
compagnie du Midi. — 1ᵉʳ sem. 1866, sér. 11, *Bull.* 1361, p. 1.

CHEMIN DE FER DE L'USINE DE BOURDON.

D. 28 octobre 1854..   Approuvant une convention passée pour la concession d'un chemin de
fer d'embranchement de l'usine de Bourdon au chemin de fer Grand-
Central, près de Crouel. Texte de la convention et du cahier des
charges. — 2ᵉ sem. 1854, sér. 11, *Bull.* 237, p. 809.

CHEMIN DE FER DES MINES DE MONTIEUX.

D. 24 novembre 1854   Approuvant une convention passée pour la concession d'un chemin de
fer d'embranchement des mines de Montieux au chemin de fer Grand-
Central, près du Pont-de-l'Ane. Texte de la convention et du cahier
des charges. — 2ᵉ sem. 1854, sér. 11, *Bull.* 242, p. 932.

CHEMIN DE FER DE LA GARE DE SAINT-OUEN.

D. 24 mars 1855... Approuvant une convention passée pour la concession d'un chemin de fer de la gare d'eau de Saint-Ouen au chemin de fer de Ceinture. Texte de la convention et du cahier des charges. — 1ᵉʳ sem. 1855, sér. 11, *Bull.* 289, p. 717.

D. 12 mars 1856... Prorogation du délai d'exécution du chemin de fer d'embranchement de la gare de Saint-Ouen au chemin de fer de Ceinture. — 1ᵉʳ sem. 1856, sér. 11, *Bull.* 371, p. 336.

D. 11 juillet 1856. Autorisation de la société anonyme du chemin de fer et des docks de Saint-Ouen. Texte des statuts. — 2ᵉ sem. 1856, suppl. sér. 11, *Bull.* 302, p. 209.

D. 19 juin 1867.... Chemin de fer de Saint-Ouen, raccordement avec la gare d'eau. Terrains réunis à la concession. — 2ᵉ sem. 1867, sér. 11, *Bull.* 1528, p. 537.

D. 10 juillet 1867.. Ouverture d'un magasin général. — 2ᵉ sem. 1867, sér. 11, *Bull.* 1528, p. 525.

CHEMIN DE FER DES MINES D'OUGNEY.

D. 14 juillet 1855.. Approuvant une convention passée pour la concession d'un chemin de fer des mines d'Ougney à la ligne de Besançon. Texte de la convention et du cahier des charges. — 2ᵉ sem. 1855, sér. 11, *Bull.* 348, p. 783. (Passé à la Méditerranée par le décret du 1ᵉʳ février 1862.)

CHEMIN DE FER DES MINES DE ROCHE-LA-MOLIÈRE.

D. 15 décembre 1855. Approuvant une convention passée pour la concession d'un chemin de fer d'embranchement des mines de Roche-la-Molière au chemin de fer Grand-Central, près de la Fouillouse. Texte de la convention et du cahier des charges. — 1ᵉʳ sem. 1856, sér. 11, *Bull.* 354, p. 82.

CHEMIN DE FER DES USINES DE FERRIÈRE-LA-GRANDE.

D. 23 avril 1859... Appprouvant une convention passée pour la concession d'un chemin de fer d'embranchement des usines de Ferrière-la-Grande au chemin de fer de Saint-Quentin à Erquelines, près de Maubeuge. Texte de la convention et du cahier des charges. — 1er sem. 1859, sér. 11, *Bull.* 693, p. 727.

CHEMIN DE FER DES MINES D'AUCHY-AU-BOIS.

D. 25 avril 1860... Autorisation de l'établissement d'un chemin de fer d'embranchement des mines d'Auchy-au-Bois à la ligne des houillères du Pas-de-Calais, près de Lillers. Texte du cahier des charges. — 1er sem. 1860, sér. 11, *Bull.* 799, p. 722.

CHEMIN DE FER DES MINES DE VENDIN-LEZ-BÉTHUNE.

D. 28 avril 1860..... Autorisation de l'établissement d'un chemin de fer d'embranchement des mines de Vendin-lez-Béthune à la ligne des houillères du Pas-de-Calais. Texte du cahier des charges. — 1er sem. 1860, sér. 11, *Bull.* 801, p. 792.

CHEMIN DE FER DES MINES DE MARLES.

D. 28 avril 1860.... Autorisation de l'établissement d'un chemin de fer d'embranchement des mines de Marles à la ligne des houillères du Pas-de-Calais, près de Chocques. Texte du cahier des charges. — 1er sem. 1860, sér. 11, *Bull.* 801, p. 807.

D. 25 juin 1864.... Autorisation de l'établissement d'un nouveau chemin de fer d'embranchement aux mines de Marles. — 2e sem. 1864, sér. 11, *Bull.* 1230, p. 185.

D. 4 août 1869.... Autorisation de l'établissement d'un nouveau chemin de fer d'embranchement. Nouveau cahier des charges. — 1er sem. 1870, sér. 11, *Bull.* 1780, p. 105.

CHEMIN DE FER DES MINES DE FERFAY.

D. 8 mai 1860. . . . .　Autorisation de l'établissement d'un chemin de fer d'embranchement des mines de Ferfay à la ligne des houillères du Pas-de-Calais, près de Lillers. Texte du cahier des charges. — 1ʳᵉ sem. 1860, sér. 11, *Bull.* 804, p. 837.

CHEMIN DE FER DES MINES DE DOURGES.

D. 8 mai 1860. . . . .　Autorisation de l'établissement d'un chemin de fer (formant deux embranchements) des mines de Dourges à la ligne des houillères du Pas-de-Calais, près d'Hénin-Liétard. Texte du cahier des charges. — 1ᵉʳ sem. 1860, sér. 11. *Bull.* 804, p. 852.

CHEMIN DE FER DES MINES DE LENS.

D. 9 mai 1860. . . . .　Autorisation de l'établissement de trois chemins de fer d'embranchement des mines de Lens à la ligne des houillères du Pas-de-Calais et au canal de la Haute-Deule. Texte du cahier des charges. — 1ᵉʳ sem. 1860, sér. 11, *Bull.* 804, p. 867.

D. 10 juillet 1862. .　Autorisation de l'établissement d'un nouveau chemin de fer d'embranchement sur une fosse des mines de Lens. — 2ᵉ sem. 1862, sér. 11, *Bull.* 1043, p. 377.

CHEMIN DE FER DES MINES DE NŒUX.

D. 26 mai 1860. . . .　Autorisation de l'établissement d'un chemin de fer d'embranchement des mines de Nœux à la ligne des houillères du Pas-de-Calais, près de Nœux. Texte du cahier des charges. — 2ᵉ sem. 1860, sér. 11, *Bull.* 840, p. 597.

D. 18 juin 1862. . . .　Autorisation de l'établissement d'un second chemin de fer d'embranchement des mines de Nœux et d'Hersin au canal de Beuvry à Gorre. — 2ᵉ sem. 1862, sér. 11, *Bull.* 1039, p. 177.

D. 20 août 1864. . . .　Prescrivant l'établissement d'un service public de marchandises sur le chemin de fer de Nœux au canal de Beuvry à Gorre. — 2ᵉ sem. 1864, sér. 11, *Bull.* 1237, p. 308.

CHEMIN DE FER DES MINES DE BRUAY.

D. 6 juillet 1860 . . .   Autorisation de l'établissement d'un chemin de fer d'embranchement
                          des mines de Bruay à la ligne des houillères du Pas-de-Calais, près
                          de Béthune. Texte du cahier des charges. — 2ᵉ sem. 1860, sér. 11,
                          Bull. 840, p. 612.

D. 13 octobre 1867 . .   Établissement d'un sous-embranchement aux mines de Bruay. — 2ᵉ sem.
                          1867, sér. 11, *Bull.* 1541, p. 672.

D. 7 août 1869 . . . .   Prorogation du délai d'exécution. — 2ᵉ sem. 1869, sér. 11, *Bull.* 1741,
                          p. 248.

CHEMIN DE FER DES MINES DE CHAMBLET.

D. 11 juillet 1860 . . . Autorisation de l'établissement d'un chemin de fer d'embranchement
                          des mines de Chamblet à la ligne de Montluçon à Moulins, près des
                          Ferrières. Texte du cahier des charges. — 2ᵉ sem. 1860, sér. 11,
                          Bull. 840, p. 627.

CHEMIN DE FER DES MINES DE CROMEY, MAZENAY ET CHANGE.

D. 28 juillet 1860 . .   Autorisation de l'établissement d'un chemin de fer d'embranchement des
                          mines de Cromey, Mazenay et Change (le Creuzot) à la ligne de
                          Chagny à Moulins. Texte du cahier des charges. — 2ᵉ sem. 1860,
                          sér. 11, *Bull.* 846, p. 738.

CHEMIN DE FER DES MINES DE PORTES ET SÉNÉCHAS.

D. 16 août 1860 . . . . Approuvant la compagnie du gaz de Marseille et des mines de Portes
                          et Sénéchas. Texte des statuts (mentionnant un embranchement de
                          chemin de fer reliant les mines à la Levade). — 2ᵉ sem. 1860, suppl.
                          sér. 11, *Bull.* 679, p. 326.

D. 17 décembre 1864.   Portant concession d'un chemin de fer d'embranchement des mines de
                          Portes et Sénéchas à la ligne de Brioude à Alais. Texte du cahier des
                          charges. — 1ᵉʳ sem. 1865, sér. 11, *Bull.* 1271, p. 109.

CHEMIN DE FER D'EMBRANCHEMENT SUR LE CANAL DE ROANNE A DIGOIN.

D. 25 août 1861.... Déclaration d'utilité publique relative à un chemin de fer d'embranchement entre le canal de Roanne à Digoin et la ligne du Bourbonnais. — 2ᵉ sem. 1861. sér. 11. *Bull.* 965, p. 477.

CHEMIN DE FER DES MINES DE FLÉCHINELLE.

D. 8 février 1862... Autorisation de l'établissement d'un chemin de fer d'embranchement des mines de Fléchinelle au canal d'Aire à la Bassée et à la ligne des houillères du Pas-de-Calais, près d'Aire. Texte du cahier des charges. — 1ᵉʳ sem. 1862, sér. 11, *Bull.* 1004, p. 309.

D. 13 novembre 1863. Prorogation du délai d'exécution du chemin de fer des mines de Fléchinelle. — 2ᵉ sem. 1863, sér. 11, *Bull.* 1159, p. 617.

D. 15 avril 1865... Nouvelle prorogation du délai d'exécution dudit chemin. — 1ᵉʳ sem. 1865, sér. 11, *Bull.* 1287, p. 543.

CHEMIN DE FER DES MINES DE LA ROCHE ET DE LA VERNADE (SAINT-ELOI).

D. 22 octobre 1862. Autorisation de l'établissement d'un chemin de fer d'embranchement des mines de la Roche et de la Vernade à la ligne de Commentry à Gannat, près de la Peyrouse. Texte du cahier des charges. — 2ᵉ sem. 1862, sér. 11, *Bull.* 1069, p. 1037.

D. 7 septembre 1863. Approuvant les statuts de la compagnie des houillères et du chemin de fer de Saint-Éloi (la Roche et la Vernade). Texte des statuts. — 2ᵉ sem. 1853, suppl. sér. 11, *Bull.* 978, p. 596.

D. 27 mars 1869... Rétrocession du chemin de fer de Saint-Éloi à la compagnie d'Orléans. — 1ᵉʳ sem. 1869, sér. 11, *Bull.* 1691, p. 292.

CHEMIN DE FER DES FORGES DE DENAIN.

D. 18 juin 1863.... Autorisation de l'établissement d'un chemin de fer d'embranchement des forges de Denain à la ligne de Busigny à Somain, près de Lourches. Texte du cahier des charges. — 2ᵉ sem. 1863, sér. 11, *Bull.* 1136, p. 25.

CHEMIN DE FER DES MINES DE CARVIN.

D. 7 octobre 1863..   Autorisation de l'établissement d'un chemin de fer d'embranchement
                      des mines de Carvin à la ligne du Nord, près de la station de Carvin.
                      Texte du cahier des charges. — 2ᵉ sem. 1863, sér. 11, *Bull.* 1153,
                      p. 421.

CHEMIN DE FER DES MINES DE LIÉVIN.

D. 11 décembre 1864. Autorisation de l'établissement d'un chemin de fer d'embranchement des
                      mines de Liévin à la ligne des houillères du Pas-de-Calais. Texte du
                      cahier des charges. — 1ᵉʳ sem. 1865, sér. 11, *Bull.* 1267, p. 5.

CHEMIN DE FER DES MINES DE CASTELLANE.

D. 1ᵉʳ juillet 1865... Autorisation de l'établissement d'un chemin de fer d'embranchement des
                      mines de Castellane à Valdonne, sur la ligne d'Aubagne à Fuveau.
                      Texte du cahier des charges. — 2ᵉ sem. 1865, sér. 11, *Bull.* 1322,
                      p. 229.

CHEMIN DE FER DES MINES DE L'ESCARPELLE.

D. 24 février 1866.. Autorisation de l'établissement d'un chemin de fer d'embranchement des
                      mines de l'Escarpelle à la ligne du Nord. Texte du cahier des charges.
                      — 1ᵉʳ sem. 1866, sér. 11, *Bull.* 1374, p. 381.

CHEMIN DE FER DU CANAL DE SAINT-DENIS A LA GARE DE PANTIN.

D. 17 janvier 1868.. Chemin de fer du canal de Saint-Denis à la gare de Pantin; convention
                      passée avec la compagnie du canal. Texte du cahier des charges. —
                      2ᵉ sem. 1868, sér. 11, *Bull.* 1607. p. 28.

CHEMIN DE FER DES MINES DE LALLE.

D. 5 mai 1869.....   Concession d'un chemin de fer d'embranchement des mines de Lalle et
                      de Rochoul à la ligne de Bességes à Alais. Texte du cahier des charges.
                      — 2ᵉ sem. 1869, sér. 11, *Bull.* 1735, p. 105.

CHEMINS DE FER SUR LA VOIE PUBLIQUE.

D. 18 février 1854.. Autorisation d'établir une ligne ferrée de Sèvres à Vincennes, avec embranchement sur Boulogne. Texte du cahier des charges. — 1er sem. 1854, sér. 11, *Bull.* 159. p. 931.

D. 15 juillet 1854.. Autorisation d'établir une ligne ferrée de Rueil à Marly. Texte du cahier des charges. — 2e sem. 1854, sér. 11, *Bull.* 208, p. 181.

D. 28 avril 1855... Autorisant l'établissement sur la voie publique, entre Sèvres et Versailles, de lignes ferrées pour services d'omnibus. Texte du cahier des charges. — 1er sem. 1855, sér. 11, *Bull.* 304, p. 1297.

D. 14 mai 1855.... Autorisant l'établissement sur la voie publique, entre Rennes et Moidrey, de lignes ferrées pour le transport des marchandises et des voyageurs. Texte du cahier des charges. — 1er sem. 1855, sér. 11, *Bull.* 297, p. 1008.

D. 15 septemb. 1856. Cession de l'entreprise des chemins à rails Sèvres-Paris-Vincennes à la compagnie générale des Omnibus, et prorogation des délais. — 2e sem. 1856, sér. 11, *Bull.* 432, p. 781.

D. 16 octobre 1856. Modification aux statuts de la compagnie générale des Omnibus, relativement aux lignes ferrées à établir sur la voie publique. — 2e sem. 1856, suppl. sér. 11, *Bull.* 328. p. 1009.

D. 26 août 1857... Autorisant l'établissement sur la voie publique, entre Clermont et Riom, d'une ligne ferrée pour service d'omnibus. Texte du cahier des charges. — 2e sem. 1857, sér. 11, *Bull.* 560, p. 981.

D. 24 mars 1858... Rapportant la concession faite pour l'établissement d'un chemin à rails de Rennes à Moidrey (voir ci-dessus D. 14 mai 1855). — 1er sem. 1858, sér. 11, *Bull.* 589, p. 460.

D. 5 décembre 1859.   Approuvant la cession de la voie ferrée de Riom à Clermont à la compagnie des *Tram-Railroads.* — 1ᵉʳ sem. 1860, sér. 11, *Bull.* 784, p. 301.

D. 1ᵉʳ février 1860..   Nouvelle concession de la ligne ferrée de Rueil à Port-Marly. — 1ᵉʳ sem. 1860, sér. 11, *Bull.* 770, p. 121.

D. 5 juin 1861.....   Modification des statuts de la compagnie générale des Omnibus (comprenant l'entreprise des lignes ferrées). — 2ᵉ sem. 1861, suppl. sér. 11, *Bull.* 735, p. 930.

D. 15 octobre 1861.   Autorisation à la compagnie des forges de Montataire d'établir des voies ferrées (pour chevaux) sur les chemins de la commune d'Outreau. Texte du cahier des charges. — 2ᵉ sem. 1861, suppl. sér. 11, *Bull.* 774, p. 785.

D. 19 mars 1862...   Ligne ferrée de Sèvres à Versailles. Substitution d'un nouveau concessionnaire. — 2ᵉ sem. 1862, sér. 11, *Bull.* 1013, p. 439.

D. 6 février 1864...   Chemins à rails de Paris à Sèvres et à Boulogne et de Sèvres à Versailles. Tarifs. — 1ᵉʳ sem. 1864, série 11, *Bull.* 1183, p. 297.

D. 27 février 1864..   Chemin à rails de Rueil à Port-Marly. Tarifs. — 1ᵉʳ sem. 1864, sér. 11, *Bull.* 1189, p. 399.

CHEMIN DE FER DU MONT-CENIS.

D. 4 novembre 1865.   Autorisant l'établissement d'un chemin de fer à locomotives sur la route impériale, entre Saint-Michel et la frontière d'Italie. Texte du cahier des charges. — 2ᵉ sem. 1865, sér. 11, *Bull.* 1338, p. 865.

TABLE CHRONOLOGIQUE

DES ACTES LÉGISLATIFS OU RÉGLEMENTAIRES MENTIONNÉS DANS LE RÉPERTOIRE

DE LA LÉGISLATION DES CHEMINS DE FER.

1823.

Pages.

O. 26 février............ Saint-Étienne à Andrézieux ; concession et conditions diverses............... 97

1824.

O. 30 juin............ Saint-Étienne à Andrézieux ; approbation du tracé..................... 97
O. 21 juillet............ Saint-Étienne à la Loire ; approbation des statuts..................... 97

1826.

O. 19 avril............ Saint-Étienne à la Loire ; modification des statuts..................... 97
O. 7 juin............ Saint-Étienne à Lyon ; approbation de l'adjudication et concession............... 97

1827.

O. 7 mars............ Saint-Étienne à Lyon ; approbation des statuts..................... 97
O. 13 juin............ Saint-Étienne à Lyon ; terrains pour une gare de bateaux................... 98

1828.

O. 27 août............ Andrézieux à Roanne ; approbation de l'adjudication et concession............... 98

1829.

O. 26 avril............ Andrézieux à Roanne (Loire) ; approbation des statuts................... 98
O. 13 décembre......... Saint-Étienne à Lyon ; conditions relatives à un pont sur la Saône............... 98

1830.

Pages.

O. 21 mars............ Andrézieux à Roanne; approbation du tracé........................ 98
O. 7 avril............ Épinac au canal de Bourgogne; concession et conditions diverses........... 151
O. 5 décembre........ Saint-Étienne à Lyon; embranchement de Perrache et tarif de la gare d'eau...... 98

1831.

O. 30 janvier........ Saint-Étienne à Lyon; établissement d'une gare à Givors............ 98
O. 28 février......... Formalité des enquêtes relatives aux travaux publics.......... 11
O. 27 avril........... Saint-Étienne à Lyon; approbation d'une partie du tracé............ 98
O. 21 août........... Toulouse à Montauban; concession..................... 128
O. 16 septembre........ Saint-Étienne à Lyon; approbation des tarifs.......... 98

1832.

L. 21 avril........... Exécution par l'État des grands travaux publics........... 9

1833.

L. 26 avril........... Montbrison à Montrond; autorisation de l'adjudication.......... 112
L. 27 juin............ Allocations pour études de chemins de fer............. 9
L. 29 juin............ Alais à Beaucaire; approbation de l'adjudication et concession......... 98
L. 7 juillet........... Sur l'expropriation pour cause d'utilité publique........... 9
O. 21 juillet........... Andrézieux à Roanne; tracé du raccordement avec le chemin de fer de Saint-Étienne
    à Andrézieux; tarif.................................. 98
O. 18 septembre........ Frais et dépens de la procédure d'expropriation 11

1834.

O. 18 février.......... Formalités des enquêtes relatives aux travaux publics......... 11
O. 16 octobre.......... Carrières du Long-Rocher au canal du Loing; concession........... 179
O. 16 novembre......... Montbrison à Montrond; mise en adjudication; cahier des charges............ 112

1835.

O. 15 février.......... Enquêtes pour travaux publics; modification des formalités......... 11
O. 22 mars............ Rétrocession des terrains expropriés restés sans destination.......... 11
L. 9 juillet........... Paris à Saint-Germain; concession; cahier des charges......... 63
O. 14 septembre........ Montbrison à Montrond; approbation de l'adjudication et concession........... 112
O. 19 octobre.......... Alais à Beaucaire; approbation du tracé......... 99
O. 24 octobre.......... Saint-Waast à Denain (Anzin); concession......... 155
O. 24 octobre.......... Abscon à Denain (Anzin); concession; extrait des cahiers des charges......... 155
O. 4 novembre......... Paris à Saint-Germain; approbation des statuts........... 63

1836.

O. 12 mai............ Alais à la Grand'Combe; concession; cahier des charges......... 99

Pages.

O. 6 juin. . . . . Villers-Cotterets au Port-aux-Perches; concession; cahier des charges. 56

L. 9 juillet. . . . . Montpellier à Cette; concession; cahier des charges. 99

L. 9 juillet. . . . . Paris à Versailles (rive droite et rive gauche); autorisation de l'adjudication. 63

O. 17 août. . . . . Anzin; tarif pour le transport des bestiaux; cahier des charges provisoire. 155

O. 17 août. . . . . Anzin; *idem*. 155

1837.

O. 31 janvier. . . . . Montbrison à Montrond; approbation des statuts. 113

O. 24 mai. . . . . Paris à Versailles (rive droite et rive gauche); approbation de l'adjudication; cahier
  des charges. 63

L. 17 juillet. . . . . Gard; prêt de l'État; texte des conventions. 99

L. 17 juillet. . . . . Bordeaux à la Teste; mise en adjudication; cahier des charges. 127

L. 17 juillet. . . . . Epinac au canal du Centre; concession; cahier des charges. 179

L. 17 juillet. . . . . Mulhouse à Thann; concession, cahier des charges. 47

O. 24 août. . . . . Commissaires de police pour la surveillance des chemins de fer. 10

O. 25 août. . . . . Paris à Versailles (rive gauche); approbation des statuts. 63

O. 16 octobre. . . . . Paris à Saint-Germain; établissement de la gare dans Paris. 64

O. 21 novembre. . . . . Paris à Versailles (rive droite); approbation des statuts. 64

O. 15 décembre. . . . . Bordeaux à la Teste; approbation de l'adjudication et concession. 127

O. 26 décembre. . . . . Le Creuzot au canal du Centre; concession; cahier des charges. 180

1838.

O. 25 février. . . . . Bordeaux à la Teste; approbation des statuts. 127

L. 6 mars. . . . . Strasbourg à Bâle; concession; cahier des charges. 47

O. 14 mai. . . . . Strasbourg à Bâle; approbation des statuts. 47

O. 31 mai. . . . . Règlement sur la comptabilité publique. 10

L. 3 juillet. . . . . Impôt sur le prix de transport des voyageurs. 10

O. 3 juillet. . . . . Paris à Saint-Germain; gare de Paris; approbation du projet. 64

O. 4 juillet. . . . . Montpellier à Cette; approbation des statuts. 99

L. 6 juillet. . . . . Paris au Havre (plateaux); concession, cahier des charges et conventions. 64

L. 7 juillet. . . . . Paris à Orléans et embranchements; concession; cahier des charges et conventions. 81. 99

L. 9 juillet. . . . . Lille à Dunkerque; concession; cahier des charges. 34

LL. 25 juillet. . . . . Mines de Fins et de Montet à l'Allier; concession; cahier des charges. 180

O. 13 août. . . . . Paris au Havre (plateaux); approbation des statuts. 64

O. 13 août. . . . . Paris à Orléans; approbation des statuts. 81

O. 23 décembre. . . . . Conseil général des ponts et chaussées; section des chemins de fer. 10

1839.

O. 27 mars. . . . . Paris à Saint-Germain; gare de Paris; modification. 64

O. 22 juillet. . . . . Épreuves des chaudières tubulaires. 13

L. 26 juillet. . . . . Lille à Dunkerque; abrogation de la concession. 35

L. 1er août. . . . . Paris au Havre (plateaux); abrogation de la concession. 65

L. 1er août. . . . . Paris à Versailles (rive gauche); autorisation d'un prêt de l'État; prorogation des
  délais d'exécution. 64

L. 1er août. . . . . Paris à Orléans; modification du cahier des charges et de la concession. 81

L. 1er août. . . . . Bordeaux à la Teste; modification au cahier des charges. 127

L. 9 août. . . . . Cahiers des charges; autorisation d'y introduire des modifications. 10

O. 16 septembre. . . . . Paris à Saint-Germain; modification des statuts. 64

1840.

Pages.

O. 7 mai. . . . . Le Creuzot au canal du Centre; autorisation d'établir un port. 180
L. 6 juin. . . . . Création d'une deuxième section au budget des travaux publics. 12
O. 28 juin. . . . . Paris à Rouen; approbation des statuts. 64
L. 15 juillet. . . . . Paris à Orléans (garantie d'intérêt et nouveau cahier des charges); Strasbourg à
Bâle, Andrézieux à Roanne (prêts de l'État); Montpellier à Nimes; Nord (alloca-
tion). Dispositions générales. 10, 33, 47, 81, 99
L. 15 juillet. . . . . Paris à Rouen; concession; autorisation d'un prêt de l'État; cahier des charges. . . . 64
O. 9 août. . . . . Saint-Étienne à la Loire; modification du tracé. 100
O. 7 septembre. . . . . Saint-Étienne à Lyon; établissement d'une deuxième voie. 100
O. 16 octobre. . . . . Strasbourg à Bâle; prêt de l'État; approbation de la convention. 48
O. 29 octobre. . . . . Strasbourg à Bâle; approbation d'un nouveau cahier des charges. 48
O. 20 décembre. . . . . Chemin à rails de bois près de l'Adour; cahier des charges. 179

1841.

O. 31 janvier. . . . . Texte du Code de commerce. 10
O. 31 janvier. . . . . Paris à Orléans; approbation des nouveaux statuts. 82
O. 31 janvier. . . . . Anzin; prolongement du chemin de fer. 155
O. 17 mars. . . . . Paris à Rouen; modification des statuts. 65
L. 3 mai. . . . . Expropriation pour cause d'utilité publique. 10
O. 19 mai. . . . . Andrézieux à Roanne; approbation des nouveaux statuts. 100
L. 13 juin. . . . . Bordeaux à la Teste; prorogation de la concession. 127
L. 25 juin. . . . . Faculté d'ouvrir des crédits supplémentaires pour chemins de fer. 12
O. 20 juillet. . . . . Strasbourg à Bâle; crédit pour les travaux. 48
O. 12 septembre. . . . . Decize au canal de Nivernais; concession. 180
O. 28 septembre. . . . . Andrézieux à Roanne; prêt de l'État; approbation de la convention. 100
O. 29 octobre. . . . . Strasbourg à Bâle; crédit pour les travaux. 48
O. 23 décembre. . . . . Strasbourg à Bâle; crédit pour les travaux. 48

1842.

L. 23 mars. . . . . Police de la grande voirie. 11
O. 17 mai. . . . . Mines de Decize; approbation des statuts. 180
L. 11 juin. . . . . Établissement de grandes lignes de chemins de fer; conditions d'exécution; alloca-
tions et crédits. 11, 33, 48, 82, 100, 128
L. 11 juin. . . . . Rouen au Havre; concession; prêt de l'État; cahier des charges. 65
O. 22 juin. . . . . Chemins à rails de bois; prolongement jusqu'à l'Adour. 179
O. 22 juin. . . . . Création de cinq inspections de chemins de fer; dispositions réglementaires. 11
O. 22 juin. . . . . Formation d'une commission supérieure des tracés pour l'établissement des chemins
de fer. 11
O. 22 juin. . . . . Formation d'une commission de statistique pour les questions de chemins de fer. . . 11
O. 12 septembre. . . . . Le Creuzot; transport de voyageurs, tarifs. 180
O. 15 septembre. . . . . Lille et Valenciennes à la frontière; exploitation par l'État; tarifs. 34
O. 22 octobre. . . . . Paris à Orléans; autorisation de contracter un emprunt. 82
O. 5 novembre. . . . . Lille et Valenciennes à la frontière; tarif. 34
O. 15 décembre. . . . . Paris à Rouen; crédit. 65

1843.

O. 2 janvier. . . . . Paris à Rouen; crédit. 65

Pages.

O. 6 janvier. . . . . Lille et Valenciennes à la frontière; crédit pour l'exploitation. 34
O. 13 janvier. . . . . Paris à Rouen; prêt de l'État; approbation de la convention. 65
O. 29 janvier. . . . . Rouen au Havre; approbation des statuts. 65
O. 12 février. . . . . Paris à Rouen; crédit. 65
O. 2 avril. . . . . Embranchement des mines de Montrambert; concession; cahier des charges. 181
O. 22 mai. . . . . Règlement sur l'établissement des machines à vapeur. 13
O. 25 juin. . . . . Lille à la frontière; tarifs pour le transport des voyageurs et des bagages. 34
L. 2 juillet. . . . . Paris à Rouen; crédit. 65
L. 24 juillet. . . . . Avignon à Marseille; concession; subvention de l'État, cahier des charges. 100
O. 29 août. . . . . Avignon à Marseille; approbation des statuts. 100
O. 20 octobre. . . . . Paris à Orléans; formes à suivre pour les justifications financières. 82
O. 20 octobre. . . . . Strasbourg à Bâle; formes à suivre pour les justifications financières. 48
O. 9 décembre. . . . . Lille et Valenciennes à la frontière; tarif pour les voyageurs et les marchandises. . . . 34

1844.

O. 27 janvier. . . . . Saint-Étienne à Andrézieux; modification du tracé. 100
O. 16 février. . . . . Mines de Commentry au canal du Berry; concession; cahier des charges. 181
O. 22 mai. . . . . Lille et Valenciennes à la frontière; modification des tarifs. 34
O. 15 juin. . . . . Modification aux ordonnances relatives aux machines à vapeur. 13
O. 4 juillet. . . . . Embranchement des mines de Montrambert; raccordement avec le chemin de Saint-
    Étienne à Lyon. 181
L. 5 juillet. . . . . Nord; subvention de la ville de Douai. 34
L. 7 juillet. . . . . Montpellier à Nimes; mise en adjudication; cahier des charges. 100
L. 26 juillet. . . . . Orléans à Bordeaux; allocation; mise en adjudication; cahier des charges. 82
L. 26 juillet. . . . . Chemin du Centre sur Clermont et sur Limoges; allocation, mise en adjudication;
    cahier des charges. 82, 101
L. 26 juillet. . . . . Tours à Nantes; allocations et crédit. 83
L. 26 juillet. . . . . Chemin du Nord; allocation; Amiens à Boulogne; autorisation de l'adjudication. . . . 34
L. 26 juillet. . . . . Paris à Lyon; allocation, Montereau à Troyes, autorisation de l'adjudication. 48, 101
L. 26 juillet. . . . . Paris à Rennes; allocations et crédits; Versailles à Chartres. 66
O. 28 juillet. . . . . Paris à Rouen; approbation de la convention relative à un prêt supplémentaire. . . . 66
O. 28 juillet. . . . . Rouen au Havre; approbation de la convention relative au prêt de l'État. 66
L. 2 août. . . . . Paris à Strasbourg; embranchement sur Metz et sur Reims; allocation. 48
L. 5 août. . . . . Lille et Valenciennes à la frontière; crédits pour l'exploitation et la liquidation des
    entreprises. 35
L. 5 août. . . . . Chemin atmosphérique; crédit. 66
L. 5 août. . . . . Paris à Sceaux; autorisation de concéder; cahier des charges. 83
O. 6 septembre. . . . . Paris à Sceaux; concession; texte de la convention. 83
O. 9 septembre. . . . . Amiens à Boulogne; autorisation de mise en adjudication; cahier des charges. 35
O. 22 septembre. . . . . . . Paris à Rouen; Marseille à Avignon; crédit pour la surveillance. 66, 101
O. 24 octobre. . . . . Orléans à Bordeaux; approbation de l'adjudication et concession. 83
O. 24 octobre. . . . . Centre; approbation de l'adjudication et concession. 83
O. 24 octobre. . . . . Amiens à Boulogne; approbation de l'adjudication. 35
O. 1er novembre. . . . . Montpellier à Nimes; approbation de l'adjudication. 101
O. 2 novembre. . . . . Chemin atmosphérique; concession; texte de la convention. 66
O. 5 décembre. . . . . Marseille à Avignon; crédit pour la surveillance. 101
O. 14 décembre. . . . . Administration centrale des travaux publics; organisation. 13
O. 14 décembre. . . . . Montereau à Troyes; mise en adjudication, cahier des charges. 49

1845.

Pages.

O. 25 janvier............   Montereau à Troyes; approbation de l'adjudication.......................   49
O. 23 février............   Paris à Sceaux; approbation des statuts................................   83
O. 8 mars............   Vireux à la frontière; concession; cahier des charges..................   160
O. 13 avril............   Chemin du Centre; approbation des statuts............................   83
O. 22 avril............   Montpellier à Nîmes; approbation des statuts..........................   101
O. 16 mai............   Orléans à Bordeaux; approbation des statuts..........................   84
O. 29 mai............   Montereau à Troyes; approbation des statuts..........................   49
O. 29 mai............   Amiens à Boulogne; approbation des statuts............................   35
L. 15 juillet............   Police des chemins de fer..   13
L. 15 juillet............   Nord; Creil à Saint-Quentin, Fampoux à Hazebrouck; mise en adjudication; cahiers
            des charges...   13, 35
L. 16 juillet............   Paris à Lyon, Lyon à Avignon (anciennes compagnies); mise en adjudication;
            cahiers des charges.....................................   101, 103, 105
L. 19 juillet............   Ville d'Aix; subvention pour l'embranchement du chemin de fer..............   102
L. 19 juillet............   Tours à Nantes, Paris à Strasbourg; mise en adjudication; cahier des charges.....   49, 84
L. 19 juillet............   Embranchements de Dieppe et de Fécamp; embranchement d'Aix; mise en adjudi-
            cation; cahier des charges.................................   66, 102
L. 19 juillet............   Abrogation des remboursements à la charge des départements et des communes....   13
L. 19 juillet............   Nord; subvention de la ville de Lille....................................   36
O. 23 juillet............   Paris à Rouen; modification des statuts................................   67
O. 1er août............   Études de chemins de fer; crédit..   14
O. 21 août............   Chemins de fer exécutés par l'État; crédit pour l'exploitation..............   14
O. 10 septembre............   Nord; approbation de l'adjudication et concession......................   36
O. 10 septembre............   Fampoux à Hazebrouck; approbation de l'adjudication et concession........   36
O. 18 septembre............   Dieppe et Fécamp; concession; texte de la convention....................   67
O. 18 septembre............   Marseille à Avignon, Montpellier à Cette, Paris à Rouen; crédit pour surveillance.   67, 102
O. 20 septembre............   Nord; approbation des statuts..   36
O. 20 septembre............   Paris à Saint-Germain; approbation des statuts..........................   67
O. 22 septembre............   Fampoux à Hazebrouck; approbation des statuts........................   36
O. 14 octobre............   Dieppe et Fécamp; approbation des statuts..............................   67
O. 14 octobre............   Études de chemins de fer; crédit..   14
O. 18 novembre............   Paris à Orléans; modification des statuts..............................   84
O. 27 novembre............   Paris à Strasbourg; approbation de l'adjudication........................   49
O. 27 novembre............   Tours à Nantes; approbation de l'adjudication..........................   84
O. 27 novembre............   Chemin du Centre; crédit pour les travaux..............................   84
O. 29 novembre............   Paris à Rouen, Rouen au Havre; crédits pour prêts et subventions..........   67
O. 17 décembre............   Paris à Strasbourg; approbation des statuts............................   49
O. 17 décembre............   Tours à Nantes; approbation des statuts................................   84
O. 21 décembre............   Paris à Lyon; approbation de l'adjudication et concession................   103
O. 29 décembre............   Creil à Saint-Quentin; approbation de l'adjudication et concession..........   36

1846.

O. 10 janvier............   Asnières à Argenteuil; concession; cahier des charges....................   67
O. 1er mars............   Paris à Lyon; approbation des statuts..................................   103
O. 24 avril............   Creil à Saint-Quentin; approbation des statuts..........................   37
O. 11 juin............   Lyon à Avignon; approbation de l'adjudication et concession..............   106
L. 21 juin............   Bordeaux à Cette (ancienne compagnie); concession; cahier des charges........   49, 128

L. 21 juin............ Paris à Cherbourg, Versailles à Rennes et embranchement; autorisation de concéder; cahiers des charges............................ 67
L. 21 juin............ Chemin du Centre; prolongements et embranchement sur Nevers; crédits......... 84
L. 21 juin............ Saint-Dizier à Gray; autorisation de concéder; cahier des charges............. 49
L. 21 juin............ Dijon à Besançon et embranchements, Dôle à Salins; autorisation de concéder; cahier des charges............................ 102
O. 1er juillet......... Embranchement de Castres, concession; texte de la convention............... 129
L. 3 juillet.......... Orléans à Vierzon, Montpellier à Nîmes, crédits pour travaux........... 84, 102
O. 24 septembre....... Bordeaux à Cette; approbation des statuts............................. 129
O. 8 octobre.......... Saint-Étienne à Lyon; établissement de trois ports secs................. 103
O. 8 octobre.......... Anzin; prolongement sur Somain............................... 153
O. 15 novembre........ Règlement sur la police, la sûreté et l'exploitation des chemins de fer......... 14
O. 2 décembre......... Nord, Orléans à Bordeaux. Bureaux de poste ambulants; crédit........... 37, 84

1847.

O. 2 janvier.......... Lyon à Avignon, approbation des statuts............................. 106
O. 2 janvier.......... Rouen au Havre; modification des statuts............................. 68
O. 19 mars........... Prorogation du délai fixé pour la régularisation des anciens tarifs........... 14
O. 1er avril.......... Creil à Saint-Quentin; fusion avec la compagnie du Nord; texte du traité....... 37
O. 6 avril........... Institution d'une commission générale des chemins de fer................. 14
L. 6 juin............ Mode de restitution des cautionnements des compagnies................. 14
O. 26 juillet......... Prorogation du délai fixé pour la régularisation des anciens tarifs........... 14
L. 8 août............ Crédits supplémentaires et extraordinaires......................... 15
L. 9 août............ Paris à Lille, Avignon à Marseille, Orléans à Vierzon; allocations et crédits... 37, 85, 103
L. 9 août............ Paris à Lyon; modification du cahier des charges...................... 103
L. 9 août............ Montereau à Troyes; autorisation d'un prêt de l'État................... 49
L. 9 août............ Embranchements de Dieppe et de Fécamp; prorogation des délais d'exécution.... 68
L. 9 août............ Versailles à Chartres; crédit pour la pose de la voie................... 68
O. 11 septembre....... Paris à Lyon; modification du cahier des charges; texte de la convention....... 103
O. 11 septembre....... Montereau à Troyes; réalisation du prêt de l'État; texte de la convention...... 50
O. 11 septembre....... Traversée de Lyon; crédit pour les travaux......................... 103
O. 11 septembre....... Montereau à Troyes; prêt de l'État; crédit......................... 50
O. 13 novembre........ Marseille à Avignon; autorisation d'un emprunt..................... 103

1848.

A. 27 février......... Proclamation relative aux chemins de fer........................... 15
A. 27 février......... Paris à Orsay, Versailles à Chartres; travaux..................... 68, 85
D. 20 mars........... Paris à Orléans; voitures couvertes de 3e classe..................... 85
D. 30 mars........... Paris à Orléans, Centre; nomination de commissaires extraordinaires......... 85
D. 4 avril........... Paris à Orléans, Centre; séquestre.............................. 85
D. 24 avril.......... Paris à Strasbourg; crédit pour les travaux........................ 50
D. 10 juin........... Tours à Nantes; crédit pour les travaux.......................... 85
D. 16 juin........... Versailles à Chartres; crédit pour le matériel roulant................. 68
A. 29 juillet......... Institution d'une commission centrale des chemins de fer................ 15
D. 17 août........... Paris à Lyon; reprise de possession par l'État...................... 103
D. 4 septembre........ Paris à Lyon; délai accordé pour les versements des actionnaires........... 103
A. 30 octobre......... Bordeaux à la Teste; séquestre............................... 128
L. 17 novembre........ Bordeaux à la Teste; crédits pour l'exploitation..................... 128
L. 17 novembre........ Centre; crédits pour les travaux.............................. 85

Pages.

D. 17 novembre............ Montereau à Troyes; exploitation d'une partie du chemin de Lyon.................... 80, 104
A. 21 novembre............ Marseille à Avignon; séquestre.................... 104
L. 4 décembre............ Embranchement de Nevers; autorisation de concéder.................... 104
C^{on} 9 décembre............ Centre; concession de l'embranchement de Nevers.................... 104
L. 28 décembre............ Paris à Sceaux; crédit pour l'exploitation.................... 85
A. 29 décembre............ Paris à Sceaux; séquestre.................... 85
A. 31 décembre............ France, Belgique et Prusse; règlement du service international par chemins de fer. 15

1849.

A. 20 janvier............ Commission centrale des chemins de fer.................... 15
L. 2 février............ Marseille à Avignon; crédit pour les travaux, etc.................... 104
L. 21 avril............ Versailles à la Loupe; exploitation par l'État; crédit, etc.................... 68
A. 6 mai............ Chemins de fer; crédit pour surveillance.................... 15
A. 6 mai............ Saint-Étienne à Andréziens; modification des statuts.................... 104
L. 7 mai............ Tours à Nantes; crédit pour les travaux.................... 85
L. 7 mai............ Centre; crédit pour les travaux.................... 86
L. 7 mai............ Montpellier à Nîmes; crédit pour la liquidation des travaux.................... 104
L. 10 mai............ Paris à Lyon; exploitation par l'État; crédit, etc.................... 104
D. 26 mai............ Règlement intérieur du Conseil d'État.................... 15
L. 8 août............ Paris à Lyon; crédit pour les travaux.................... 105
L. 23 octobre, 10 et 19 nov.. Marseille à Avignon; garantie d'intérêt accordée à son emprunt.................... 105

1850.

D. 18 février............ Embranchement des mines d'Aniche; concession; cahier des charges.................... 181
L. 27 février............ Institution des commissaires de surveillance des chemins de fer.................... 15
L. 6 avril............ Paris à Sceaux; crédit pour l'exploitation.................... 86
L. 7 mai............ Paris à Strasbourg; crédit pour les travaux.................... 50
D. 10 mai............ Marseille à Avignon; autorisation d'un emprunt.................... 105
D. 13 mai............ Marseille à Avignon; convention relative à la garantie d'intérêt.................... 105
D. 22 mai............ Dieppe et Fécamp; modification des statuts.................... 68
L. 1er juin............ Bordeaux à la Teste; crédit pour l'exploitation.................... 128
L. 5 juin............ Impôt de timbre sur les titres d'actions et d'obligations.................... 15
D. 2 juillet............ Houillères et chemins de fer d'Épinac; approbation des statuts.................... 151
D. 17 juillet............ Sous-comptoir des chemins de fer; approbation des statuts.................... 19
L. 6 août............ Tours à Nantes, Orléans à Bordeaux; prorogation et modification des concessions.. 86
D. 2 septembre............ Marseille à Avignon; formes des justifications financières.................... 105
D. 18 octobre............ Tours à Nantes; convention relative à la modification des concessions.................... 86
D. 18 octobre............ Orléans à Bordeaux; convention relative à la modification des concessions.................... 86
D. 14 novembre............ Paris à Sceaux; levée du séquestre.................... 86
L. 25 novembre............ Relative à la publication des comptes rendus des travaux des ponts et chaussées, etc.. 16

1851.

D. 27 mars............ Commissaires de surveillance administrative; conditions diverses.................... 16
L. 24 avril, 3 et 13 mai... Ouest; autorisation de concéder; cahier des charges.................... 68
D. 28 avril............ Paris à Rouen; modification des statuts.................... 69
L. 30 juin............ Orléans à Bordeaux, Paris à Strasbourg; allocations pour travaux.................... 50, 86
D. 16 juillet............ Ouest; concession; conventions diverses.................... 69

Pages.

L. 6 août............ Paris à Lyon, Lyon à Avignon ; crédits pour les travaux........ 105
L. 7 août............ Crédit pour chemin de fer........ 16
D. 13 octobre............ Règlement sur le service des ponts et chaussées........ 16
L. 26 novembre............ Paris à Lyon ; crédits pour les travaux........ 105
L. 1er décembre............ Lyon à Avignon ; autorisation de concéder ; cahier des charges........ 105
D. 9 décembre............ Lyon à Avignon ; modification du cahier des charges........ 106
D. 10 décembre............ Nord, Paris à Strasbourg ; raccordement de leurs gares de marchandises à Paris ; cahier des charges........ 37, 50
D. 10 décembre............ Chemin de fer de Ceinture ; autorisation de concéder ; cahier des charges........ 138
D. 11 décembre............ Chemin de fer de Ceinture ; concession ; texte de la convention........ 138
D. 16 décembre............ Lyon à Avignon ; modification du cahier des charges........ 106
D. 18 décembre............ Commission consultative des chemins de fer........ 16
D. 24 décembre............ Règlement sur le service des mines........ 16

1852.

D. 3 janvier............ Lyon à Avignon ; approbation de l'adjudication et concession........ 106
D. 5 janvier............ Paris à Lyon ; autorisation de concéder ; cahier des charges........ 106
D. 5 janvier............ Paris à Lyon ; concession ; texte de la convention........ 106
D. 9 janvier............ Avignon à Marseille ; somme affectée à la garantie d'intérêt........ 107
D. 22 janvier............ Ouest ; crédit pour les travaux........ 69
D. 22 janvier............ Lyon à Avignon ; Ceinture ; crédits pour les travaux........ 107, 138
D. 27 janvier............ Ouest ; approbation des statuts........ 69
D. 30 janvier............ Règlement intérieur du Conseil d'État........ 16
D. 12 février............ Dijon à Besançon et embranchement ; autorisation de concéder ; cahier des charges........ 107
D. 12 février............ Dijon à Besançon et embranchement ; concession........ 107
D. 12 février............ Dôle à Salins ; autorisation de concéder ; cahier des charges........ 107
D. 12 février............ Dôle à Salins ; concession ; texte de la convention........ 107
D. 18 février............ Garantie accordée au sous-comptoir des chemins de fer........ 19
D. 19 février............ Nord ; fusion d'Amiens à Boulogne ; concessions diverses ; texte de la convention........ 37, 51
D. 25 février............ Vireux à la frontière ; prorogation des délais d'exécution........ 160
D. 25 février............ Strasbourg à Wissembourg ; autorisation de concéder ; cahier des charges........ 51
D. 25 février............ Strasbourg à Wissembourg ; concession ; texte de la convention........ 51
D. 25 février............ Paris à Strasbourg ; crédits pour les travaux........ 51
D. 10 mars............ Paris à Lyon ; approbation des statuts........ 107
D. 22 mars............ Commissaires de surveillance ; abrogation d'un règlement antérieur........ 16
D. 24 mars............ Saint-Étienne à Lyon ; distances applicables à certains tarifs........ 107
D. 25 mars............ Metz à Thionville ; concession ; texte de la convention........ 52
D. 26 mars............ Paris à Orléans ; nouvelle répartition de l'amortissement........ 86
D. 26 mars............ Blesme à Gray ; autorisation de concéder ; cahier des charges........ 51
D. 26 mars............ Blesme à Gray ; concession ; texte des conventions........ 51
D. 27 mars............ Lyon à Avignon ; approbation des statuts........ 107
D. 27 mars............ Orléans ; fusion du Centre, de Bordeaux et de Nantes ; concessions diverses ; texte des conventions et traités........ 87, 107
D. 27 mars............ Montereau à Troyes ; prorogation de la concession, etc........ 51
D. 27 mars............ Surveillance de l'Administration publique sur le personnel employé dans les chemins de fer........ 16
D. 27 mars............ Graissessac à Béziers ; autorisation de concéder ; cahier des charges........ 138
D. 27 mars............ Graissessac à Béziers ; concession ; texte de la convention........ 138
D. 25 mai............ Strasbourg à Wissembourg ; convention internationale avec la Bavière........ 51
D. 4 juin............ Blesme à Gray ; approbation des statuts........ 52

Pages.

L. 8 juillet............ Fusion de Lyon à Avignon, Marseille à Avignon, Gard, etc.; concessions diverses; texte des conventions; cahier des charges.................... 107
L. 8 juillet............ Bordeaux à Cette et canal latéral; autorisation de concéder; cahier des charges.... 128
L. 8 juillet............ Paris à Cherbourg, Mézidon au Mans; autorisation de concéder; cahiers des charges. 69
D. 26 juillet............ Inspecteurs de l'exploitation commerciale; attributions, etc........ 16
D. 28 juillet............ Provins aux Ormes; concession; texte de la convention; cahier des charges........ 53
D. 28 juillet............ Lyon à Avignon; formes à suivre pour les justifications financières............. 108
D. 28 juillet............ Blesmes à Gray; formes à suivre pour les justifications financières........... 52
D. 30 juillet............ Mulhouse à Thann; approbation des statuts............ 52
D. 5 août............ Marseille à Avignon; levée du séquestre............ 108
D. 18 août............ Chemin de fer d'Auteuil; concession; texte de la convention........ 69
D. 24 août............ Bordeaux à Cette et embranchement; concession; texte de la convention; cahier des charges des embranchements............ 129
D. 31 août............ Dijon à Besançon; formes à suivre pour les justifications financières............ 108
D. 10 septembre............ Sous-comptoir des chemins de fer; modification des statuts............ 19
D. 11 septembre............ Paris à Caen et Cherbourg; approbation des statuts............ 70
D. 11 septembre............ Dijon à Besançon; approbation des statuts............ 108
D. 27 septembre............ Paris à Orléans; approbation des nouveaux statuts............ 87
D. 18 octobre............ Dôle à Salins; convention relative à la garantie d'intérêt............ 108
D. 6 novembre............ Midi; approbation des statuts............ 129
D. 18 novembre............ Lyon à la Méditerranée; approbation des nouveaux statuts............ 108
D. 27 novembre............ Convocation relative à une subvention du département du Nord............ 38
D. 8 décembre............ Dijon à Besançon; convention relative à la garantie d'intérêt............ 108
S.-C. 25 décembre............ Forme constitutionnelle des autorisations de chemins de fer............ 17

1853.

D. 22 janvier............ Chemin de Ceinture; formation d'un syndicat............ 138
D. 25 janvier............ Règlement pour le transit international avec la Belgique............ 17, 37
D. 29 janvier............ Ouest; modification des statuts............ 70
D. 13 février............ Paris à Cherbourg, Bordeaux à Cette; crédits............ 70, 129
D. 26 février............ Graissessac à Béziers; approbation des statuts............ 129
D. 6 mars............ Fampoux, Lyon à Avignon, Bordeaux à Cette; restitution de moitié des cautionnements............ 36, 106, 129
D. 24 mars............ Bordeaux à Bayonne; Narbonne à Perpignan; concession............ 129
D. 15 avril............ Strasbourg à Bâle; modification des statuts............ 52
D. 21 avril............ Grand-Central; concession; texte de la convention; cahier des charges............ 87, 108
D. 30 avril............ Lyon à Genève et embranchement; concession; texte de la convention............ 108
D. 30 avril............ Paris à Sceaux; concession de Bourg-la-Reine à Orsay............ 87
D. 7 mai............ Saint-Rambert à Grenoble; concession; texte de la convention............ 109
D. 9 mai............ Paris à Lyon; convention relative à la garantie d'intérêt............ 109
D. 9 mai............ Dijon à Besançon; formes à suivre pour les justifications financières............ 109
D. 17 mai............ Jonction de Rhône et Loire; concession............ 109
L. 28 mai............ Embranchements de Narbonne et de Perpignan; engagements du Trésor; texte de la convention; cahier des charges............ 130
L. 4 juin............ Ville de Rochefort; subvention à la compagnie d'Orléans............ 87
L. 7 juin............ Ville de la Rochelle; subvention à la compagnie d'Orléans............ 87
L. 7 juin............ Ville de Poitiers; subvention à la compagnie d'Orléans............ 87
L. 10 juin............ Département des Deux-Sèvres; subvention à la compagnie d'Orléans............ 88
L. 10 juin............ Département de la Vienne; subvention à la compagnie d'Orléans............ 88
L. 10 juin............ Interdiction, dans certains cas, de la négociation des actions de chemins de fer............ 17

Pages.

L. 10 juin............. Lyon à Genève; engagement du Trésor; cahier des charges.................. 109
L. 10 juin............. Jonction de Rhône et Loire; engagement du Trésor; texte de la convention; cahier
    des charges.. 109
L. 10 juin............. Saint-Rambert à Grenoble; engagements du Trésor; cahier des charges......... 109
L. 10 juin............. Bourg-la-Reine à Orsay; engagements du Trésor; texte de la convention; cahier des
    charges.. 88
L. 10 juin............. Département de la Charente-Inférieure; subvention à la compagnie d'Orléans...... 88
D. 16 juin .... Saint-Étienne à Lyon; modification des statuts..................... 109
D. 20 juillet........... Ardennes. Reims à Mézières, etc.; concession; texte de la convention; cahier des
    charges... 52
D. 27 juillet........... Blesme à Gray; convention relative à la garantie d'intérêt.................. 52
D. 27 juillet........... Embranchement des mines de Sorbier; concession; cahier des charges.......... 182
D. 30 juillet........... Grand-Central; approbation des statuts....................... 88
D. 6 août............. Lyon à Genève; approbation des statuts...................... 109
D. 10 août............ Saint-Étienne à la Loire; modification des statuts................... 110
D. 13 août............ Nord; concession de Paris à Creil; texte de la convention............. 38
D. 16 août............ Commission mixte des travaux publics...................... 17
D. 17 août............ Paris à Lyon; embranchement d'Auxerre; concession; texte de la convention...... 110
D. 17 août............ Besançon à Belfort; concession; texte de la convention............... 52
D. 17 août............ Paris à Orléans, Tours au Mans, Nantes à Saint-Nazaire; concession; texte de la
    convention.. 88
D. 17 août............ Strasbourg à Bâle; modification des statuts..................... 52
D. 17 août............ Est; concession de Paris à Mulhouse; fusion de Blesme à Gray, etc.; cahier des
    charges; convention et traité................................ 52
D. 18 août............ Paris à Lyon; formes à suivre pour les justifications financières................ 110
D. 18 août............ Chemin du Centre; Clermont à Nevers, Châteauroux à Limoges; crédits......... 110
D. 1ᵉʳ septembre......... Bordeaux à la Teste; levée du séquestre..................... 130
D. 2 septembre......... Mesure relative au transport des denrées alimentaires................. 17
D. 17 septembre......... Paris à Saint Germain; modification des statuts.................... 70
D. 25 septembre......... Paris à Cherbourg; formes à suivre pour les justifications financières........... 70
D. 25 septembre......... Mézidon au Mans; formes à suivre pour les justifications financières........... 70
D. 30 septembre......... Jonction de Rhône et Loire; approbation des statuts.................. 110
D. 12 octobre........... Paris à Sceaux; modification des statuts....................... 88
D. 12 octobre........... Provins aux Ormes; approbation des statuts..................... 53
D. 14 novembre......... Création de la direction générale des chemins de fer................. 17
D. 22 novembre......... Droits sur les houilles et fers étrangers....................... 17
D. 3 décembre.......... Prorogation relative au transport des denrées alimentaires.............. 17
D. 26 décembre......... Grand-Central; fusion de Rhône et Loire; cahier des charges supplémentaire..... 89, 110

1854.

D. 11 janvier.......... Lyon à la Méditerranée; crédit pour subvention.................. 110
D. 21 janvier.......... Est; approbation des nouveaux statuts....................... 52
D. 18 février.......... Chemin à rails de Sèvres à Vincennes; cahier des charges............... 189
D. 18 février.......... Saint-Rambert à Grenoble; approbation des statuts.................. 110
D. 4 mars............ Carmaux à Albi; concession; texte de la convention; cahier des charges......... 130
D. 20 avril............ Strasbourg à Bâle; fusion avec la compagnie de l'Est; embranchement de Kehl;
    concession; convention et cahier des charges supplémentaire............... 52
D. 20 avril............ Paris à Lyon; fusion de Dijon à Besançon; concession diverses : Dôle à Chalon, etc.;
    cahier des charges...................................... 110
L. 29 avril............ Département des Deux-Sèvres; subvention à la compagnie d'Orléans........... 89

Pages.

D. 15 mai.............. Grand-Central; modification des statuts...................... 89
L. 23 mai.............. Département du Nord; subvention à la compagnie du Nord.............. 38
D. 7 juin.............. Bességes à Alais; concession; texte de la convention; cahier des charges.......... 111
D. 7 juin.............. Ouest; souterrain des Batignolles; déclaration d'utilité publique................ 70
D. 17 juin............. Inspecteurs généraux des ponts et chaussées et composition du conseil général des
 ponts et chaussées........................... 17
D. 17 juin............. Création des inspecteurs généraux des chemins de fer.................. 17
D. 19 juin............. Paris à Lyon; modification des statuts..................... 111
D. 24 juin............. Prorogation relative au transport des denrées alimentaires................ 17
D. 24 juin............. Département de l'Aube; service de la garantie de Montereau à Troyes........... 53
L. 29 juin............. Département du Calvados; subvention à la compagnie de l'Ouest.............. 70
L. 29 juin............. Ville de Cambrai; subvention à la compagnie du Nord................. 38
D. 15 juillet........... Chemin à rails de Rueil à Marly; cahier des charges.................. 189
D. 17 juillet........... Rouen au Havre; modification des statuts..................... 70
D. 5 août.............. Mulhouse à Thann; modification des statuts.................... 53
D. 19 août............. Hautmont à la frontière; concession; texte de la convention; cahier des charges.... 38
D. 19 août............. Agde à Pézénas; concession; cahier des charges supplémentaire................ 130
D. 7 octobre........... Prorogation relative au transport des denrées alimentaires................ 17
D. 17 octobre.......... Montluçon à Moulins; concession; texte de la convention; cahier des charges..... 89
D. 17 octobre.......... Noyelles à Saint-Valery; concession...................... 38
D. 25 octobre.......... Paris à Cherbourg; crédit pour subvention.................... 70
D. 28 octobre.......... Embranchement de l'usine de Bourdon; concession; cahier des charges.......... 182
D. 18 novembre........ Nord et Midi; autorisation d'importer des rails étrangers............ 38, 130
D. 24 novembre........ Embranchement des mines de Montieux; concession; cahier des charges.......... 182

1855.

D. 13 janvier.......... Saint-Rambert à Grenoble; convention relative à la garantie d'intérêt............ 111
D. 13 janvier.......... Paris à Lyon; terrains compris dans la concession................. 111
D. 18 janvier.......... Est; embranchement de Provins et des Ormes; approbation du tracé.......... 53
D. 19 janvier.......... Ouest; embranchement de Saint-Lô; approbation du tracé............. 70
D. 3 février........... Méditerranée; convention relative à l'exécution de la ligne de Marseille à Toulon.... 111
D. 13 février.......... Midi; convention relative à la subvention.................... 130
D. 22 février.......... Service de police spéciale pour la surveillance des chemins de fer............ 18
D. 24 février.......... Méditerranée; convention relative à la garantie d'intérêt............... 111
D. 27 février.......... Lyon à Genève; convention relative à la subvention................ 111
D. 28 février.......... Dôle à Salins; prorogation du délai d'achèvement................. 111
D. 28 février.......... Station de Coubé-Vérac; Orléans; alimentation des locomotives............. 89
D. 8 mars.............. Nantes à Saint-Nazaire; concession définitive................... 89
D. 8 mars.............. Langres à Vesoul; concession définitive.................... 53
D. 8 mars.............. Saint-Rambert à Grenoble; formes à suivre pour les justifications financières...... 111
D. 9 mars.............. Paris à Orléans; modification des statuts.................... 89
D. 10 mars............. Méditerranée; formes à suivre pour les justifications financières............ 111
D. 10 mars............. Bordeaux à la Teste; approbation des nouveaux statuts................. 130
D. 14 mars............. Commentry au canal du Berry; concession; cahier des charges............ 181
D. 24 mars............. Gare de Saint-Ouen; concession; convention et cahier des charges............ 183
D. 28 mars............. Création d'un commissariat central de police pour la surveillance des chemins de
 fer............................ 18
D. 7 avril............. Grand-Central; concessions diverses; Bordeaux à Lyon, etc............. 89, 112
D. 7 avril............. Paris à Lyon par le Bourbonnais; concession; abandon de certaines sections d'Or-
 léans............................ 89, 111

		Pages.
D. 7 avril..........	Ouest, lignes de Normandie et de Bretagne; concessions; fusions diverses......	71
D. 28 avril..........	Chemin à rails de Sèvres à Versailles; concession; cahier des charges..........	189
L. 2 mai..........	Grand-Central; engagements du Trésor; texte de la convention et du cahier des charges...........	90, 113
L. 2 mai..........	Normandie et Bretagne; engagements du Trésor; texte de la convention et du cahier des charges...........	71
L. 2 mai..........	Nantes à Châteaulin; engagements du Trésor..........	90
L. 5 mai..........	Département de l'Eure; subvention au chemin de fer de l'Ouest..........	71
D. 5 mai..........	Nord; autorisation d'importer des rails étrangers..........	58
D. 5 mai..........	Raccordements près de Tours; déclaration d'utilité publique..........	90
D. 14 mai..........	Chemin à rails de Rennes à Moidrey; cahier des charges..........	189
D. 2 juin..........	Prorogation relative au transport des denrées alimentaires..........	18
D. 16 juin..........	Ouest; approbation des statuts..........	71
D. 20 juin..........	Nantes à Châteaulin; concession; texte de la convention et cahier des charges....	90
D. 23 juin..........	Crédit pour chemins de fer et travaux publics..........	18
D. 23 juin..........	Montluçon à Moulins; approbation des statuts..........	90
D. 11 juillet..........	Ardennes; approbation des statuts..........	53
D. 12 juillet..........	Nomination d'un directeur général des ponts et chaussées et des chemins de fer...	18
L. 14 juillet..........	Impôt du dixième sur les produits de la grande vitesse..........	18
D. 14 juillet..........	Embranchement d'Ougney; concession; texte de la convention et cahier des charges.	112, 183
D. 18 juillet..........	Ceinture; crédit représentant une somme payée par la compagnie d'Orléans.....	90, 138
D. 16 août..........	Bességes à Alais; approbation des statuts..........	112
D. 29 août..........	Droit d'entrée sur les locomotives, etc..........	18
D. 8 septembre..........	Prorogation relative au transport des denrées alimentaires..........	18
D. 3 octobre..........	Chemins du Gard; statuts de la compagnie de la Grand'Combe..........	112
D. 13 octobre..........	Crédit pour chemins de fer..........	18
D. 19 octobre..........	Crédit pour chemins de fer..........	18
D. 15 décembre..........	Embranchement de Roche-la-Molière; concession; texte de la convention et cahier des charges..........	183
D. 19 décembre..........	Montluçon à Moulins; fusion avec la compagnie du Grand-Central; texte de la convention..........	90
D. 25 décembre..........	Ouest et Orléans; règlement du service des télégraphes particuliers..........	71, 90
D. 26 décembre..........	Méditerranée, assainissement de certains travaux..........	112
D. 26 décembre..........	Bourbonnais; concession de Montrond à Montbrison; texte de la convention......	112

1856.

		Pages.
D. 26 janvier..........	Grand-Central; modification des statuts..........	90
D. 27 février..........	Autorisation provisoire pour l'importation des rails étrangers..........	18
D. 1ᵉʳ mars..........	Allocations diverses (Orléans et Méditerranée); réduction pour l'Est........	53, 90, 113
D. 12 mars..........	Chemin de fer de la gare de Saint-Ouen; prorogation des délais d'exécution......	183
D. 5 avril..........	Dôle à Salins; fusion avec la compagnie de Lyon; texte de la convention..........	113
D. 23 avril..........	Saint-Gobain à Chauny; concession; texte de la convention et cahier des charges....	157
L. 3 mai..........	Crédit pour chemins de fer..........	18
D. 11 juillet..........	Chemin de fer de la gare de Saint-Ouen; approbation des statuts..........	183
L. 21 juillet..........	Chemins pyrénéens; approbation de la subvention..........	130
L. 21 juillet..........	Grenoble à Lyon et à Valence; approbation de la subvention..........	113
L. 21 juillet..........	Contraventions aux règlements sur les appareils à vapeur..........	19
L. 26 juillet..........	Importation des fers, rails, etc..........	19
D. 11 août..........	Midi; modification des statuts..........	130
D. 8 septembre..........	Prorogation relative au transport des denrées alimentaires..........	19

 TABLE CHRONOLOGIQUE.

Page.

D. 15 septembre......... Chemin à rails Sèvres-Paris-Vincennes; prorogation des délais d'exécution........ 189
D. 16 octobre.......... Compagnie des Omnibus; statuts (chemins à rails)..................... 189
D. 23 octobre.......... Chemins pyrénéens, Toulouse à Bayonne, etc.; déclaration d'utilité publique..... 130
D. 15 novembre.......... Orléans; agrandissement de la gare de Choisy..................... 91
D. 19 novembre.......... Est; convention relative aux nouvelles obligations................. 53
D. 6 décembre.......... Hautmont à la frontière; prorogation des délais d'exécution.............. 38
D. 27 décembre.......... Crédit pour contrôle et surveillance des chemins de fer............... 19

1857.

D. 3 janvier............ Ardennes; Charleville à la frontière; prorogation du délai d'exécution........... 53
D. 21 janvier........... Est; embranchement de Bar-sur-Seine; raccordement de Vincennes; concession; texte
    de la convention.................................. 54
D. 7 mars............. Lyon à Genève; modification du cahier des charges................. 113
D. 18 mars............ Dauphiné; concessions nouvelles; texte de la convention.............. 113
D. 19 mars............ Sous-comptoir des chemins de fer; approbation des nouveaux statuts......... 19
D. 8 avril............ Chemins de fer de l'Algérie; classement.................... 119
D. 14 avril........... Midi; la Teste à Arcachon; concession; texte de la convention.......... 131
L. 18 avril........... Importation des fers, locomotives, etc.................... 19
L. 30 mai............ Sociétés belges autorisées à exercer leurs droits en France............. 19
L. 1er juin........... Ville de Laon; subvention à la compagnie du Nord................ 39
L. 3 juin............ Ville de Rouen; subvention à la compagnie de l'Ouest.............. 71
D. 10 juin........... Ardennes; concessions nouvelles; texte de la convention et cahier des charges..... 39, 54
D. 19 juin........... Fusion d'Orléans, du Grand-Central, etc.; concessions nouvelles; texte de la conven-
    tion et des traités; nouveau cahier des charges................. 91
D. 19 juin........... Fusion de Lyon, de la Méditerranée, etc.; concessions nouvelles; texte de la conven-
    tion et des traités; nouveau cahier des charges................. 113
L. 19 juin........... Orléans; approbation des engagements du Trésor................ 91
L. 19 juin........... Méditerranée; approbation des engagements du Trésor.............. 113
L. 19 juin........... Midi; landes de Gascogne; routes agricoles................. 132
L. 19 juin........... Ville d'Aix; subvention à la compagnie de la Méditerranée............ 114
L. 23 juin........... Droits de transmission sur les actions et obligations; autorisation de la création
    d'obligations de l'État............................. 19
D. 24 juin........... Embranchement des houillères de Trélys; concession; cahier des charges........ 114
D. 26 juin........... Nord; concessions nouvelles; texte de la convention; nouveau cahier des charges. 39, 54, 72
D. 30 juin........... Nord; modification des statuts...................... 39
D. 3 juillet........... Est; embranchement du camp de Châlons; concession; texte de la convention..... 54
D. 3 juillet........... Ardennes; modification des statuts.................... 54
D. 3 juillet........... Paris à Lyon et à la Méditerranée; approbation des statuts............ 114
D. 3 juillet........... Midi; convention relative à l'embranchement de Perpignan............ 131
D. 12 juillet........... Thionville à la frontière; convention internationale avec le grand-duché de Luxem-
    bourg...................................... 54
D. 16 juillet........... Crédits pour chemins de fer et travaux publics................. 20
D. 17 juillet........... Règlement pour l'application de l'impôt pour la transmission des titres d'actions et
    d'obligations.................................. 20
D. 24 juillet........... Lyon à Genève; embranchement de Culoz; concession; texte de la convention..... 114
D. 24 juillet........... Embranchement de Kehl; convention internationale avec le grand-duché de Bade... 54
D. 1er août........... Orléans et Midi; raccordement et pont de Bordeaux; concession; texte de la con-
    vention..................................... 91
D. 1er août........... Midi; chemins pyrénéens; concession; texte de la convention et cahier des charges.. 131
D. 1er août........... Routes agricoles des Landes; concession; cahier des charges............ 132

		Pages
D. 26 août.	Chemin à rails de Clermont à Riom; concession; cahier des charges.	189
D. 26 août.	Orléans; agrandissement de la gare d'Athis-Mons.	91
D. 7 septembre.	Wissembourg; convention internationale avec la Bavière.	54
D. 22 septembre.	Prorogation relative au transport des denrées alimentaires.	20
D. 1ᵉʳ octobre.	Bességes à Alais; modification des statuts.	114
D. 17 octobre.	Bordeaux au Verdon; concession; texte de la convention; cahier des charges.	147
D. 17 octobre.	Autorisation temporaire pour l'importation des fers, machines, etc.	20
D. 27 novembre.	Crédit pour frais de contrôle et de surveillance des chemins de fer.	20
D. 5 décembre.	Dauphiné; modification des statuts.	114

1858.

D. 16 janvier.	Crédit pour chemins de fer et travaux publics.	20
D. 24 mars.	Chemin à rails de Rennes à Moidrey; abrogation de la concession.	189
L. 24 avril.	Département de la Charente-Inférieure; subvention au chemin d'Orléans.	91
L. 28 avril.	Département de Seine-et-Oise; subvention au chemin de l'Ouest.	72
L. 1ᵉʳ mai.	Département de l'Eure; subvention au chemin de l'Ouest.	73
D. 12 mai.	Graissessac à Béziers; séquestre.	132
L. 18 mai.	Département de la Manche; subvention au chemin de l'Ouest.	72
L. 18 mai.	Département de l'Orne; subvention au chemin de l'Ouest.	73
L. 18 mai.	Département d'Eure-et-Loir; subvention à la compagnie de l'Ouest.	72
L. 18 mai.	Département du Calvados; subvention à la compagnie de l'Ouest.	72
D. 22 mai.	Titres d'actions étrangères; conditions de leur négociation.	20
D. 29 mai.	Mulhouse à Thann; fusion avec l'Est; texte de la convention.	55
D. 19 juin.	Pont de Kehl; convention internationale avec le grand-duché de Bade.	55
D. 21 juin.	Midi; affermage du canal du Midi; convention et traité.	132
D. 24 juin.	Crédit pour chemins de fer et travaux publics.	20
D. 8 juillet.	Est; Paris à Vincennes et Saint-Maur; prorogation des délais d'achèvement.	55
D. 15 juillet.	Paris à Soissons; tracé.	39
D. 15 août.	Crédit pour chemins de fer et travaux publics.	20
D. 15 août.	Graissessac à Béziers; crédit pour les travaux et pour l'exploitation.	132
D. 11 décembre.	Crédit pour chemin de fer; virement.	20
D. 14 décembre.	Pont de Culoz; convention internationale avec la Sardaigne.	114

1859.

D. 8 janvier.	Embranchement de Culoz; convention internationale avec la Sardaigne.	114
D. 8 janvier.	Embranchement de Culoz; règlement pour l'exploitation.	114
D. 26 mars.	Lyon à la Croix-Rousse; concession; texte de la convention et cahier des charges.	160
D. 6 avril.	Crédits pour chemins de fer; virement.	20
D. 13 avril.	Ouest; tracés des embranchements de Serquigny et de Surdon.	73
L. 16 avril.	Ville de Falaise; subvention à la compagnie de l'Ouest.	73
D. 23 avril.	Embranchement des usines de Ferrière; concession; cahier des charges.	184
D. 24 mai.	Ardennes; modification des statuts.	55
L. 31 mai.	Département de la Seine-Inférieure; subvention à la compagnie de l'Ouest.	73
D. 11 juin.	Nord; garantie d'intérêt au nouveau réseau; texte de la convention.	40
D. 11 juin.	Est; concessions diverses; garantie d'intérêt au nouveau réseau; texte de la convention; nouveau cahier des charges.	55
D. 11 juin.	Ardennes; fusion; garantie d'intérêt et subvention; texte de la convention et du traité.	55
D. 11 juin.	Ouest; concessions diverses; garantie d'intérêt au nouveau réseau; texte de la convention; nouveau cahier des charges.	73

Pages.

D. 11 juin.............. Orléans; garantie d'intérêt au nouveau réseau; texte de la convention............ 91

D. 11 juin.............. Paris-Méditerranée; garantie d'intérêt au nouveau réseau; texte de la convention... 115

D. 11 juin.............. Dauphiné; fusion avec la Méditerranée; texte de la convention; nouveau cahier des charges.. 115

D. 11 juin.............. Midi; concessions diverses; garantie d'intérêt au nouveau réseau; texte de la convention; cahier des charges supplémentaires...................................... 132

L. 11 juin.............. Approbation des engagements du Trésor; garantie d'intérêt au nouveau réseau de toutes les grandes compagnies.................... 40, 55, 73, 92, 115, 132

D. 11 juin.............. Embranchement de l'arsenal de Cherbourg; déclaration d'utilité publique........ 73

L. 16 juin.............. Département du Bas-Rhin, subvention pour chemins de fer..................... 56

D. 9 juillet.............. Crédit pour chemins de fer; dépenses d'ordre................................ 20

D. 3 août.............. Paris-Méditerranée, Toulon à Nice; concession............................. 115

D. 16 août.............. Modification du décret relatif à la négociation des actions étrangères............ 21

D. 16 août.............. Crédit pour chemins de fer et travaux publics.............................. 21

D. 27 août.............. Nord; traité relatif aux abords de la gare nouvelle.......................... 40

D. 14 septembre.......... Embranchement de l'arsenal de Castigneau; déclaration d'utilité publique........ 115

D. 26 septembre.......... Hautmont à la frontière; fusion avec la compagnie du Nord; texte de la convention et du traité... 40

D. 5 décembre.......... Cession du chemin à rails de Clermont à Riom............................. 190

D. 19 décembre.......... Extension des limites de Paris; dispositions concernant les gares des chemins de fer. 21

D. 28 décembre.......... Embranchement des mines de Bully-Grenay; concession; cahier des charges...... 155

D. 31 décembre.......... Crédit pour chemins de fer et travaux publics.............................. 21

1860.

D. 1ᵉʳ février.......... Chemin à rails de Rueil à Port-Marly; cession de l'entreprise................... 190

D. 11 février.......... Ouest; station nouvelle; déclaration d'utilité publique....................... 74

D. 7 mars.............. Le Creusot au canal du Centre; emploi de locomotive....................... 186

D. 10 mars.............. Traité de commerce avec l'Angleterre; régime des houilles, fers, etc............ 21

D. 21 avril.............. Compagnie des mines de Carmaux; approbation des staints................... 133

D. 25 avril.............. Embranchement des mines d'Auchy-au-Bois; concession; cahier des charges...... 184

D. 28 avril.............. Embranchement des mines de Vendin; concession; idem...................... 184

D. 28 avril.............. Embranchement des mines de Marles; concession; idem...................... 184

D. 8 mai.............. Embranchement des mines de Ferfay; concession; idem....................... 185

D. 8 mai.............. Embranchement des mines de Dourges; concession; idem..................... 185

D. 9 mai.............. Embranchement des mines de Lens; concession; idem........................ 185

D. 26 mai.............. Embranchement des mines de Nœux; concession; idem....................... 185

D. 11 juin.............. Cession de la Savoie et de Nice; stipulations relatives au tunnel du Mont-Cenis.... 115

L. 30 juin.............. Département de l'Eure; subvention à la compagnie de l'Ouest.................. 74

L. 20 juin.............. Chemins algériens; subvention et garantie d'intérêt.......................... 120

D. 30 juin.............. Endiguements près d'Avignon... 115

D. 6 juillet.............. Embranchement des mines de Bruay; concession; cahier des charges............ 186

D. 11 juillet.............. Embranchement des mines de Chamblet; concession; idem................... 186

D. 11 juillet.............. Chemins algériens; concession; texte de la convention; idem.................. 120

D. 11 juillet.............. Lyon à Grenoble; tracé... 115

L. 14 juillet.............. Ville d'Agen; emprunt.. 133

L. 18 juillet.............. Département de l'Eure; subvention à la compagnie de l'Ouest.................. 74

D. 25 juillet.............. Entreprise de touage en Seine; interdiction de tout traité avec une compagnie de chemin de fer.. 21

L. 25 juillet.............. Département du Haut-Rhin; subvention pour chemin de fer.................... 55

D. 28 juillet.............. Le Creuzot; embranchement des mines de Cromey et Mazenay; concession; cahier des charges... 186

Pages

D. 1ᵉʳ août............   Montmélian vers Grenoble, Annecy à Aix; déclaration d'utilité publique.........   116
L. 1ᵉʳ août............   Caen à Flers et Épinal à Remiremont, etc.; allocation............   56, 74
L. 1ᵉʳ août............   Besançon à Vesoul et à Gray; approbation des engagements du Trésor; texte de la convention............   115
L. 1ᵉʳ août............   Strasbourg à Barr, etc.; allocations............   56
D. 4 août............   Lyon à la Croix-Rousse; approbation des statuts............   160
D. 16 août............   Ville de Sainte-Marie-aux-Mines; emprunt pour travaux de voies de communication............   55
D. 16 août............   Embranchement des mines de Portes et Sénéchas; statuts de la compagnie des mines............   186
D. 22 août............   Méditerranée; le Var à Nice; déclaration d'utilité publique............   116
DD. 31 août............   Crédits pour chemins de fer; dépenses d'ordre............   21
D. 31 août............   Méditerranée; embranchement de Carpentras; concession............   116
D. 31 août............   Méditerranée; Grenoble vers Montmélian; déclaration d'utilité publique............   116
D. 31 août............   Ouest; Mayenne à Laval; déclaration d'utilité publique............   74
D. 31 août............   Est; Épinal à Remiremont; Lunéville à Saint-Dié; déclaration d'utilité publique............   56
D. 8 septembre............   Sociétés anonymes de Sardaigne; autorisation d'exercer leurs droits en France............   21
D. 18 septembre............   Chemins algériens; approbation des statuts............   120
D. 3 octobre............   "Ouest; Caen à Flers; déclaration d'utilité publique............   74
DD. 26 octobre............   Tarifs à l'importation des marchandises britanniques............   21
DD. 24 novembre............   Ardennes; conventions internationales avec la Belgique............   56
D. 12 décembre............   Est; Givet à la frontière; concession; texte de la convention............   56
D. 29 décembre............   Méditerranée; Thonon à Collonges; déclaration d'utilité publique............   116

1861.

D. 12 janvier............   La Croix-Rousse à Sathonay; concession; texte de la convention; cahier des charges............   159
D. 16 janvier............   Midi; Perpignan à Port-Vendres; concession............   133
D. 19 janvier............   Crédits pour chemins de fer et travaux publics............   21
D. 1ᵉʳ février............   Caen à Flers, etc.; Épinal à Remiremont, etc.; crédit pour les travaux............   74
D. 1ᵉʳ février............   Crédits pour travaux de chemins de fer en Savoie............   116
D. 1ᵉʳ février............   Ouest; crédit pour subvention............   74
D. 1ᵉʳ février............   Rennes à Brest; crédit pour les travaux............   74
D. 1ᵉʳ février............   Toulouse à Bayonne; *idem*............   133
D. 6 février............   Pont de Kehl; convention internationale avec le grand-duché de Bade............   55
D. 13 février............   Nice à Gênes; passage sur le territoire de Monaco............   116
DD. 27 février............   Sociétés anonymes étrangères autorisées à exercer leurs droits en France............   22
D. 11 mai............   Sociétés anonymes étrangères, *idem*............   22
D. 27 mai............   Traité de commerce avec la Belgique; régime des houilles, fers, etc.............   22
L. 5 juin............   Méditerranée; Aigues-Mortes à Lunel; autorisation d'une subvention............   116
D. 5 juin............   Compagnie des Omnibus (et chemins à rails); modification des statuts............   190
D. 5 juin............   Orléans; Tours à Vierzon; concession............   92
D. 5 juin............   Orléans; Angers à Niort; concession............   92
D. 5 juin............   Orléans; Poitiers à Limoges; concession............   92
D. 5 juin............   Nord; Beauvais à la ligne de Dieppe; concession............   40
D. 14 juin............   Ouest; Ceinture (rive gauche); déclaration d'utilité publique............   74
D. 14 juin............   Orléans; Châteaulin à la ligne de Brest; *idem*............   92
D. 14 juin............   Charentes; Napoléon-Vendée à la Rochelle, etc.; *idem*............   139
D. 14 juin............   Charentes; Angoulême à Saintes; *idem*............   139
D. 14 juin............   Est; Thionville à Niederbronn; *idem*............   56

Pages.

D. 14 juin............ Ouest; Louviers à la ligne de Rouen; déclaration d'utilité publique............ 74
D. 14 juin............ Méditerranée; Annonay à Saint-Rambert; *idem*............ 117
D. 14 juin............ Méditerranée; Dijon à Langres; *idem*............ 116
D. 14 juin............ Est; Châtillon-sur-Seine à Chaumont; *idem*............ 57
D. 14 juin............ Est; Chaumont à Toul; *idem*............ 57
D. 14 juin............ Orléans; Libourne à Bergerac; *idem*............ 94
D. 14 juin............ Midi; Saint-Girons à la ligne de Tarbes; *idem*............ 133
D. 14 juin............ Méditerranée; Grasse à la ligne de Nice; *idem*............ 117
D. 14 juin............ Vendée; Napoléon-Vendée aux Sables-d'Olonne; *idem*............ 143
D. 14 juin............ Vendée; Napoléon-Vendée à la ligne de Niort; *idem*............ 143
D. 14 juin............ Ouest; Napoléonville à Saint-Brieuc; *idem*............ 74
D. 14 juin............ Méditerranée; Auxerre à la ligne de Chagny; *idem*............ 116
D. 14 juin............ Méditerranée; Clermont à Montbrison; *idem*............ 117
D. 14 juin............ Orléans; Commentry à Gannat; *idem*,............ 92
D. 14 juin............ Midi; Port-Vendres à la frontière; *idem*............ 133
D. 14 juin............ Est; Sainte-Marie-aux-Mines à Schlestadt; *idem*............ 57
D. 14 juin............ Est; Dieuze à Réchicourt; *idem*............ 57
D. 14 juin............ Nord; Senlis à la ligne de Soissons; concession............ 40
D. 14 juin............ Nord; Boulogne à Calais; tracé et délai d'exécution............ 40
D. 15 juin............ Bordeaux au Verdon; résiliation de la concession............ 147
D. 20 juin............ Midi; embranchement de Castres; concession............ 133
D. 20 juin............ Méditerranée; Andrézieux à Montbrison; concession............ 117
D. 22 juin............ Orléans; Montluçon à Limoges; concession............ 92
L. 28 juin............ Département du Bas-Rhin; subvention pour chemin de fer............ 56
L. 29 juin............ Rennes à Brest, Annecy à Aix, etc.; Toulouse à Bayonne, etc.; obligations trente-
    naires............ 75, 117, 133
L. 2 juillet............ Alger à Blidah; crédit pour travaux............
L. 2 juillet............ Crédits (obligations trentenaires); classement de diverses lignes, savoir: Ceinture
    (rive gauche); Châteaulin à Brest, etc. etc............ 22, 40, 57, 75, 92, 117, 133, 139, 143
D. 3 juillet............ Gare de Strasbourg; bureau pour la sortie des boissons............ 57
D. 4 juillet............ Création des obligations trentenaires............ 22, 40, 57, 75, 92, 117, 133
D. 27 juillet............ Embranchement de Pontoise; prorogation du délai d'achèvement............ 40
D. 5 août............ La Croix-Rousse à Sathonay; approbation des statuts............ 159
D. 25 août............ Rachat du péage du pont de Bordeaux............ 92
D. 25 août............ Crédit pour chemins de fer et travaux publics............ 22
D. 25 août............ Méditerranée; Avignon à Gap; concession............ 117
D. 25 août............ Endiguements près de Beaucaire............ 117
D. 25 août............ Embranchement sur le canal de Roanne à Digoin; allocation............ 187
D. 22 septembre............ Nord; tracé entre Amiens et Ham............ 41
D. 22 septembre............ Nord; Soissons à la frontière belge; concession............ 40
D. 15 octobre............ Forges de Montataire; chemins à rails............ 190
D. 21 décembre............ Crédit pour chemins de fer et travaux publics............ 22

1862.

D. 8 janvier............ Salines de l'Est; approbation des statuts............ 58
D. 11 janvier............ Établissement d'un droit de transmission sur les actions étrangères............ 22
D. 1er février............ Vesoul à Gray et Besançon; concession; embranchement d'Ougnies; fusion............ 117
D. 1er février............ Report d'un crédit pour chemins de fer............ 22
D. 5 février............ Sociétés anonymes dans les États-Romains autorisés à exercer leurs droits en
    France............ 22

Pages.

D. 8 février............ Embranchement des mines de Fléchinelle, concession, cahier des charges........ 187
L. 12 février............ Conversion des obligations trentenaires........ .... 22, 41, 57, 75, 92, 117, 133
D. 15 février.......... Crédit pour chemins de fer et travaux publics............................ 22
D. 22 février........ Est; gare de Pantin; déclaration d'utilité publique.................... 57
D. 19 mars........ Sèvres à Versailles; substitution du concessionnaire.................... 190
D. 26 mars........ Nord; agrandissement des gares de Lille et de Fives.............. 41
D. 29 mars........ Est; Reims à Montmélon, déclaration d'utilité publique; allocation...... 57
D. 5 avril........ Charleville vers Morialmé; convention internationale avec la Belgique........ 57
D. 9 avril........ Méditerranée; Brioude vers Alais; concession.............. 118
L. 16 avril...... Ville de Boulogne; subvention à la compagnie du Nord......... 41
L. 16 avril...... Département de l'Ariège; subvention au chemin de fer........ 134
D. 19 avril...... Napoléon-Vendée à la Rochelle, etc.; mise en adjudication; cahier des charges.... 139
D. 19 avril...... Libourne à Bergerac; mise en adjudication; cahier des charges......... 95
D. 26 avril........ Règlement concernant le transit par chemin de fer........... 23
D. 26 avril........ Dunkerque à la frontière; mise en adjudication; cahier des charges........ 158
D. 17 mai........ Sociétés industrielles britanniques autorisées à exercer leurs droits en France.... 23
D. 24 mai........ Midi; agrandissement d'une gare.................... 134
D. 31 mai........ Règlement sur la comptabilité publique; travaux et chemins de fer........ 23
D. 9 juin........ Convention relative aux chemins de fer entre la France et l'Italie........ 118
D. 18 juin........ Embranchement des mines de Noeux; concession; cahier des charges........ 185
D. 2 juillet........ Crédit pour chemins de fer et travaux publics.............. 23
L. 2 juillet........ Département du Bas-Rhin; subvention au chemin de fer........ 58
D. 6 juillet........ Nord; Valenciennes à Achette, etc.; concession; texte de la convention........ 41
L. 6 juillet........ Nord; Valenciennes à Achette, etc.; approbation des engagements du Trésor...... 41
D. 6 juillet........ Nord; ligne de Saint-Quentin à celle de Soissons à la frontière; concession........ 41
D. 6 juillet........ Est; Mézières à Hirson; concession.................... 58
D. 6 juillet........ Napoléon-Vendée à la Rochelle, etc.; approbation de l'adjudication et concession... 139
L. 6 juillet........ Napoléon-Vendée à la Rochelle, etc.; approbation des engagements du Trésor...... 139
D. 6 juillet........ Libourne à Bergerac; approbation de l'adjudication et concession............ 95
L. 6 juillet........ Département du Gard; subvention à l'embranchement d'Aigues-Mortes............ 118
L. 6 juillet........ Belfort à Guebwiller; subvention de l'État.............. 58
D. 6 juillet........ Création d'un second commissariat central de police des chemins de fer........ 23
D. 10 juillet........ Méditerranée; embranchement de Draguignan; tracé.............. 118
D. 10 juillet........ Napoléon-Vendée à Bressuire; tracé.............. 143
D. 10 juillet........ Embranchement des mines de Lens; concession; cahier des charges............ 185
D. 13 juillet........ Midi; agrandissement de la gare de Rivesaltes.............. 134
D. 14 juillet........ Algérie; police des chemins de fer.............. 120
D. 27 juillet........ Algérie; police des chemins de fer.............. 120
D. 11 août........ Nord, Ouest; le Grand-Parc à Rouen; déclaration d'utilité publique............ 41, 75
D. 11 août........ Lyon et Méditerranée; modification de la convention relative à la subvention..... 118
D. 11 août........ Orléans; modification de la convention relative à la subvention............ 93
D. 16 août........ Est; embranchement de Dieuze; concession; cahier des charges............ 58
D. 16 août........ Nord, Ouest; Amiens au Grand-Parc, tracé.................... 42, 75
D. 28 août........ Orléans; Paris à Tours par Vendôme; tracé.............. 93
D. 1er septembre........ Commissaires divisionnaires de police des chemins de fer.............. 23
D. 1er septembre........ Suppression des emplois de commissaires centraux de police des chemins de fer... 23
D. 15 septembre........ Napoléon-Vendée aux Sables-d'Olonne et à Bressuire; mise en adjudication; cahier
des charges.............. 143
D. 29 septembre........ Chemins de fer; virement de crédit.............. 23
D. 6 octobre.......... Nord; agrandissement de la gare de Tourcoing.............. 42
D. 22 octobre.......... Embranchement des mines de la Roche et la Vernade; concession; cahier des charges. 187

Pages.

D. 25 octobre............ Paris à Lyon et à la Méditerranée; agrandissement de la gare d'Avignon......... 118
D. 24 décembre.......... Ouest; agrandissement de la gare de Saint-Sever, à Rouen................. 75
D. 27 décembre.......... Nord, Ouest; le Grand-Parc à Rouen; tracé................. 42, 75
D. 31 décembre.......... Chemins de fer; virement de crédit................. 23

1863.

D. 31 janvier............ Est; bureau de douanes à la gare de Longwy................. 58
D. 31 janvier............ Crédit pour chemins de fer................. 23
D. 7 février............. Midi; alimentation des locomotives à la station de Carcassonne................. 134
D. 11 février............ Méditerranée; deuxième voie entre Montpellier et Cette................. 118
D. 18 février............ Crédit pour chemins de fer................. 23
D. 25 février............ Midi; raccordement et gare maritime à Bordeaux................. 134
D. 28 février............ Napoléon-Vendée aux Sables-d'Olonne et à Bressuire; approbation de l'adjudication
       et concession................. 143
L. 4 mars............... Napoléon-Vendée aux Sables-d'Olonne; approbation des engagements du Trésor.... 143
L. 4 mars............... Département de la Haute-Garonne; subvention pour l'embranchement de Saint-
       Girons................. 134
L. 4 mars............... Midi; limites de la commune de Villefranche................. 134
D. 4 mars............... Médoc; mise en adjudication; cahier des charges................. 147
D. 7 mars.............. Méditerranée; abords de la gare de Nice................. 118
D. 15 avril............. Police des chemins de fer dans certaines localités................. 23
L. 18 avril............. Sathonay à Bourg; autorisation................. 152
L. 2 mai............... Surveillance des chemins de fer; crédit................. 23
D. 2 mai............... Est; formes à suivre pour les justifications financières................. 58
D. 6 mai............... Ouest; *idem*................. 75
D. 6 mai............... Orléans; *idem*................. 93
D. 6 mai............... Midi; *idem*................. 134
L. 6 mai............... Perpignan à Prades; approbation d'une subvention................. 154
D. 9 mai............... Libourne à Bergerac; approbation des statuts................. 95
L. 13 mai.............. Budget; timbre des récépissés délivrés par les chemins de fer................. 24
L. 13 mai.............. Modifications du Code pénal; articles concernant les chemins de fer................. 24
L. 16 mai.............. Département du Haut-Rhin; subvention au chemin de fer de Belfort à Guebwiller. 58
L. 20 mai.............. Ville de Falaise; subvention au chemin de fer de l'Ouest................. 75
L. 23 mai.............. Département de la Moselle; subvention pour le chemin de Thionville à Nieder-
       bronn................. 59
D. 23 mai.............. Dunkerque à Furnes; approbation de l'adjudication et concession................. 158
D. 23 mai.............. Méditerranée; agrandissement de la gare de Frontignan................. 118
D. 27 mai.............. Victor-Emmanuel; approbation d'une convention relative à la garantie d'intérêt.... 118
L. 27 mai.............. Victor-Emmanuel; approbation des engagements du Trésor................. 119
D. 30 mai.............. Charentes; approbation des statuts................. 139
D. 2 juin.............. Médoc; approbation de l'adjudication et concession................. 147
D. 6 juin.............. Paris à la Méditerranée; formes à suivre pour les justifications financières......... 119
D. 11 juin............. Est; concessions diverses: Épinal à Remiremont, etc. etc.; conditions nouvelles, etc.;
       texte de la convention; traités divers................. 59
L. 11 juin............. Est; approbation des engagements du Trésor................. 59
D. 11 juin............. Ouest; concessions diverses: Caen à Flers, etc. etc.; conditions nouvelles; texte de
       la convention................. 76
L. 11 juin............. Ouest; approbation des engagements du Trésor................. 76
D. 11 juin............. Paris à la Méditerranée; concessions diverses: du Var à Nice et à la frontière,
       etc. etc; conditions nouvelles, etc.; texte de la convention................. 119

Pages

L. 11 juin. . . . . Paris à la Méditerranée; approbation des engagements du Trésor. 119
D. 11 juin. . . . . Chemins algériens; fusion dans la compagnie de la Méditerranée; concession de Blidah au Sig; cahier des charges; texte de la convention. 119
L. 11 juin. . . . . Chemins algériens; approbation des engagements du Trésor. 120
D. 11 juin. . . . . Midi; concessions diverses; Saint-Girons à Tarbes, etc. etc.; conditions nouvelles, etc.; texte de la convention. 134
L. 11 juin. . . . . Midi; approbation des engagements du Trésor. 135
L. 11 juin. . . . . Orléans (concessions nouvelles); approbation des engagements du Trésor. 93
D. 18 juin. . . . . Perpignan à Prades; mise en adjudication; cahier des charges. 154
D. 18 juin. . . . . Embranchement des forges de Denain; concession; cahier des charges. 187
D. 22 juin. . . . . Nord, Ouest; prorogation du délai d'exécution de la ligne de Rouen à Amiens. 42, 76
D. 22 juin. . . . . Concernant les inspecteurs généraux des chemins de fer, les inspecteurs de l'exploitation, etc. 24
D. 22 juin. . . . . Orléans, Méditerranée, Ouest; versements faits au Trésor. 76, 93, 120
D. 22 juin. . . . . Ouest; agrandissement de la gare de Vernon. 76
D. 22 juin. . . . . Midi, alimentation des locomotives à la gare d'Auterive. 135
D. 6 juillet. . . . . Orléans; concessions diverses; Orsay à Limours, etc. etc.; conditions nouvelles, etc.; texte de la convention. 93
D. 6 juillet. . . . . Crédit pour chemins de fer. 24
D. 6 juillet. . . . . Chemins de fer; virement de crédit. 24
D. 6 juillet. . . . . Orléans; établissement de la gare de Vitry. 93
D. 16 juillet. . . . . Chemins de fer; report de crédit. 24
D. 16 juillet. . . . . Paris-Méditerranée; commissions arbitrales; traités passés avec les compagnies de Genève et du Dauphiné. 120
D. 22 juillet. . . . . Sociétés anonymes des Pays-Bas; autorisation d'exercer leurs droits en France. 24
D. 26 juillet. . . . . Chemins de fer; virement de crédit. 24
D. 30 juillet. . . . . Méditerranée; autorisation d'une prise d'eau pour l'alimentation de la gare de Montargis. 121
D. 6 août. . . . . Victor-Emmanuel; formes à suivre pour les justifications financières. 121
D. 12 août. . . . . Orléans; agrandissement de la gare des marchandises à Paris. 93
D. 16 août. . . . . Lille à Tournay; convention internationale avec la Belgique. 42
D. 16 août. . . . . Chemins de fer; virement de crédit. 24
D. 29 août. . . . . Perpignan à Prades; approbation de l'adjudication et concession. 154
D. 29 août. . . . . Lille à la Bassée; concession; cahier des charges. 153
D. 29 août. . . . . Orléans; modification des statuts. 93
D. 29 août. . . . . Nord; prorogation du délai relatif à la ligne de Boulogne à Calais. 42
D. 2 septembre. . . . . Paris-Méditerranée; embranchement d'Avallon; concession. 121
D. 7 septembre. . . . . Mines de Saint-Éloi (la Roche et la Vernade); approbation de statuts. 187
D. 7 septembre. . . . . Algérie; tarif à l'importation des fers, rails, etc. 120
D. 20 septembre. . . . . Chemins algériens; formes à suivre pour les justifications financières. 120
D. 7 octobre. . . . . Embranchement des mines de Carvin; concession; cahier des charges. 188
D. 31 octobre. . . . . Vendée; approbation des statuts. 144
D. 15 novembre. . . . . Embranchement des mines de Fléchinelle; prorogation des délais d'exécution. 187
D. 23 décembre. . . . . Ouest; agrandissement des gares du Mont-Parnasse et de Vaugirard. 76
D. 26 décembre. . . . . Chemins de fer; report de crédit. 24
D. 31 décembre. . . . . Travaux militaires; chemin de Strasbourg à Kehl. 59

1864.

D. 6 janvier. . . . . Orléans; Orléans à Gien; concession. 94
D. 13 janvier. . . . . Relatif aux inspecteurs généraux en congé auprès des compagnies. 24

		Pages.
D. 20 janvier	Crédit pour chemins de fer	24
D. 23 janvier	Application de la limite d'âge aux inspecteurs généraux, principaux, etc. des chemins de fer	25
D. 23 janvier	Paris-Méditerranée: Santenay à Etang; concession	121
D. 30 janvier	Est; agrandissement de la gare de Lutterbach	59
D. 6 février	Chemins sur la voie publique: Paris à Sèvres et à Boulogne et Sèvres à Versailles; tarifs	190
D. 20 février	Paris-Méditerranée: Champagnole à la ligne de Dôle en Suisse; concession	121
D. 27 février	Chemins sur la voie publique: Rueil à Port-Marly; tarifs	190
D. 2 mars	Médoc; autorisation de la compagnie; texte des statuts	147
D. 5 mars	Chemins de fer; virement de crédit	25
DD. 9 mars	Midi: Castres à Albi et à Mazamet; Carcassonne à Quillan	135
D. 30 mars	Ligne d'Italie; annulation de la concession de Genève à la frontière du Valais	118
D. 2 avril	Midi; établissement d'une gare à Leucate	135
L. 6 avril	Chemins de la Sarthe; imposition pour travaux de voies de communication	165
L. 16 avril	Crédit pour la surveillance des chemins de fer	25
L. 18 mai	Ouest: Saint-Cyr à Surdon et Laigle à Conches; imposition extraordinaire du département de l'Eure pour travaux divers et subvention	76
D. 14 juin	Orléans à Châlons-sur-Marne; concession	142
D. 25 juin	Arras à Étaples; autorisation	44
D. 25 juin	Nouvel embranchement des mines de Marles; concession	184
D. 28 juin	Convention internationale relative au service de surveillance et de douane pour le transit du chemin du Midi avec l'Espagne	135
D. 2 juillet	Réduisant à trois le nombre des commissaires divisionnaires de la police spéciale des chemins de fer	25
D. 2 juillet	Crédit pour l'établissement de grandes lignes de chemins de fer	25
D. 11 juillet	Concession du chemin de fer de Valenciennes à Lille	153
D. 25 juillet	Concession du chemin de fer de Sathonay à Bourg	152
D. 1er août	Crédit pour chemins de fer	25
D. 1er août	Modification du décret réglementaire relatif au transit	25
D. 1er août	Chemin d'Épinac: Pont-d'Ouche à Velars et raccordement; concession	151
D. 1er août	Est; Chaumont à la ligne de Strasbourg; tracé	59
D. 15 août	Ouest; concession définitive du chemin de fer de Flers à Mayenne	76
D. 20 août	Mines de Nœux; nouvel embranchement; concession	185
D. 20 août	Concours des compagnies pour travaux militaires	25
D. 10 septembre	Enghien-les-Bains à Montmorency; concession	159
D. 17 septembre	Compagnie de la Dombes; statuts	152
D. 19 octobre	Ceinture; embranchement du marché aux bestiaux de Paris	138
D. 26 octobre	La Croix-Rousse à Sathonay; séquestre	159
D. 2 novembre	Midi: Langon à Bazas; concession	135
D. 5 novembre	Arras à Étaples; concession par adjudication	44
D. 5 novembre	Virement de crédit; grandes lignes de chemins de fer	25
D. 10 novembre	Crédit pour l'établissement de chemins de fer	25
D. 20 novembre	Méditerranée: Montbéliard à Audincourt; tracé	121
D. 20 novembre	Report de crédit; grandes lignes de chemins de fer	25
D. 11 décembre	Embranchement des mines de Liévin; concession	188
D. 15 décembre	Concours d'une compagnie pour travaux militaires	25
D. 17 décembre	Embranchement des mines de Portes et Sénéchas; concession	186
D. 28 décembre	Orléans; agrandissement de la gare de Vierzon	94

1865.

		Pages.
D. 4 janvier	Crédit pour l'établissement de chemins de fer	26
D. 7 janvier	Orléans : travaux d'une route impériale	94
D. 21 janvier	Crédit pour l'établissement de chemins de fer	26
D. 25 janvier	Chaudières à vapeur et locomotives	26
DD. 22 février	Méditerranée : alimentation des gares de Byans et de Saint-Amour	121
D. 25 février	Sociétés anonymes de l'empire russe	26
D. 4 mars	Crédit pour l'établissement de chemins de fer	26
D. 8 mars	Embranchement de Béthune : concession	153
D. 11 mars	Entreprise de touage en Loire	26
D. 18 mars	Embranchement de Commentry ; concession	181
D. 8 avril	Concours d'une compagnie pour travaux militaires	26
D. 8 avril	Orléans : Pithiviers à Malesherbes : concession	94
D. 8 avril	Orléans : Pithiviers à Orléans ; concession	94
D. 12 avril	Crédit pour l'établissement de chemins de fer	26
D. 15 avril	Embranchement de Fléchinelle ; délai d'exécution	187
D. 10 mai	Traité de commerce avec la Prusse et l'Allemagne	26
D. 10 mai	Convention avec la Prusse pour le service international	26
L. 17 mai	Département du Pas-de-Calais : subvention au chemin d'Arras à Étaples	44
D. 17 mai	Orléans : Limoges à Brives : concession	94
D. 17 mai	Méditerranée : modification du cahier des charges	121
D. 22 mai	Chemins de fer ; report de crédit	26
D. 22 mai	Lille à Béthune et à Bully-Grenay ; approbation des statuts	153
L. 31 mai	Département d'Ille-et-Vilaine ; subvention au chemin de Fougères à Vitré	148
D. 14 juin	Orléans ; agrandissement de la gare du boulevard d'Enfer, à Paris	94
D. 17 juin	Midi : Toulouse à Auch ; concession	135
D. 1er juillet	Embranchement des mines de Castellane ; concession	188
L. 1er juillet	Département de Saône-et-Loire : impositions pour travaux de chemins de fer	163
D. 1er juillet	Méditerranée : Lunel au Vigan ; modification du cahier des charges	121
L. 5 juillet	Département de Seine-et-Oise ; subvention à la compagnie de l'Ouest	77
L. 10 juillet	Ouest : concession du chemin de Ceinture (rive gauche) ; approbation financière	77
L. 12 juillet	Chemins de fer d'intérêt local	26
D. 18 juillet	Ouest ; concession du chemin de Ceinture (rive gauche) et embranchement	77
D. 24 juillet	Crédit pour l'établissement de chemins de fer	27
D. 31 juillet	Entreprise de touage entre Conflans et Condé	27
D. 6 août	Nord ; raccordements divers ; tracé	42
D. 6 août	Marseille à la Madrague ; concession ; cahier des charges	157
D. 26 août	Est : Bar-sur-Seine à Châtillon ; concession	59
D. 30 août	Vitré à Fougères : concession ; cahier des charges	148
D. 18 septembre	Ouest ; raccordement du chemin de Ceinture ; concession	77
D. 18 septembre	Crédit pour l'établissement de chemins de fer	27
D. 25 septembre	Crédit pour l'établissement de chemins de fer	27
D. 25 septembre	Crédit pour l'établissement de chemins de fer	27
D. 13 octobre	Concours d'une compagnie pour travaux militaires	27
D. 21 octobre	Chemins de fer ; virement de crédit	27
D. 28 octobre	Crédit pour l'établissement de chemins de fer	27
D. 4 novembre	Chemin de fer sur la route du Mont-Cenis ; concession ; cahier des charges	190
D. 17 novembre	Crédit pour l'établissement de chemins de fer	27
D. 2 décembre	Chemins de fer ; virement de crédit	27
D. 14 décembre	Midi : Montréjeau à Bagnères-de-Luchon ; concession	135

Pages.

D. 14 décembre	Midi : Lourdes à Pierrefitte; concession	136
D. 14 décembre	Méditerranée, lignes diverses; modification du cahier des charges	121
D. 23 décembre	Saint-Dizier à Vassy; concession; traité passé avec la compagnie de l'Est	59, 156
D. 23 décembre	Midi; rachat des chemins de Graissessac à Béziers et de Carmaux à Albi	136
D. 30 décembre	Nord : Rouen à Amiens, etc.; délai d'exécution	42

1866.

D. 17 janvier	Chemins de fer; report de crédit	27
D. 17 janvier	Crédit pour l'établissement d'un chemin de fer	28
D. 1er février	Chemins de fer; virement de crédit	28
D. 3 février	Crédit pour l'établissement de chemins de fer	28
D. 10 février	Bessèges à Alais; fusion dans la Méditerranée	121
D. 10 février	Soissons à la frontière belge; convention internationale	42
D. 14 février	Orléans; agrandissement de la gare d'Arveyres	94
D. 14 février	Ouest; prorogation des délais d'exécution du souterrain des Batignolles	77
D. 24 février	Embranchement des mines de l'Escarpelle; concession	188
D. 28 février	Arras à Étaples et embranchement; tracé	44
D. 1er mars	Crédit pour l'établissement de chemins de fer	28
D. 3 mars	Médoc; Bordeaux à Pauillac; délai d'exécution	147
D. 14 avril	Crédit pour l'établissement de chemins de fer	28
D. 18 avril	Vitré à Fougères; statuts	148
D. 25 avril	Département de l'Yonne; imposition pour travaux de chemins de fer	122
D. 28 avril	Dunkerque à Furnes; prorogation du délai d'exécution	158
D. 26 mai	Vitré à Fougères; subvention	148
D. 26 mai	Armentières à la frontière belge; concession	160
D. 9 juin	Pont-de-l'Arche à Gisors; concession	164
D. 9 juin	Glos-sur-Risle à Pont-Audemer; concession	164
D. 16 juin	Paray-le-Monial à Mâcon; Chalon à Lons-le-Saunier; concession	163
D. 23 juin	Méditerranée : Châlon à Dôle; modification du cahier des charges	122
L. 11 juillet	Amortissement; une propriété des chemins de fer	28
L. 11 juillet	Département de l'Eure; subvention aux chemins de fer de Gisors et de Pont-Audemer	164
L. 11 juillet	Département du Jura; subvention au chemin de Châlon à Lons-le-Saunier	163
L. 11 juillet	Ville de Lons-le-Saunier; subvention au chemin précité	163
L. 11 juillet	Ville de Valence; travaux dépendant du chemin de fer	122
D. 14 juillet	Midi; établissement d'une gare	136
L. 18 juillet	Compagnie de la Dombes; enregistrement des actes	152
L. 18 juillet	Méditerranée; échange de terrains	122
D. 18 juillet	Méditerranée; agrandissement de la gare de Villeneuve	122
D. 21 juillet	Est; modification des statuts	59
D. 5 août	Munster à Colmar; concession	165
D. 5 août	Méditerranée; embranchement de Besançon; concession	122
D. 12 septembre	Lyon à la Croix-Rousse; modification des statuts	160
D. 19 septembre	Crédit pour l'établissement d'un chemin de fer	28
D. 1er octobre	Est; travaux de la station d'Étival	60
D. 8 octobre	Nord; établissement d'une gare	43
D. 15 octobre	Chemins de fer; virement de crédit	28
D. 27 octobre	Chemins de fer; report de crédit	28
D. 21 novembre	Inspecteurs et commissaires; limite d'âge	28
D. 5 décembre	Crédit pour l'établissement de chemins de fer	28
D. 13 décembre	Méditerranée : ligne de Gap; modification du cahier des charges	122

Pages.
D. 19 décembre......... Hazebrouck à la frontière belge; concession.................... 158
D. 31 décembre......... Crédit pour l'établissement de chemins de fer................. 29

1867.

D. 17 janvier........... Aire à Berguette; concession..................... 161
D. 20 février........... Glos-Montfort à Pont-Audemer; statuts............. 164
D. 2 mars.............. Crédit pour l'établissement de chemins de fer.......... 29
D. 9 mars.............. Méditerranée; alimentation de la gare de Paray-le-Monial........... 122
D. 16 mars............. Paray-le-Monial à Mâcon; tracé............... 163
D. 30 mars............. Bourg à la Cluse; Bourg à Chalon-sur-Saône; Ambérieux à Villebois; concession... 166
D. 10 avril............. Ouest; agrandissement de la gare de Louverné................. 77
D. 17 avril............. Pont-de-l'Arche à Gisors; nouveau traité................. 164
D. 27 avril............. Vassy à Saint-Dizier; statuts.................. 156
D. 15 mai.............. Dunkerque à la frontière; prorogation du délai d'exécution........... 158
D. 15 mai.............. Crédit pour travaux militaires.................. 29
D. 29 mai.............. Lille à Béthune; seconde voie.................. 153
D. 29 mai.............. Méditerranée : Alais au Pouzin; concession............. 122
D. 29 mai.............. Méditerranée : Livron à Crest, etc.; modification du cahier des charges......... 127
D. 12 juin............. Règlement sur les frais de route................. 29
D. 15 juin............. Crédits pour chemins de fer.................. 29
D. 15 juin............. Chemins de fer; virement de crédit............... 29
D. 15 juin............. Est : Sarreguemines à la frontière; concession............ 60
D. 19 juin............. Chemin de fer de Saint-Ouen; raccordement............. 183
D. 10 juillet........... Chemin de fer de Saint-Ouen; magasin général........... 183
D. 10 juillet........... Pont-de-l'Arche à Gisors; statuts................ 164
L. 10 juillet........... Département du Haut Rhin; subvention au chemin de Munster à Colmar........ 165
L. 27 juillet........... Ville de Grasse; subvention à l'embranchement de Grasse........... 122
L. 27 juillet........... Département du Pas-de-Calais; subvention au chemin d'Aire à Berguette........ 141
D. 31 juillet........... Gisors à Vernonnet; concession................. 167
L. 31 juillet........... Département de l'Ain; subvention aux chemins départementaux........... 166
L. 31 juillet........... Département de l'Hérault; subvention aux chemins départementaux......... 166
L. 31 juillet........... Département de la Sarthe; subvention au chemin de Mamers à Saint-Calais........ 165
D. 3 août.............. Méditerranée; embranchement d'Apt; concession............ 123
D. 7 août.............. Chemins algériens; modification du cahier des charges........... 120
D. 7 août.............. Crédits pour travaux militaires................. 29
D. 14 août............. Saint-Chinian à Monthazin; Agde à Mèze, Montpellier à Rabieux, etc.; concession.. 166
D. 16 août............. Mamers à Saint-Calais; concession................ 165
D. 16 août............. Orléans : la Flèche à Aubigné; concession.............. 94
D. 25 septembre........ Sarreguemines à la frontière; convention internationale........... 60
D. 27 septembre........ Méditerranée; cession du chemin Victor-Emmanuel............ 123
L. 27 septembre........ Approbation de la cession précitée............... 123
D. 13 octobre.......... Sous-embranchement des mines de Bruay; concession........... 186
D. 9 novembre......... Amagne à Vouziers, Pont-Maugis à Mouzon, etc.; concession.......... 167
D. 30 novembre........ Crédit pour l'établissement de grandes lignes de chemins de fer......... 123, 136
D. 7 décembre......... Crédit pour l'établissement de grandes lignes de chemins de fer......... 29, 136
D. 7 décembre......... Grandes lignes de chemins de fer; report de crédit............ 29
D. 25 décembre........ Arches à Laveline; concession.................. 168
D. 25 décembre........ Nord; agrandissement d'une gare................. 43
D. 28 décembre........ Crédit ouvert pour annuités et subventions............. 29

1868.

		Pages.
D. 3 janvier	Marseille à Podestat; embranchement de Mazargues et prolongement sur le vieux port; concession	157
D. 11 janvier	Indemnité de transport des officiers	29
D. 18 janvier	Méditerranée; construction aux abords de la gare d'Auxerre	123
D. 22 janvier	Méditerranée; embranchement de Digne; concession	123
L. 25 janvier	Méditerranée; échange de terrains	123
D. 29 janvier	Midi; agrandissement de la gare de Cette	136
D. 5 février	Nord; bureau pour la sortie des boissons	46
D. 8 février	Règlement sur l'occupation temporaire des terrains	29
D. 12 février	Orléans; agrandissement d'une gare	94
D. 12 février	Charentes; Saintes à Coutras; tracé	140
D. 15 février	Organisation du contrôle et de la surveillance des chemins de fer	39
D. 11 mars	Méditerranée; convention internationale relative au tunnel des Alpes	123
D. 1er avril	Ouest; agrandissement d'une gare	77
D. 29 avril	Traversée de la Seine entre Vernonnet et Vernon; concession	167
D. 30 mai	Achiet à Bapaume; concession	168
L. 13 juin	Département de l'Aisne; études de chemins d'intérêt local	168
D. 13 juin	Midi; raccordement des chemins de Mont-de-Marsan et d'Agen à Tarbes	136
D. 13 juin	Orléans à Châlons-sur-Marne; déchéance de la concession	142
D. 13 juin	Arras à Étaples; déchéance de la concession	44
D. 16 juin	Ouest; agrandissement d'une gare	77
D. 17 juin	Chemin de fer du canal Saint-Denis à Pantin; concession	188
D. 19 juin	Lérouville à Sedan; déclaration d'utilité publique	146
D. 19 juin	Épinal à Neufchâteau; déclaration d'utilité publique	161
D. 19 juin	Besançon à la frontière suisse; déclaration d'utilité publique	161
D. 19 juin	Lyon à Montbrison; déclaration d'utilité publique	156
D. 19 juin	Cercy-la-Tour à Gilly-sur-Loire; déclaration d'utilité publique	161
D. 19 juin	Auxerre à la ligne du Bourbonnais; déclaration d'utilité publique	161
D. 19 juin	Niort à la ligne de Bordeaux, près Ruffec; déclaration d'utilité publique	161
D. 19 juin	Bressuire à Poitiers; déclaration d'utilité publique	149
D. 19 juin	Aurillac à Saint-Denis-lès-Martel; déclaration d'utilité publique	161
D. 19 juin	Tulle à Clermont-Ferrand; déclaration d'utilité publique	145
D. 19 juin	Orléans à Châlons-sur-Marne; déclaration d'utilité publique	142
D. 19 juin	Tours à Montluçon; déclaration d'utilité publique	161
D. 19 juin	Saint-Nazaire au Croisic; déclaration d'utilité publique	156
D. 19 juin	Sottevast à Coutances; déclaration d'utilité publique	161
D. 19 juin	Bressuire à Tours; déclaration d'utilité publique	144
D. 20 juin	Rouen au Petit-Quevilly; concession	169
D. 24 juin	Briouze à la Ferté-Macé; concession	169
D. 24 juin	Aire à la ligne des houillères; prorogation des délais	141
L. 1er juillet	Ouest; approbation des engagements du Trésor	77
D. 4 juillet	Ouest; concessions diverses: Sablé à Châteaubriant, etc.; conditions nouvelles	78
L. 11 juillet	Est; approbation des engagements du Trésor	60
D. 11 juillet	Est; concessions diverses : la Varenne à Boissy-Saint-Léger, etc.; conditions nouvelles	60
L. 11 juillet	Création des caisses d'assurances	29

Pages.

D. 11 juillet............ Est; établissement à un passage sur rails............ 60
L. 11 juillet............ Département de l'Eure; impositions............ 167
D. 11 juillet............ Nord; établissement d'un passage sous rails............ 43
D. 11 juillet............ Ouest; travaux d'accès de la gare du Mans............ 78
L. 18 juillet............ Classement et exécution par l'État de plusieurs chemins de fer. 43, 141, 142, 144, 155, 146, 149, 150, 156
L. 18 juillet............ Méditerranée; approbation des engagements du Trésor............ 123
L. 18 juillet............ Charentes; approbation des engagements du Trésor............ 140
D. 18 juillet............ Charentes; concessions diverses; Angoulême à Limoges, etc............ 140
D. 26 juillet............ Magny à Chars, concession............ 170
D. 26 juillet............ Nancy à Veselise et embranchements; concession............ 189
D. 26 juillet............ Avricourt à Cirey; concession............ 170
D. 26 juillet............ Nancy à Château-Salins; concession............ 170
L. 26 juillet............ Orléans; approbation des engagements du Trésor............ 94
D. 26 juillet............ Orleans; concessions diverses; Châteaubriant à Nantes, etc.; conditions nouvelles.. 95
D. 26 juillet............ Méditerranée; embranchement de Besançon; prorogation du délai............ 123
L. 26 juillet............ Vitré à Fougères; approbation des engagements du Trésor............ 148
D. 26 juillet............ Vitré à Fougères; concession éventuelle du prolongement sur le Mont-Saint-Michel. 148
L. 10 août............ Département de la Meurthe; emprunt pour chemins d'intérêt local............ 170
L. 10 août............ Ville du Mans; abords de la gare............ 78
L. 10 août............ Midi; approbation des engagements du Trésor............ 136
D. 10 août............ Midi; concessions diverses: Saint-Affrique à la ligne de Montpellier, etc............ 136
D. 10 août............ Caisses d'assurances en cas de décès et d'accident............ 30
D. 12 août............ Nord; justifications financières............ 43
D. 23 août............ Nord; élargissement du chemin de Rouen à Amiens............ 43
D. 23 août............ Nord; élargissement du chemin de Boulogne à Calais............ 43
D. 23 août............ Rambervillers à Charmes; concession............ 171
D. 2 septembre............ Midi; modification des statuts............ 136
D. 12 septembre............ Rambervillers à Charmes; modification de la concession............ 171
D. 20 septembre............ Midi; tarif des canaux............ 137
D. 30 septembre............ Méditerranée; agrandissement d'une gare............ 123
D. 11 octobre............ Sarrebourg à Sarreguemines; concession (Bas-Rhin)............ 171
D. 11 octobre............ Midi; crédit pour lignes de chemins de fer............ 30, 137
D. 11 octobre............ Sarrebourg à Fénétrange et prolongement; concession............ 171
D. 11 octobre............ Belleville à Beaujeu; concession............ 172
D. 24 octobre............ Anzin à Somain; Anzin à la frontière belge; concession............ 155
D. 12 novembre............ Épernay à Romilly; concession............ 172
D. 27 novembre............ Bazancourt à Bétheniville; concession............ 172
D. 27 novembre............ Subvention au département de la Meurthe............ 170
D. 27 novembre............ Orléans; agrandissement près Lormont............ 95
D. 1er décembre............ Méditerranée; Givors à la Voulte; concession définitive............ 123
D. 1er décembre............ Crédit pour lignes de chemins de fer............ 30, 78, 137
D. 1er décembre............ Nord; agrandissement d'une station............ 43
D. 17 décembre............ Orléans; agrandissement d'une station............ 95
D. 17 décembre............ Midi; établissement d'un viaduc sous rails............ 63, 7

1869.

D. 2 janvier............ Méditerranée; Grenoble à Gap; concession définitive............ 123
D. 2 janvier............ Est; Boissy-Saint-Léger à Brie-Comte-Robert; concession............ 60

Pages.

D. 2 janvier............... Orléans; rétrocession de Libourne à Bergerac........... 95
D. 30 janvier............ Sarrebourg à Sarralbe; concession.................... 171
D. 30 janvier............ Ouest; agrandissement des ateliers de Levallois........... 78
D. 6 février............ Midi; crédit pour chemins de fer................ 30, 137
D. 6 février............ Orléans; modification des statuts................ 95
D. 17 février............ Metz (Courcelles) à Teterchen; concession............ 173
D. 27 mars............ Orléans; rétrocession du chemin de Saint-Éloi........... 95, 187
L. 27 mars............ Meurthe; emprunt pour subvention au chemin de Sarrebourg à Fénétrange........ 171
D. 31 mars............ Midi; Condom à Port-Sainte-Marie; concession définitive....... 137
D. 7 avril............ Charentes; rachat du pont de Jarnac............ 140
D. 7 avril............ Lérouville à Sedan; mise en adjudication............ 146
D. 17 avril............ Rouen au Petit-Quevilly; tracé............ 169
D. 24 avril............ Colmar à Neuf-Brisach; concession............ 173
D. 28 avril............ Méditerranée; concessions diverses : Salon à Miramas, etc........ 124
D. 1ᵉʳ mai............ Évreux à Montaure (Elbeuf); concession............ 173
D. 1ᵉʳ mai............ Bordeaux à la Sauve; concession............ 174
L. 1ᵉʳ mai............ Ville de Colmar; emprunt pour le chemin de Neuf-Brisach........ 175
L. 5 mai............ Département des Bouches-du-Rhône; imposition pour chemins d'intérêt local..... 177
L. 5 mai............ Département de l'Eure; emprunt pour chemins d'intérêt local........ 173
D. 5 mai............ Nord; Senlis à Crépy; délai d'exécution............ 43
D. 5 mai............ Nord; agrandissement de la gare d'Abbeville............ 43
D. 5 mai............ Embranchement des mines de Lalle; concession............ 188
L. 8 mai............ Département de la Gironde; emprunt pour chemin d'intérêt local..... 174
L. 8 mai............ Lyon à Montbrison; approbation financière............ 150
L. 12 mai............ Département de la Loire-Inférieure; emprunt pour le chemin du Croisic..... 166
D. 12 mai............ Service des pompes funèbres............ 30
DD. 12 mai............ Méditerranée; approbation des travaux sur l'ancien réseau........ 124
D. 15 mai............ Steinbourg à Bouxviller; concession............ 174
D. 15 mai............ Frévent à Gamaches; concession............ 174
D. 15 mai............ Barbezieux à Châteauneuf; concession............ 175
D. 15 mai............ Épehy à Gannes (Picardie et Flandres); concession........ 175
D. 15 mai............ Orléans; crédit pour remboursement à l'État............ 95
L. 15 mai............ Département de l'Aisne; imposition pour le chemin de Guise à Saint-Quentin..... 168
L. 15 mai............ Département du Rhône; emprunt pour le chemin de Lyon à Montbrison..... 150
L. 15 mai............ Département des Vosges; emprunt pour chemins d'intérêt local...... 168, 171, 175
D. 15 mai............ Nord; agrandissement de la station d'Ailly............ 43
D. 15 mai............ Méditerranée; crédit pour le chemin de Grenoble à Montmélian........ 124
D. 15 mai............ Chemins de fer; virement de crédit............ 30
D. 19 mai............ Règlement des frais de route (militaires)............ 30
D. 19 mai............ Orléans; agrandissement de la gare de Choisy............ 95
D. 22 mai............ Nord; concessions diverses : Arras à Étaples, etc............ 43
L. 22 mai............ Nord; approbation des engagements du Trésor............ 44
D. 22 mai............ Nord-Est; concessions diverses : Lille à Comines, etc.; garantie d'intérêt..... 141
L. 22 mai............ Nord-Est; approbation des engagements du Trésor............ 141
D. 29 mai............ Orléans à Châlons-sur-Marne; mise en adjudication............ 152
D. 9 juin............ Ouest; approbation de certains travaux............ 78
D. 9 juin............ Midi; approbation de certains travaux............ 137
D. 12 juin............ Vendée; Port des Sables-d'Olonne............ 144
D. 16 juin............ Orléans; approbation de certains travaux............ 95
D. 7 juillet............ Méditerranée; approbation de certains travaux............ 124
D. 7 juillet............ Méditerranée; rails en acier............ 124

		Pages.
D. 17 juillet.	Méditerranée; approbation de certains travaux.	124
D. 17 juillet.	Méditerranée; approbation de certains travaux.	125
D. 17 juillet.	Crédit pour grandes lignes de chemins de fer.	30
D. 28 juillet.	Glos-Montfort à Pont-Audemer; statuts.	164
D. 4 août.	Mines d'Aniche; embranchement de Saint-René; concession.	181
D. 4 août.	Saint-Chinian à Montbazin; nouveau cahier des charges.	166
D. 4 août.	Orléans à Rouen (Eure-et-Loir); concession.	176
D. 4 août.	Mines de Marles; concession d'un embranchement.	184
D. 7 août.	Nord; approbation de certains travaux.	44
D. 7 août.	Ouest; Mézidon au Mans; seconde voie.	78
D. 7 août.	Embranchement des mines de Bruay; prorogation.	186
D. 11 août.	Midi; crédit.	30, 137
D. 21 août.	Lérouville à Sedan; approbation de l'adjudication.	146
D. 24 août.	Sarreguemines à Sarrebruck; convention internationale.	60
D. 11 septembre.	Crédit pour rachat du chemin de Saint-Éloi.	96
D. 15 septembre.	Composition des conseils généraux des ponts et chaussées et des mines.	30
D. 22 septembre.	Ouest; approbation de certains travaux.	78
D. 22 septembre.	Charentes, la Rochelle à Rochefort; concession définitive.	140
D. 22 septembre.	Hazebrouck à la frontière; prorogation.	158
D. 9 octobre.	Salines de l'Est; statuts.	58
D. 16 octobre.	Lyon à Montbrison; concession.	150
D. 3 novembre.	Orléans; crédit ouvert.	30, 96
D. 18 novembre.	Méditerranée; approbation de certains travaux.	124
D. 24 novembre.	Nord; Beauvais à Gournay; prorogation.	44
D. 27 novembre.	Nord; approbation de certains travaux.	44
D. 27 novembre.	Nord; approbation de certains travaux.	44
D. 1ᵉʳ décembre.	Villebois à Montalieu; concession.	176
D. 18 décembre.	Tréport à Abancourt; concession.	176
D. 18 décembre.	Bressuire à Poitiers; mise en adjudication.	149
D. 22 décembre.	Saint-Nazaire au Croisic; mise en adjudication.	156
D. 22 décembre.	Fougères au Mont-Saint-Michel; concession définitive.	148
D. 22 décembre.	Crédit pour subventions aux chemins de fer.	30
D. 22 décembre.	Chemins de fer; report de crédit.	31
D. 25 décembre.	Méditerranée; travaux pour une voie sur la ligne d'Aigues-Mortes.	125

1870.

D. 12 janvier.	Dunkerque et Hazebrouck à la frontière; convention internationale.	158
D. 12 janvier.	Midi; raccordement près la gare de Vias.	137
D. 12 janvier.	Méditerranée; approbation de certains travaux.	125
D. 31 janvier.	Chemins de fer; crédit.	30
L. 16 février.	Orléans à Châlons-sur-Marne; approbation financière.	142
D. 16 février.	Orléans à Châlons-sur-Marne; concession par adjudication.	142
D. 19 février.	Le Pas-des-Lanciers à Martigues, Tarascon à Saint-Remy; concession.	177
D. 5 mars.	Bressuire à Tours; tracé.	144
D. 12 mars.	Alençon à Condé-sur-Huisne; concession.	177
D. 18 mars.	Anzin à la frontière belge; convention internationale.	155
D. 6 avril.	Charentes, Nontron à la ligne d'Angoulême; concession définitive.	140
D. 27 avril.	Nizan à Saint-Symphorien; concession.	177

		Pages.
D. 27 avril............	Saint-Nazaire au Croisic; concession par adjudication................	156
D. 27 avril............	Mutzig vers Schirmeck; concession........................	175
D. 27 avril............	Schirmeck vers Mutzig; concession........................	175
D. 30 avril............	Clermont à Tulle; mise en adjudication....................	145
D. 30 avril............	Orbec à Lisieux; concession............................	177
D. 14 mai............	Falaise à Berjou; concession..........................	178

FIN DE LA TABLE CHRONOLOGIQUE.

TABLE ALPHABÉTIQUE

DES

LIGNES OU SECTIONS PRINCIPALES DES CHEMINS DE FER

COMPRISES DANS LES INDICATIONS DU RÉPERTOIRE[1].

A

	Pages.
Abancourt au Tréport	176
Abbeville à Béthune	43
Abscon à Denain	155
Achette à Anor	39, 41
Achiet à Bapaume	168
Acquigny à Dreux	173
Agde à Lodève (Ligne d'), aujourd'hui Paulhan, à Montpellier	134
Agde à Mèze	166
Agde à Pezénas et vers Lodève (Clermont)	130, 132
Agen à Limoges (par Périgueux)	89
Agen à Tarbes	130, 131
Agen à la ligne de Bergerac	96
Alum (Embranchement d')	92
Aigues-Mortes à Lunel	116, 118, 125
Aire à Bergnette	141
Aire à la Bassée (Canal d') à Bully-Grenay	153
Aix à Annecy	116, 119
Aix à Carnoules	124
Aix à Marseille	119
Aix à Pertuis	113, 117, 122
Aix à Rognac	103, 107
Alais à Beaucaire	98
Alais à Bességes	111, 121
Alais à Brioude	113, 118
Alais à la Grand'Combe	99

[1] La désignation de chaque ligne ou section est classée deux fois dans cette table, tantôt pour le point de départ, tantôt pour le point d'arrivée.

Pages.

Alais au Pouzin. 119, 122
Albertville (Embranchement d'). 124
Albi à Carmaux. 130, 135, 136
Albi à Castres. 135
Albi à Toulouse (et à Lexos, ligne de Montauban au Lot). 91
Alençon à Condé-sur-Huisne. 177
Algérie (Chemins de fer de l'). 119, 120
Amagne à Vouziers. 167
Ambérieu à Bourg et à Mâcon. 108
Ambérieu à Villebois. 166
Ambert à Vichy. 124
Amiens à Boulogne. . . . . 34 à 37, 44
Amiens à Creil. 44
Amiens à Rouen (Clères). 39, 42
Amiens à Mennessis, autrefois Terguier. 39
Andelot (Embranchement d') à Champagnole. 119, 121
Andrest (autrefois Rabastens) à Mont-de-Marsan. 131
Andrézieux à Montbrison. 113, 117
Andrézieux à Roanne. 98, 100, 109, 113
Andrézieux à Saint-Étienne. . . . . 97 à 109
Angers à Laval. 78
Angers au Mans. 71
Angers (la Possonnière) à Niort. 91, 92
Angoulême à Limoges. 139, 140
Angoulême à Saintes. 139
Aniche (Embranchement des mines d'). 181
Anisy à Chauny. 141
Annecy à Aix. . . . . 116 à 119
Annemasse à Annecy et à Collonges. 124
Annonay à Saint-Rambert. 119
Anor à Aulnoye (ligne de Soissons à la frontière), autrefois Achette. 39, 41
Anor (ou Fourmies) à Erquelines. 141
Anzin à Somain et à la frontière belge (vers Péruwelz). 155
Apt à Cavaillon. 119, 123
Arcachon (Embranchement d') à la Teste. 131
Arches à Laveline. 168
Ardennes. . . . . 52, à 55
Argentan à Granville (ligne de Paris à Granville). 71, 76
Argenteuil à Asnières. 73
Argenteuil (Paris) à Dieppe. 73
Argenteuil à Ermont. 39
Arles à Lunel. 119
Armentières à la frontière belge. 160

Pages.

Armentières à Berguette... 141
Arpajon (Embranchement d')... 81
Arras à Étaples.. 43
Arras à Hazebrouck et Douai (ligne des houillères)................. 39
Arvant à Clermont.. 87, 108, 113
Arvant à Lempdes.. 87
Arvant à Saint-Étienne par le Puy................................. 89
Asnières à Argenteuil... 73
Aubagne à Fuveau... 119
Aubenas (Embranchement d')....................................... 119
Aubigné à la Flèche.. 93, 94
Aubusson à Busseau-d'Ahun... 93
Auch à Toulouse.. 135
Auchy-au-Bois (Embranchement des mines d')....................... 184
Audincourt et Delle à Montbéliard.............................. 113, 121
Aulnoye (autrefois Achette) à Anor (ligne de Soissons à la frontière)... 39, 41
Aulnoye (autrefois Achette) à Valenciennes........................ 41
Auray à Napoléonville... 90
Aurillac à Saint-Denis-lès-Martel................................ 161
Auteuil à Paris.. 69
Auxerre à la Roche (Embranchement d')............................ 110
Auxerre à Nevers et à Cercy-la-Tour.............................. 119
Auxerre à la ligne du Bourbonnais................................ 161
Ausonne à Gray.. 107
Avallon aux lignes d'Auxerre à Nevers et de Paris à Lyon........ 119, 121
Avignon à Gap... 113, 117, 121
Avignon à Lyon... 105 à 107
Avignon à Lyon (ancienne entreprise) et embranchement de Grenoble... 105
Avignon à Marseille... 105 à 107
Avignon à Salon... 117, 119
Avricourt (autrefois Réchicourt) à Dieuze..................... 57 à 59
Avricourt à Cirey... 170

B

Bagnères-de-Bigorre (Embranchement de)........................... 132
Bagnères-de-Luchon à Montrejeau.................................. 135
Bâle à Strasbourg.. 47 à 52
Bapaume à Achiet.. 168
Bar-sur-Seine à Châtillon-sur-Seine.............................. 59
Bar-sur-Seine à Troyes.. 54
Barbezieux à Châteauneuf.. 175

Pages.

Barr à Strasbourg. 56, 59
Bavière (Frontière de), près Wissembourg, à Strasbourg. 51, 54
Bayonne à Bordeaux (Lamothe). 129, 130
Bayonne à la frontière d'Espagne. 132
Bayonne à Toulouse. . . . . 130 à 132
Bazancourt à Betheniville. 172
Bazas à Langon. 135
Beaucaire à Alais. 98
Beaujeu à Belleville. 172
Beauvais à Creil. 39, 44
Beauvais à Gournay (ligne de Paris à Dieppe). 39, 40, 44
Belfort à Besançon. 110
Belfort à Guebwiller. 58, 59
Belgique (Frontière de) à Armentières. 160
Belgique (Frontière de) à Charleville. 52, 56
Belgique (Frontière vers Furnes) à Dunkerque. 158
Belgique (Frontière vers Morialmé) à Givet. 56, 58
Belgique (Frontière vers Marche) à Givet. 59
Belgique (Frontière de) à Hautmont. 39, 40
Belgique (Frontière de) à Hazebrouck. 158
Belgique (Frontière vers Tournay) à Lille. 41, 42
Belgique (Frontière de) à Lille et à Valenciennes. . . . . 33 à 36
Belgique (Frontière vers Arlon) à Longwy et à Longuyon. 54
Belgique (Frontière de) à Paris. . . . . 33 à 34
Belgique (Frontière vers Erquelines) à Saint-Quentin. 37
Belgique (Frontière près Chimay) à Signy-le-Petit. 59
Belgique (Frontière près Anor) à Soissons. 39, 40, 42
Belgique (Frontière de) à Anzin et à Somain. 155
Belgique (Frontière de) à Vireux. 160
Belleville à Beaujeu. 172
Bergerac à Libourne. 94, 95
Bergerac à la ligne d'Agen. 95
Bergerac à Mussidan. 89
Berguette à Aire. 141
Berguette à Armentières. 141
Berguette à Saint-Omer. 141
Berjou à Falaise. 178
Berry (Canal du) à Commentry (mines). 181
Bersac (Limoges) à Poitiers. 91, 92
Besançon à Belfort. 110
Besançon à Dijon. 107, 110
Besançon par Lons-le-Saunier à Bourg. 110
Besançon à Vesoul et à Gray. 115, 117

Pages.

Besançon (Embranchement de la gare de)..... 122, 123
Besançon à la frontière suisse par Morteau.... 161
Bességes à Alais.... 111, 121
Betheniville à Bazancourt.... 172
Béthune à Abbeville (et à Frévent).... 43
Béthune à Lille (et à Bully-Grenay).... 153
Béziers à Graissessac.... 128, 129, 132, 135
Blaye à Mariens (ligne de Saintes à Coutras).... 140
Blesmes à Saint-Dizier et à Gray.... 49, 51, 52
Boissy-Saint-Léger à Brie-Comte-Robert.... 60
Boissy-Saint-Léger à la Varenne.... 60
Bordeaux (Lamothe) à Bayonne.... 129, 130
Bordeaux (Raccordement et pont de).... 91, 151
Bordeaux à Cette et embranchement de Castres (ancienne entreprise).... 128, 129
Bordeaux à Cette.... 128, 129
Bordeaux (Ligne de), près Ruffec, à Niort.... 161
Bordeaux à Orléans.... 82, 83, 84, 87
Bordeaux à la Sauve.... 174
Bordeaux à la Teste.... 127 à 131
Bordeaux au Verdon (ancienne entreprise).... 147
Boulogne à Amiens.... 34 à 37, 44
Boulogne à Calais.... 39, 43
Boulogne à Saint-Omer.... 141
Bourbonnais (Ligne du) à Auxerre.... 161
Bourbonnais (Paris à Lyon par le).... 111, 113
Bourdon (Embranchement de l'usine de).... 182
Bourg à Châlon.... 166
Bourg à la Cluse.... 166
Bourg à Dôle ou à Besançon par Lons-le-Saunier.... 110
Bourg à Sathonay.... 152
Bourges à Montluçon.... 91
Bourg-la-Reine à Orsay.... 87
Bourgogne (Canal de) à Épinac (mines).... 151
Boussens à Saint-Girons.... 133, 134
Bouxviller à Steinbourg.... 174
Bressuire à Napoléon-Vendée.... 143
Bressuire à Poitiers.... 149
Bressuire à Tours.... 144
Brest à Rennes.... 71, 73
Brétigny (Paris) à Tours par Vendôme.... 91, 93
Brie-Comte-Robert à Boissy-Saint-Léger.... 60
Brioude à Alais.... 113, 118
Brioude à Saint-Germain-des-Fossés.... 124

Pages.

Brives à Limoges (Lafarge)... 91, 94
Brives à Tulle.. 89, 95
Briouze à la Ferté-Macé... 169
Bruay (Embranchement des mines de)..................................... 186
Bucby à Étaimpuis... 43
Bully-Grenay (mines) au canal d'Aire à la Bassée....................... 153
Busigny (autrefois le Cateau) à Somain................................. 37, 38
Busseau-d'Ahun (Embranchement de) à Aubusson........................... 93

C

Caen à Flers... 74, 76
Caen à Paris et à Cherbourg.. 69 à 71
Cahors (Embranchement de) à Monsempron-Libos........................... 89, 95
Caylar (Le) à Saint-Cézaire.. 124
Calais à Boulogne.. 39, 43
Calais à Dunkerque par Gravelines...................................... 141
Calais (Embranchement de) à Hazebrouck................................. 34, 36
Cambrai (Épehy) à Gannes... 175
Capdenac (le Lot) à Lempdes et à Arvant par Aurillac................... 87, 89
Capdenac (le Lot) à Marcillac.. 87
Capdenac (le Lot) à Montauban.. 87
Capdenac (le Lot) à Périgueux par Brives............................... 87, 89
Carcassonne à Quillan.. 135
Carignan à Messempré... 167
Carmaux à Albi... 130, 135, 136
Carmaux (Embranchement des mines de)................................... 182
Carnoules à Aix.. 124
Carpentras (Embranchement de) à Sorgues................................ 113, 116
Carvin (Embranchement des mines de).................................... 188
Castellanne (Embranchement des mines de)............................... 188
Castigneau (Embranchement de).. 115
Castres (Embranchement de) (ancienne entreprise)....................... 128, 129
Castres (Embranchement de)... 131, 133
Castres à Albi... 135
Castres à Mazamet.. 135
Cavaillon à Apt.. 119, 123
Ceinture (rive droite et embranchement du marché)...................... 138
Ceinture (rive gauche)... 74, 75, 77
Centre (Canal du) au Creuzot... 180
Centre (Canal du) à Épinac (mines)..................................... 179
Centre (Chemin du) (ancienne entreprise)............................... 80 à 87

Pages.

Cercy-la-Tour à Auxerre et à Nevers.. 116, 119
Cercy-la-Tour à Gilly-sur-Loire.. 161
Cette à Bordeaux.. 128, 129
Cette à Bordeaux et embranchement de Castres (ancienne entreprise)........... 128, 129
Cette à Montpellier... 99, 107, 118
Cette à Tarascon.. 124
Chagny à Nevers et à Moulins.. 113
Châlon à Bourg.. 166
Châlon à Dôle.. 110, 122
Châlon à Lons-le-Saunier.. 163
Châlons-sur-Marne à Mourmelon (camp de Châlons).......................... 54
Châlons-sur-Marne à Orléans (aujourd'hui Châteauneuf)........................ 142
Chamblet (Embranchement des mines de)............................ 186
Champagnole (Embranchement de) à la ligne de Dôle en Suisse (Andelot)............ 119, 121
Champ de Mars (Embranchement du) ou de l'Exposition........................ 77
Chantilly à Senlis... 39, 40
Chapelle (Raccordement de la)............................ 37, 50
Chapus (Le) à Marennes... 140
Charentes.. 139, 140
Charleville à la frontière belge (vers Givet)........................... 52, 56
Charleville et Mézières à Reims.. 52, 54, 55
Charleville (Embranchement de) à Sedan.............................. 52
Charmes à Ramberviller.. 171
Chars à Magny.. 179
Châteaubriant à Sablé.. 78
Châteaulin à Landerneau.. 92 à 93
Châteaulin à Nantes.. 90, 92
Châteauneuf à Barbézieux.. 175
Châteauneuf (autrefois Orléans) à Châlons-sur-Marne........................ 142
Châteauroux à Limoges.. 82 à 88
Châteauroux (et le Guétin) à Orléans (Centre ancien)........................ 82 à 88
Château-Salins à Nancy.. 179
Châtillon-sur-Seine à Bar-sur-Seine.............................. 59
Châtillon-sur-Seine à Chaumont (aujourd'hui Bricon)........................ 57, 59
Châtillon-sur-Seine vers Montbard (Nuits)............................ 113
Chaumont (aujourd'hui Bricon) à Châtillon-sur-Seine........................ 57, 59
Chaumont vers Toul (Pagny-sur-Meuse)................................ 57, 59
Chauny à Anisy.. 141
Chauny à Saint-Gobain.. 157
Cherbourg (Embranchement de l'arsenal de)............................ 169
Cherbourg à Caen et à Paris.. 69 à 71
Cirey à Avricourt.. 179
Clermont à Arvant.. 87, 108, 113

Pages.

Clermont à Lempdes	108
Clermont (Prolongement de) à Lodève	132
Clermont à Montbrison	117, 119
Clermont à Pezénas et à Agde	130 à 132
Clermont à Riom (chemin sur la voie publique)	189, 190
Clermont à Saint-Germain-des-Fossés	87 à 113
Clermont à Tulle	145
Cluse (La) à Bourg	166
Collonges à Annemasse	124
Collonges à Thonon	116, 119
Colmar à Munster	165
Colmar au Rhin (Neu-Brisach)	173
Comines à Lille	141
Commentry (Mines de) au canal du Berry	181
Commentry à Gannat	92, 93
Commentry aux mines de la Roche et la Vernade (Saint-Éloi)	95, 187
Conches à Laigle	73, 76
Condé-sur-Huisne à Alençon	177
Condom à Port-Sainte-Marie	136, 137
Corbeil à Juvisy	81, 89, 99, 113
Corbeil et Moret à Nevers	111, 113
Courcelles-sur-Nied à Téterchen	173
Coutances à Sottevast	161
Coutras à Périgueux	87
Coutras à Saintes	139
Creil à Amiens	44
Creil à Beauvais	39, 44
Creil à Paris	38
Creil à Saint-Quentin	35 à 37, 44
Crespy (ligne de Soissons) à Senlis	39, 40, 43
Crest (Prolongement de) à Livron (ligne de Lyon à Avignon)	113, 119, 122
Creuzot (Le) au canal du Centre	180
Croisic (Le) à Saint-Nazaire	156
Croix-Rousse (La) à Lyon	160
Croix-Rousse (La) à Sathonay	159
Cromey, Mazenay et Change (Mines de)	186
Culoz (Embranchement de)	114
Culoz à Modane	115, 123

D

Dauphiné	114, 115, 120
Dax (Embranchement de) à Ramous	131

Pages.

Decazeville (Embranchement de).   87
Decize (Mines de) au canal du Nivernais.   189
Denain à Abscou.   155
Denain (Embranchement des forges de).   187
Denain à Saint-Waast.   155
Dieppe à Paris (Argenteuil).   73
Dieppe et Fécamp (Embranchements de) (partant de Malaunay et de Beuzeville). 66, 68, 71
Dieuze à Avricourt (autrefois Réchicourt). 57, 59
Digne (Embranchement de). 119, 123
Digoin à Roanne (Embranchement sur le canal de).   187
Dijon à Besançon. 107, 110
Dijon à Langres. 117, 119
Dôle à Bourg par Lons-le-Saunier.   110
Dôle à Châlon. 110, 122
Dôle à Salins. 100, 107, 111, 113
Donchery à Vrigne-aux-Bois.   167
Douai vers Arras et Hazebrouck (ligne des houillères).   39
Dourges (Embranchement des mines de).   185
Draguignan (Embranchement de) aux Arcs. 113, 115, 118
Dreux à Acquigny.   173
Dunkerque à Calais par Gravelines.   141
Dunkerque à la frontière belge (Furnes).   158
Dunkerque à Lille (ancienne entreprise).   34
Dunkerque (Embranchement de) à Lille.   34, 36

E

Elbeuf à Évreux.   173
Enghien-les-Bains à Montmorency.   159
Épernay à Reims (Embranchement d'). 48, 49
Épernay à Romilly.   172
Épinac à Velars.   151
Épinac (mines) au canal du Centre.   179
Épinac (mines) au canal de Bourgogne.   151
Épinal à Neufchâteau.   161
Épinal à Remiremont. 56, 59
Épinay à Luzarches. 43, 44
Ermont à Argenteuil.   39
Erquelines à Fourmies ou Anor.   141
Erquelines à Saint-Quentin.   37
Escarpelle (Embranchement des mines de l').   188
Espagne (Frontière d') à Bayonne.   132

Pages.

Espagne (Frontière d') à Port-Vendres..................... 132, 133, 134
Est... 47 à 60
Étaimpuis à Buchy....................................... 43
Étang à Santenay.. 119, 121
Étaples à Arras... 43
Évreux à Elbeuf.. 173

F

Falaise (Embranchement de)............................. 69, 75
Falaise à Berjou....................................... 178
Fampoux à Hazebrouck (ancienne entreprise)............. 35, 36
Fécamp et Dieppe (Embranchements de)................... 66, 68, 71
Ferfay (Embranchement des mines de)................... 185
Ferrière (Embranchement des usines de)................ 184
Ferté-Macé (La) à Briouze............................. 169
Fins et Montet-aux-Moines (Embranchement des mines de).. 180
Flandres et Picardie.................................. 175
Flèche (La) à Aubigné................................ 93, 94
Fléchinelle (Embranchement des mines de).............. 187
Flers à Caen.. 74, 76
Flers à Mayenne....................................... 76
Foix à Tarascon....................................... 136
Foix à Portet-Saint-Simon............................. 130, 131
Forbach à Metz et à Frouard........................... 48, 49
Fougères au Mont-Saint-Michel......................... 148
Fougères à Vitré...................................... 148
Fourmies à Erquelines................................. 141
Frévent (Embranchement de)............................ 43
Frévent à Gamaches.................................... 174
Frouard (Embranchement de) à Metz et à Forbach........ 48, 49
Fuveau à Aubagne...................................... 119

G

Gamaches à Frévent (près Bouquemaison)................ 174
Gannat à Commentry.................................... 92, 93
Gannes à Cambrai...................................... 175
Gap à Avignon... 113, 117, 122
Gap à Grenoble.. 119, 123
Gap à la frontière d'Italie........................... 113
Gard (ancienne entreprise)............................ 98, 99, 107, 112

Pages.
Genève à Lyon et raccordement. 108-114, 120
Genève (Frontière de) à Saint-Gingolph (Suisse). 118
Gien (autrefois Montargis) à Orléans. 91, 94
Gilly-sur-Loire à Cercy-la-Tour. 161
Gisors à Pont-de-l'Arche. 164
Gisors à Vernon. 167
Givet à la frontière belge (vers Marche). 59
Givet à la frontière belge (vers Morialmé). 56, 58
Givors au Pouzin ou à la Voulte. 119, 123
Glos-sur-Risle (ou Montfort) à Pont-Audemer. 164
Gournay (ligne de Paris à Dieppe) à Beauvais. 39, 40, 44
Graissessac à Béziers. 143, 129, 132, 135
Graissessac (Embranchement sur) de la ligne d'Agde à Lodève et à Milhau. 134
Grand-Central (ancienne entreprise). . . . . 87 à 114
Grand'Combe (La) à Alais. 99
Grand-Parc (Le) à Rouen. 41, 42
Granville à Argentan (ligne de Paris à Granville). 71, 76
Grasse à la Bocca. 117, 119, 122
Gravelines à Watten. 141
Gray à Auxonne. 107
Gray à Besançon et à Vesoul. 115, 117
Gray à Saint-Dizier et à Blesme. 49, 51, 52
Gray à Nancy par Épinal. 52
Grenoble à Gap (Aspres). 119, 123
Grenoble (aujourd'hui Rives) à Lyon. 113, 115
Grenoble à Montmélian. 116, 119
Grenoble à Saint-Rambert. . . . . 109 à 114
Grenoble (Moirans) à Valence. 113, 115
Guebwiller à Belfort. 58, 59
Guétin (Le) à Nevers. . . . . 84 à 111
Guétin (Le) (autrefois Bec-d'Allier) à Orléans et à Châteauroux (Centre ancien). . . . . . 82 à 87
Guétin (Le) à Saint-Germain-des-Fossés. . . . . 91 à 113
Guise à Saint-Quentin. 168

H

Haguenau à Niederbronn. 56, 59
Hautmont à la frontière belge. . . . . 38 à 40
Havre (Le) à Rouen. . . . . 64 à 68, 71
Havre (Le) à Rouen et à Paris (ancienne entreprise). 64
Hazebrouck (Embranchement d') à Calais. . . . . 34 à 36
Hazebrouck à Fampoux (ancienne entreprise). 35, 36

Pages.

Hazebrouck vers Arras et Douai (ligne des houillères)...... 39
Hazebrouck à la frontière belge (vers Poperinghe)...... 158
Hirson à Mézières...... 55, 58
Honfleur à Lisieux...... 71
Hyères (Embranchement d')...... 119

I

Italie (Entreprise dite de la ligne d')...... 118
Italie (Frontière d') à Gap...... 113
Italie (Frontière d') à Nice et au Var...... 116, 119

J

Joliette (Embranchement de la)...... 104
Jougne (Embranchement de), partant de Pontarlier...... 113
Juvisy à Corbeil...... 81, 89, 99, 113
Juvisy à Villeneuve-Saint-Georges...... 113

K

Kehl à Strasbourg...... 53 à 59

L

Labarre (Embranchement de) à Ougney...... 113 à 117, 183
La Bouca à Grasse...... 117, 119, 122
La Fère (Tergnier) à Laon...... 37, 51
Laigle à Conches...... 73, 76
Lalle (Embranchement des mines de)...... 188
Lamballe à Saint-Lô...... 78
Landerneau à Châteaulin...... 92, 93
Landes (routes agricoles)...... 132
Langon à Bazas...... 135
Langres à Dijon...... 117, 119
Langres à Vesoul...... 53
Laon à la Fère (Tergnier)...... 37, 51
Laon à Reims...... 39
La Roche à Auxerre...... 110
La Roche et la Vernade (Embranchement des mines de) ou de Saint-Éloi...... 95, 187

Pages.

Laval à Angers.. 78
Laval à Mayenne.. 74, 76
Laveline à Arches.. 168
Lempdes à Arvant.. 87
Lempdes à Clermont.. 108
Lempdes à la rivière du Lot (Capdenac)..................... 87, 89, 90
Lempdes à Périgueux par Aurillac, Capdenac et Brives....... 87, 89
Lens (Embranchement des mines de).............................. 185
Lérouville à Sedan.. 146
Lestaque à Marseille (Marine.)................................. 119
Lexos à Toulouse, avec embranchement sur Albi (ligne de Montauban au Lot)........... 91
Libourne à Bergerac.. 94, 95
Libourne à Marcenais (ligne de Saintes à Coutras)............. 140
Liévin (Embranchement des mines de)............................ 188
Lille à Béthune et à Bully-Grenay.............................. 153
Lille à Comines.. 161
Lille à Dunkerque (ancienne entreprise)........................ 34
Lille à Dunkerque (Embranchement de)......................... 34, 36
Lille à la frontière belge.................................... 33-36
Lille vers Tournay (frontière belge).......................... 41, 42
Lille à Valenciennes... 153
Limoges à Agen, par Périgueux.................................. 89
Limoges à Angoulême... 139, 140
Limoges (Lafarge) à Brives................................... 91, 94
Limoges à Châteauroux.. 82, 88
Limoges (Bersac) à Poitiers.................................. 91, 93
Limours à Orsay.. 93
Lisieux à Honfleur... 71
Lisieux à Orbec.. 177
Livron (Embranchement de) à Privas....................... 113, 115, 119
Livron (Prolongement sur Crest).......................... 113, 119, 122
Lodève à Agde (Ligne de) à Milhau (partant aujourd'hui de Castels)........... 134
Lodève à Agde (Ligne de) à Montpellier (partant aujourd'hui de Paulhan)........ 134
Lodève à Clermont (Prolongement de)........................... 132
Loing (Canal du) au Long-Rocher (carrières)................... 179
Long-Rocher (carrières) au canal du Loing..................... 179
Longuyon à Longwy et à la frontière belge...................... 54
Lons-le-Saunier à Châlon....................................... 163
Lot (Capdenac) à Lempdes.................................. 87, 89, 90
Lourdes à Pierrefitte...................................... 135, 136
Louviers (Embranchement de)................................. 74, 76
Lunel à Aigues-Mortes................................... 116, 118, 125
Lunel à Arles... 119

Pages.

Lunel au Vigan.. 119, 121
Lunéville à Saint-Dié.. 56, 59
Luxembourg (Frontière du) à Thionville... 51, 54
Lozarches à Épinay.. 43, 44
Lyon à Avignon et embranchement de Grenoble (ancienne entreprise)......... 105
Lyon à Avignon.. 105 à 107
Lyon à Grenoble (aujourd'hui à Rives).. 113, 115
Lyon à la Croix-Rousse... 160
Lyon à Genève et raccordement.. 108, 114
Lyon à la Méditerranée... 100 à 113
Lyon à Montbrison.. 150
Lyon à Paris (ancienne entreprise).. 100 à 105
Lyon à Paris... 106 à 113
Lyon à Paris par Nevers (Bourbonnais)... 111, 113
Lyon à Rives.. 113, 115
Lyon à Roanne par Tarare.. 112 à 113
Lyon à Saint-Étienne.. 97 à 109

M

Mâcon à Bourg et à Ambérieux... 108, 113
Mâcon à Paray-le-Monial... 163
Magescq (Chemin à rails de l'Adour à).. 179
Magny à Chars.. 170
Malesherbes à Pithiviers.. 93, 94
Mamers à Saint-Calais.. 165
Mans (Le) à Angers.. 71
Mans (Le) à Mézidon.. 69, 70
Mans (Le) à Tours... 88
Marcenais (ligne de Saintes à Coutras) à Libourne............................. 140
Marcillac (Embranchement de) sur Capdenac.................................... 87
Marcillac à Rodez (Prolongement de)... 89, 91
Marennes à la ligne de Rochefort à Saintes et au Chapus...................... 140
Mariens (ligne de Saintes à Coutras) à Blaye................................... 140
Marles (Embranchement des mines de).. 184
Marly à Rueil (chemin sur la voie publique)..................................... 189 à 190
Marquise (Embranchement des forges de).. 39, 40
Marseille à Aix... 119
Marseille à Avignon... 109, 107
Marseille à Lestaque... 119
Marseille à la Madrague-de-Podestat... 157
Marseille à Toulon... 107, 111

Pages

Marseille (gare du Midi et raccordement)... 134
Martigues au Pas-des-Lanciers... 177
Marvejols (Embranchement de) vers Séverac.. 136
Marvejols à Neussargues.. 136
Mayenne à Flers.. 76
Mayenne à Laval... 74, 76
Mazamet à Castres.. 135
Mazamet à Saint-Pons.. 136
Mazargues (Embranchement de).. 157
Méditerranée (La) à Lyon... 100 à 113
Méditerranée (La) à Lyon et à Paris... 97 à 125
Médoc (Bordeaux au Verdon).. 147
Mende à Séverac... 136
Ménin à Tourcoing... 141
Mennessis (autrefois Tergnier) à Amiens... 39
Messempré à Carignan.. 167
Metz à Forbach et à Frouard.. 48, 49
Metz à Reims.. 59
Metz à Teterchen.. 173
Metz à Thionville.. 51
Mèze à Agde.. 166
Mézidon au Mans... 69, 70
Mézières à Hirson... 55, 58
Mézières à Reims et à Sedan... 52, 54, 55
Midi.. 127 à 137
Midi (Canaux du).. 127, 128
Milhau à la ligne d'Agde à Lodève (aujourd'hui ligne de Graissessac à Béziers)........... 134
Milhau à Rodez.. 134
Miramas à Orgon... 113, 117
Miramas à Salon... 113, 117, 119
Modane à Culoz... 115, 123
Moidrey à Rennes (chemin sur la voie publique)..................................... 189
Moirans (Grenoble) à Valence... 113, 115
Monsempron-Libos (Embranchement de) à Cahors................................ 89, 95
Montalieu à Villebois.. 176
Montataire (Chemins sur la voie publique aux forges de)........................... 190
Montauban au Lot (voir Capdenac).. 87
Montauban à Toulouse (ancienne entreprise)....................................... 128
Montbard (aujourd'hui Nuits) à Châtillon-sur-Seine................................ 113
Montbazin à Saint-Chinian... 166
Montbéliard à Delle et Audincourt... 113, 121
Montbrison à Andrézieux.. 113, 117
Montbrison à Clermont.. 117, 119

Pages.

Montbrison à Lyon. 150
Montbrison à Montrond (ancienne entreprise). 112
Montbrison à Montrond. 112
Mont-Cenis (Passage du). 190
Mont-Cenis au Rhône (Victor-Emmanuel). . . . . 115, 118 à 123
Mont-de-Marsan (Embranchement de). 130
Mont-de-Marsan à Rabastens (aujourd'hui Andrest). 130, 131
Montereau à Troyes. . . . . 48 à 53
Montet-aux-Moines et Fins (Embranchement des mines de). 180
Montherme (Embranchement de). 167
Montieux (Embranchement des mines de). 182
Montluçon à Bourges. 91
Montluçon à Moulins et embranchement sur Bezenet. . . . . 89 à 91
Montluçon à Saint-Sulpice-Laurière (autrefois Limoges) et embranchement sur Ahun. 91, 92
Montluçon à Tours. 161
Montmélian à Grenoble. 116, 119
Montmorency à Enghien-les-Bains. 159
Montpellier à Paulhan. 134
Montpellier à Cette. 99, 107, 118
Montpellier à Nimes. . . . . 99, 104 à 107
Montpellier à Palavas. 166
Montpellier à Rabieux. 166
Montrambert (Embranchement des mines de). 181
Montrejeau à Bagnères-de-Luchon. 135
Montrond à Montbrison (ancienne entreprise). 112
Montrond à Montbrison. 112
Mont-Saint-Michel à Fougères. 148
Moret à Nevers et à Corbeil. 111, 113
Mouchard à la frontière suisse, par les Verrières. 113
Moulins à Montluçon et embranchement sur Bezenet. . . . . 89 à 91
Moulins et Nevers vers Chagny. 113
Mourmelon à Châlons (camp de Châlons). 54
Mourmelon à Reims. 57
Mouzon à Pont-Maugis. 167
Mulhouse à Paris. 52, 53
Mulhouse à Thann. 47, 52, 53, 55
Munster à Colmar. 165
Mussidan à Bergerac. 89
Mutzig (Embranchement de). 56, 59
Mutzig à Schirmeck. 175
Muy (Le) à Draguignan. 113, 115

N

Pages.

Nancy à Château-Salins................................. 179
Nancy à Gray par Épinal................................ 52
Nancy à Vezelise et embranchements................... 169
Nantes à Châteaulin.................................... 90, 92
Nantes à Napoléon-Vendée.............................. 91
Nantes à Saint-Nazaire................................. 88, 89
Nantes à Tours.. 82 à 87
Napoléon-Vendée à Bressuire........................... 143
Napoléon-Vendée à Nantes.............................. 91
Napoléon-Vendée à la Rochelle......................... 139
Napoléon-Vendée aux Sables-d'Olonne................... 143
Napoléonville à Auray (Embranchement de).............. 90
Napoléonville à Saint-Brieuc.......................... 74 à 76
Narbonne à Perpignan.................................. 129 à 131
Neufchâteau à Épinal.................................. 161
Nevers à Auxerre et à Cercy-la-Tour................... 116, 119
Nevers à Corbeil et à Moret........................... 111, 113
Nevers au Guétin...................................... 84 à 111
Nevers et Moulins vers Chagny......................... 113
Neuf-Brisach à Colmar................................. 173
Neussargues à Marvejols............................... 136
Nice à la frontière d'Italie.......................... 116, 119
Nice à Toulon... 113, 115
Nice au Var... 115, 116, 119
Niederbronn à Haguenau................................ 56, 59
Niederbronn à Thionville.............................. 56, 59
Nîmes à Montpellier................................... 99, 104, 107
Nîmes à Tarascon...................................... 124
Niort à Angers (la Possonnière)....................... 91, 92
Niort à la ligne de Bordeaux (Ruffec)................. 161
Niort à Saint-Jean-d'Angely........................... 140
Nivernais (Canal du) à Decize (mines)................. 180
Nizan à Saint-Symphorien.............................. 177
Nœux (Embranchements des mines de).................... 185
Nontron à la ligne d'Angoulême à Limoges.............. 140
Nord.. 33 à 44
Nord-Est.. 141
Noyelles à Saint-Valery............................... 38
Nuits à Châtillon-sur-Seine........................... 113

O

Pages.

Oloron à la ligne de Pau à Bayonne... 136
Orbec à Lisieux... 177
Orgon à Miramas... 113, 117
Orléans à Bordeaux... 82, 83, 84, 87
Orléans (Châteauneuf) à Châlons-sur-Marne... 142
Orléans à Châteauroux et au Guétin (Centre ancien)... 82 à 87
Orléans à Gien (autrefois à Montargis)... 91, 94
Orléans à Paris (ancien)... 81, 87
Orléans à Paris (nouveau)... 87 à 96
Orléans à Rouen (Dreux vers Orléans)... 176
Orléans à Pithiviers... 93, 94
Ormes (Les) à Provins (ancienne entreprise)... 53
Ormes et de Provins (Embranchement des)... 53
Orsay à Bourg-la-Reine... 87
Orsay à Limours... 93
Orsay à Sceaux et à Paris... 83 à 88, 91
Ouest (ancien)... 63 à 71
Ouest (nouveau, 1855)... 71 à 78
Ougney (Embranchement des mines d') à Labarre... 112, 117, 183

P

Paguy-sur-Meuse à Chaumont... 57, 59
Palavas à Montpellier... 166
Pantin (gare) au canal Saint-Denis... 188
Paray-le-Monial à Mâcon... 163
Paris (les Batignolles) à Auteuil... 69
Paris (Mantes) à Caen et à Cherbourg... 69 à 71
Paris à Creil... 38
Paris (Argenteuil) à Dieppe... 73
Paris à Granville... 71, 76
Paris à Lyon (ancienne entreprise)... 100 à 105
Paris à Lyon... 106 à 113
Paris à Lyon par Nevers (Bourbonnais)... 111 à 113
Paris à Lyon et à la Méditerranée... 97 à 125
Paris à Mulhouse (partant de Noisy)... 52, 53
Paris à Orléans (ancien)... 81 à 87
Paris à Orléans (nouveau, 1852)... 87 à 96

Pages.

Paris (Versailles) à Rennes... 66 à 71
Paris à Rouen et au Havre (ancienne entreprise)... 64
Paris à Rouen... 64 à 71
Paris à Saint-Germain... 63 à 71
Paris à Sceaux et à Orsay... 83 à 88, 91
Paris à Sèvres et à Vincennes (chemin sur la voie publique)... 189, 190
Paris à Soissons... 39
Paris à Strasbourg... 48 à 53
Paris à Tours par Vendôme... 91, 93
Paris à Versailles (rive droite)... 63 à 69
Paris à Versailles (rive gauche)... 63 à 69
Paris à Vincennes et à Saint-Maur... 52, 55
Paris à la frontière belge... 33 à 34
Pas-des-Lanciers à Martigues... 177
Paulhan à Montpellier... 134
Penne à Villeneuve-d'Agen... 89, 93
Périgueux à Coutras... 87
Périgueux à Lempdes par Brives, Capdenac et Aurillac... 89
Perpignan à Narbonne... 129 à 131
Perpignan à Port-Vendres... 132 à 134
Perpignan à Prades... 134
Pertuis à Aix... 112, 113, 117
Petit-Quévilly (Le) à Rouen... 169
Pezénas à Agde et à Clermont... 130 à 132
Pezénas à Roquessels... 166
Picardie et Flandres... 175
Pierrefitte à Lourdes... 135, 136
Pithiviers (Embranchement de)... 81
Pithiviers à Malesherbes... 93, 94
Pithiviers à Orléans... 93 à 94
Podestat (Madrague) à Marseille... 157
Poitiers à Bressuire... 149
Poitiers à Limoges (Berzac)... 91, 93
Poitiers à la Rochelle et à Rochefort... 87, 88
Pontarlier (Embranchement de) à Jougne et à la frontière suisse... 113
Pont-Audemer à Glos-sur-Risle... 164
Pont-de-l'Arche à Gisors... 164
Pont-l'Évêque à Trouville... 73
Pont-Maugis à Mouzon... 167
Pontoise (Embranchement de)... 39, 40, 44
Port-aux-Perches (Le) à Villers-Cotterets... 179
Portes et Sénéchas (Embranchement des mines de)... 186
Portet-Saint-Simon (Embranchement de) à Foix... 130, 131

Pages.

Port-Sainte-Marie à Condom.. 136, 137
Port-Vendres à la frontière d'Espagne................................... 132, 133, 134
Port-Vendres à Perpignan.. 133, 134
Pouzin (Le) à Alais.. 119, 122
Pouzin (Le) à Givors... 119
Prades à Perpignan.. 154
Privas (Embranchement de) à Livron et à Sorgues......... 113, 115, 119
Provins (Embranchement des Ormes à)....................................... 53
Provins aux Ormes (ancienne entreprise)..................................... 53
Prusse (Frontière vers Sarrebruck) à Sarreguemines...................... 59, 60

Q

Quillan à Carcassonne... 135

R

Rabastens (aujourd'hui Andrest) à Mont-de-Marsan................ 130, 131
Rabieux à Montpellier.. 166
Rambervillers à Charmes... 171
Ramous (Embranchement de) à Dax.. 131
Redon à Rennes.. 71
Reims à Épernay (Embranchement de)................................... 48, 49
Reims à Laon (autrefois à la Fère)... 39
Reims (Mourmelon) à Metz.. 59
Reims à Mézières et à Charleville... 52, 54, 55
Reims à Mourmelon... 57
Reims vers Soissons (autrefois vers Villers-Cotterets).................... 54
Remiremont à Épinal.. 56, 59
Remiremont à la ligne de Colmar à Mulhouse.............................. 60
Rennes à Brest... 71, 73
Rennes à Moidrey (chemin sur la voie publique)........................... 189
Rennes à Paris (Versailles)... 66 à 71
Rennes à Redon.. 71
Rennes à Saint-Malo... 71
Rhône et Loire (Jonction de)... 109 à 111
Rhône (Le) au Mont-Cenis (Victor-Emmanuel)............. 115, 118, 123
Riom à Clermont (chemin sur la voie publique)...................... 189, 190
Rives à Lyon (ligne de Grenoble)... 113, 115
Roanne (Traversée de).. 112
Roanne à Andrézieux.. 98 à 100, 109, 113
Roanne à Digoin (Embranchement sur le canal de)....................... 187

Pages.

Roanne à Lyon par Tarare.... 111, 113
Roanne à Saint-Germain-des-Fossés.... 87 à 113
Roche (Embranchement de la) à Auxerre.... 116
Roche (Mines de la) et la Vernade à Commentry (Saint-Éloy).... 187
Roche-la-Molière (Embranchement des mines de).... 183
Rochefort à la Rochelle.... 140
Rochefort à Saintes.... 139
Rochelle (La) à Napoléon-Vendée.... 139
Rochelle (La) et Rochefort à Poitiers.... 87, 88
Rochelle (La) à Rochefort.... 140
Rodez à Marcillac (Prolongement de).... 89, 91
Rodez à Milhau.... 134
Rognac à Aix.... 102, 107
Rognac à Salon.... 119
Romilly à Épernay.... 172
Romorantin à Villefranche.... 95
Roquessels à Pézénas.... 166
Roubaix et Tourcoing à Somain.... 141
Rouen (Clères) à Amiens.... 39, 42
Rouen au Grand-Parc par Darnetal.... 41, 42
Rouen au Havre.... 64 à 68, 71
Rouen à Orléans (Dreux vers Orléans).... 176
Rouen à Paris et au Havre (ancienne entreprise).... 64
Rouen à Paris.... 64 à 71
Rouen au Petit-Quevilly.... 169
Rouen à Serquigny.... 67, 71, 77
Rueil à Marly (chemin sur la voie publique).... 189, 190
Ruffec à Niort.... 161

S

Sablé à Châteaubriant.... 78
Sables-d'Olonne (Les) à Napoléon-Vendée.... 143
Sainte-Marie-aux-Mines à Schlestadt.... 55 à 59
Saintes à Angoulême.... 139
Saintes à Coutras.... 139
Saintes à Rochefort.... 139
Saint-Affrique (Embranchement de).... 136
Saint-Brieuc à Napoléonville.... 74, 76
Saint-Calais-Mamers.... 163
Gézaire au Caylar.... 124
Saint-Chinian à Montbazin.... 166
Saint-Cyr à Surdon (ligne de Paris à Granville).... 71, 73, 76

Pages.

Salon à Miramas 113, 117, 119
Salon à Rognac   119
Santenay à Étang 119, 121
Sarrebourg à Sarreguemines (par Fénétrange et Sarralbe)   71
Sarreguemines à Sarrebourg   171
Sarreguemines à la frontière prussienne (Sarrebruck) 59, 60
Sathonay à Bourg   152
Sathonay à la Croix-Rousse   159
Sauve (La) à Bordeaux   174
Sceaux à Paris et à Orsay . . . .   83 à 88, 91
Schirmeck à Mutzig   175
Schlestadt à Sainte-Marie-aux-Mines   55-59
Sedan (Embranchement de) à Charleville   52
Sedan à Lérouville   146
Sedan à Thionville   54
Senlis à Chantilly 39, 40
Senlis à Crespy (ligne de Soissons) 39, 40, 43
Serquigny à Rouen 67, 71, 73
Séverac à Mende   136
Sèvres à Paris et à Vincennes (chemin sur la voie publique) 189, 190
Sèvres à Versailles (chemin sur la voie publique) 189, 190
Signy-le-Petit à la frontière belge (Chimay)   59
Soissons (Ligne de) à Aulnoye (autrefois Achette) 39, 41
Soissons à la frontière belge (Anor) 39, 40, 42
Soissons à Paris   39
Soissons (autrefois Villers-Cotterets) à Reims   57
Somain à Anzin et à la frontière belge   155
Somain à Busigny (autrefois au Cateau) 37, 38
Somain à Roubaix et Tourcoing   141
Sorbier (Embranchement des mines de)   182
Sottevast à Coutances   161
Sorgues à Saint-Saturnin (concession abandonnée)   119
Sorgues (Embranchement de) à Carpentras 113, 116
Steinbourg à Bouxviller   174
Strasbourg à Bâle . . . .   47 à 52
Strasbourg à Barr 56, 59
Strasbourg à Kehl . . . .   53 à 59
Strasbourg à Paris . . . .   48 à 53
Strasbourg à Wissembourg (frontière bavaroise) . . . .   51 à 54
Suisse (Frontière de la) à Besançon par Morteau   161
Suisse (Frontière de la) à Mouchard par les Verrières   113
Suisse (Frontière de la) à Pontarlier par Jougne   113
Surdon à Saint-Cyr (ligne de Paris à Granville) 71, 73, 76

T

	Pages.
Tarascon à Cette	124
Tarascon à Foix	136
Tarascon à Nîmes	124
Tarascon à Saint-Remy	177
Tarbes à Agen	130, 131
Tergnier (La Fère) à Laon (autrefois à Reims)	37
Teste à Arcachon (Prolongement de la)	131
Teste (La) à Bordeaux	127 à 131
Téterchen à Courcelles-sur-Nied (ou à Metz)	173
Thann à Mulhouse	47, 52, 53, 55
Thann à Wesserling	55
Thionville à la frontière du Luxembourg	51, 54
Thionville à Metz	51
Thionville à Niederbronn	56, 59
Thionville à Sedan	54
Thonon à Collonges	116, 119
Thonon à Saint Gingolph	118
Toul à Chaumont (voir Pagny-sur-Meuse)	57 à 59
Toulon à Marseille	107, 111
Toulon à Nice	113, 115
Toulon au Var	113, 115, 117
Toulouse à Auch	135
Toulouse à Bayonne	130, 132
Toulouse à Lexos (ligne de Montauban au Lot), avec embranchement sur Albi	91
Toulouse à Montauban (ancienne entreprise	128
Tourcoing à Menin	141
Tourcoing à Roubaix et à Somain	141
Tournay (frontière) à Lille	41, 42
Tours à Bressuire	144
Tours au Mans	88
Tours à Montluçon	161
Tours à Nantes	82 à 87
Tours à Paris par Vendôme	91, 93
Tours à Vierzon	91, 92
Trélys (Embranchement des mines de)	114
Tréport (Le) à Abancourt	176
Trouville à Pont-l'Évêque	73
Troyes à Bar-sur-Seine (Embranchement de)	54
Troyes à Montereau	48 à 53

Pages.

Villers-Cotterets au Port-aux-Perches. 179
Villette (Raccordement de la). 37, 50
Vincennes (Raccordement près de). 54
Vincennes à Paris et à Saint-Maur. 52, 55
Vincennes à Paris et à Sèvres (chemin sur la voie publique). 189, 190
Vitré à Fougères. 148
Vireux à la frontière belge. 160
Viroflay (Raccordement de). 68, 69
Voulte (La) à Givors. 119, 123
Vouziers à Amagne. 167
Vrigne-aux-Bois à Donchery. 167

W

Wasselonne (Embranchement de). . . . . 56 à 59
Wesserling à Thann. 55
Wissembourg (frontière bavaroise) à Strasbourg. . . . . 51 à 54
Watten à Gravelines. 141

X

Y

Z

RÉPERTOIRE MÉTHODIQUE

DE

LA LÉGISLATION DES CHEMINS DE FER.

SUPPLÉMENT.

RÉPERTOIRE MÉTHODIQUE

DE

LA LÉGISLATION DES CHEMINS DE FER.

SUPPLÉMENT[1].

DISPOSITIONS GÉNÉRALES.

L. 27 juillet 1870 . . Relative à l'exécution, en vertu d'une loi, des grands travaux publics, ainsi que des chemins de fer de plus de 20 kilomètres d'étendue. — 2ᵉ sem. 1870, sér. 11, *Bull.* 1832, p. 145.

D. 7 octobre 1870 . . Réquisition de certaines denrées déposées dans les gares de chemins de fer à Paris. — 2ᵉ sem. 1870, sér. 12, *Bull.* 19, p. 111.

L. 2 mars 1871 . . . . Ratification des préliminaires de paix conclus avec l'Allemagne; matériel roulant à fournir pour le rapatriement des soldats français. — 1ᵉʳ sem. 1871, sér. 12, *Bull.* 51, p. 111.

---

[1] Le présent supplément, par ordre méthodique, est destiné à compléter, à la date du 1ᵉʳ juillet 1871, le *Répertoire méthodique*, édition de 1870.

ANNEXE AUX DISPOSITIONS GÉNÉRALES.

MONITEUR DE TOURS ET DE BORDEAUX.

A. du 16 octobre 1870 .   Transit des trains militaires. — Numéro du 18 octobre.

D. du 23 octobre 1870. .   Suspension du service des chemins de fer par ordre ministériel. — Numéro du 25 octobre.

D. du 8 novembre 1870.   Service d'inspection des transports militaires. — Numéro du 11 novembre.

D. du 11 novembre 1870   Mise en défense des gares et chemins de fer. — Numéro du 13 novembre.

D. du 11 novembre 1870   Transport du personnel et du matériel d'armement. — Numéro du 16 novembre.

D. du 28 novembre 1870   Transport des ingénieurs et de leur personnel. — Numéro du 30 novembre.

D. du 6 janvier 1871 . . .   Contrôle des travaux de réparation. — Numéro du 10 janvier.

D. du 8 janvier 1871 . . .   Marche des trains-poste. — Numéro du 10 janvier.

D. du 9 janvier 1871 . . . .   Laissez-passer du génie civil. — Numéro du 12 janvier.

A. du 10 janvier 1871 . .   Évacuation des blessés. — Numéro du 14 janvier.

D. du 28 janvier 1871 . .   Syndicat des compagnies auprès du Ministre de la guerre. — Numéro du 30 janvier.

DISPOSITIONS PARTICULIÈRES AUX COMPAGNIES.

NORD.

D. 9 mars 1870 . . . . Approuvant divers travaux à exécuter sur l'ancien réseau: lignes de Paris à Creil, de Creil à Beauvais, de Creil à Amiens, d'Amiens à Boulogne, d'Amiens à Douai, des houillères du Pas-de-Calais, de Douai à Lille et à la frontière, de Lille à Calais et à Dunkerque. — 1ᵉʳ sem. 1870, sér. 11, *Bull.* 1797, p. 425.

D. 29 juin 1870 . . . . Prorogation des délais d'exécution de la ligne de Valenciennes à Aulnoye. — 1ᵉʳ sem. 1870, sér. 11. *Bull.* 1816. p. 699.

D. 15 août 1870 . . . Approuvant divers travaux à exécuter sur l'ancien réseau : lignes de Paris à Amiens, d'Amiens à Boulogne, de Creil à Erquelines, de Busigny à Somain et d'Amiens à la frontière. — 2ᵉ sem. 1870, sér. 11. *Bull.* 1856, p. 461.

D. 9 février 1871 . . . Approuvant une convention relative au compte d'établissement du nouveau réseau; renonciation à la garantie d'intérêt pendant six ans. — Texte de la convention. — 1ᵉʳ sem. 1871, sér. 12. *Bull.* 47, p. 62.

Arrêtés du Chef du Pouvoir exécutif.

A. 18 juillet 1871 . . . . Méditerranée; agrandissement de la gare de Tamaris.

A. 18 juillet 1871 . . . . Méditerranée; approbation des travaux complémentaires de la gare de Tamaris.

A. 24 juillet 1871 . . . . Cession faite à la compagnie d'Orléans à Châlons-sur-Marne des chemins de fer d'intérêt local du département de l'Eure, savoir : Glos-Montfort à Pont-Audemer, Pont-de-l'Arche à Gisors, Évreux à Elbeuf, Acquigny à Dreux et Gisors à Vernon, lesquels continueront à être régis par la loi de 1865.

EST.

D. 27 avril 1870... Agrandissement de la gare de Strasbourg. — 2e sem. 1870, sér. 11, *Bull.* 1819, p. 21.

D. 29 juin 1870.... Promulgation de la convention douanière relative au chemin de fer de Sarreguemines à Sarrebruck. — 1er sem. 1870, sér. 11, *Bull.* 1815, p. 687.

D. 3 août 1870.... Déclaration d'utilité publique relative à la ligne de Remiremont à Colmar, près Wesserling. — 2e sem. 1870, sér. 11, *Bull.* 1855, p. 417.

D. 17 août 1870.... Approuvant diverses dépenses relatives au matériel roulant de l'ancien réseau. — 2e sem. 1870, sér. 11, *Bull.* 1856, p. 470.

D. 17 août 1870... Approuvant divers travaux à exécuter sur l'ancien réseau; ligne de Vendenheim à Wissembourg et de Châlons à Mourmelon. — 2e sem. 1870, sér. 11, *Bull.* 1856, p. 471.

L. 18 mai 1871.... Promulgation du traité de paix avec l'Allemagne : article additionnel concernant la cession des chemins de fer des provinces de l'Est. — 1er sem. 1871, sér. 12, *Bull.* 51, p. 117.

OUEST.

D. 15 août 1870... Approuvant divers travaux à exécuter sur les lignes de Paris à Rennes, de Mantes à Cherbourg, de Rouen au Havre, de Serquigny à Rouen, et à la gare Saint-Lazare. — 2ᵉ sem. 1870, sér. 11, *Bull.* 1856, p. 467.

ORLÉANS.

D. 14 juin 1870....   Approuvant les travaux à exécuter aux ponts du Cher. — 2ᵉ sem. 1870,
                       sér. 11. *Bull.* 1838, p. 205.

D. 17 août 1870...   Approuvant divers travaux à exécuter sur le nouveau réseau : lignes
                       d'Arvant au Lot, du Lot à Montauban, de Toulouse à Lexos et de
                       Brive au Lot. — 2ᵉ sem. 1870, sér. 11. *Bull.* 1856, p. 468.

PARIS A LYON ET A LA MÉDITERRANÉE.

D. 16 mars 1870... Approuvant divers travaux à exécuter sur le nouveau réseau : ligne de Saint-Germain-des-Fossés à Brioude. — 1ᵉʳ sem. 1870, sér. 11, *Bull.* 1797, p. 434.

D. 16 mars 1870... Approuvant divers travaux à exécuter sur l'ancien réseau : lignes de Paris à Lyon par la Bourgogne, de Paris à Lyon par le Bourbonnais, de Lyon à Avignon, d'Avignon à Marseille, de Rognac à Aix, de Marseille à Monaco et embranchements. — 1ᵉʳ sem. 1870, sér. 11, *Bull.* 1797, p. 429.

D. 16 mars 1870... Approuvant divers travaux à exécuter sur l'ancien réseau : lignes de Paris à Lyon par la Bourgogne, de Paris à Lyon par le Bourbonnais, de Lyon à Avignon, d'Avignon à Marseille, de Tarascon à Cette et de Nîmes à la Levade. — 1ᵉʳ sem. 1870, sér. 11. *Bull.* 1797, p. 432.

D. 2 avril 1870.... Tracé du chemin de fer d'Alais au Pouzin et embranchement. — 1ᵉʳ sem. 1870, sér. 11, *Bull.* 1801, p. 504.

D. 7 mai 1870..... Agrandissement de la gare des marchandises à Montpellier; terrains réunis à la concession. — 2ᵉ sem. 1870, sér. 11, *Bull.* 1822, p. 38.

D. 15 août 1870... Approuvant divers travaux à exécuter sur l'ancien réseau : lignes de Paris à Lyon, de Dijon à Belfort, de Lyon à Genève, de Lyon à Avignon, d'Avignon à Marseille, de Toulon à Nice, du Bourbonnais, de Nevers à Chagny, de Tarascon à Cette et de Nîmes à la Levade. — 2ᵉ sem. 1870, sér. 11, *Bull.* 1856, p. 463.

MIDI.

—

Au décret du 12 janvier 1870 (gare de Vias), ajoutez : 1er sem. 1870, sér. 11, *Bull.* 1804, p. 561.

D. 12 janvier 1870.. Agrandissement de la gare de Salces; terrains réunis à la concession. — 1er sem. 1870, sér. 11, *Bull.* 1804, p. 561.

D. 1er février 1870.. Approbation d'une modification des statuts. Texte des statuts modifiés. — 1er sem. 1870, suppl. sér. 11, *Bull.* 1557, p. 588.

D. 14 juin 1870 . . . Approuvant divers travaux à exécuter sur l'ancien réseau : lignes de Bordeaux à Cette, de Narbonne à Perpignan, de Bordeaux à Bayonne et à Arcachon. — 1er sem. 1870, sér. 11, *Bull.* 1816, p. 696.

D. 18 juillet 1870.. Crédit ouvert à titre de fonds de concours : lignes de Port-Vendres à la frontière, de Carcassonne à Quillan, de Rodez à Millau. — 2e sem. 1870, sér. 11, *Bull.* 1855, p. 406.

D. 3 août 1870.... Déclaration d'utilité publique relative à certains travaux aux abords de la gare d'Agen. — 2e sem. 1870, sér. 11, *Bull.* 1855, p. 418.

D. 10 septemb. 1870. Crédit ouvert à titre de fonds de concours pour la ligne de Condom à Port-Sainte-Marie (et les études de Dijon à Lons-le-Saulnier, de Châtillon à Besançon et de Rennes à Châteaubriant). — 2e sem. 1870, sér. 12, *Bull.* 19, p. 101.

CEINTURE

(RIVE DROITE).

—

D. 26 décemb. 1869. Déclaration d'utilité publique relative au déplacement de la gare de
Charonne. — 1er sem. 1870, sér. 11, *Bull.* 1800, p. 500.

VENDÉE.

L. 22 juillet 1870...   Approbation des conditions financières relatives à la concession du chemin de fer de Bressuire à Tours. — 2ᵉ sem. 1870, sér. 11, *Bull.* 1833, p. 153.

D. 22 juillet 1870..   Concession du chemin de fer de Bressuire à Tours; texte de la convention. — 2ᵉ semestre 1870, sér. 11, *Bull.* 1833, p. 154.

CLERMONT A TULLE.

Au décret du 30 avril 1870, ajoutez : — 1ᵉʳ sem. 1870, sér. 11, *Bull.* 1808, p. 618.

D. 4 juin 1870. . . . . Modification des conditions de la concession. — 1ᵉʳ sem. 1870, sér. 11, *Bull.* 1809, p. 651.

MÉDOC.

D. 14 juin 1870. . . . Pauillac au Verdon; nouvelle prorogation des délais d'exécution. — 1ᵉʳ sem. 1870, sér. 11, *Bull.* 1809, p. 652.

VITRÉ A FOUGÈRES.

D. 28 avril 1870. . . Approuvant une modification des statuts; texte de cette modification. — 1ᵉʳ sem. 1870, suppl. sér. 11, *Bull.* 1565, p. 910.

BRESSUIRE A POITIERS.

L. 22 juillet 1870....   Approbation des conditions financières de la concession. — 2ᵉ sem. 1870, sér. 11, *Bull.* 1836, p. 187.

D. 20 août 1870....   Concession du chemin de fer de Bressuire à Poitiers. (Non inséré.)

PERPIGNAN A PRADES.

D. 14 juin 1870....   Nouvelle prorogation des délais d'exécution. — 1ᵉʳ sem. 1870, sér. 11, *Bull.* 1809, p. 653.

D. 15 août 1870...   Modification du cahier des charges. — 2ᵉ sem. 1870, sér. 11, *Bull.* 1855, p. 421.

SAINT-NAZAIRE AU CROISIC.

Au décret du 27 avril 1870, ajoutez : — 1ᵉʳ sem. 1870, sér. 11, *Bull.* 1807, p. 648.

ARMENTIÈRES A LA FRONTIÈRE BELGE.

D. 4 juin 1870.... Promulgation de la convention passée avec la Belgique relativement au
    chemin de fer d'Armentières à la frontière ; texte de la convention. —
    1er sem. 1870, sér. 11. *Bull.* 1866. p. 571.

CHEMINS DE FER D'INTÉRÊT LOCAL.[1]

GISORS A VERNON.

D. 14 juin 1870.... Subvention supplémentaire accordée au département de l'Eure. — 1ᵉʳ sem. 1870, sér. 11, *Bull.* 1816, p. 699.

GUISE A SAINT-QUENTIN.

D. 15 août 1870.... Concession dudit chemin. Texte de la convention et du cahier des charges. — 2ᵉ sem. 1870, sér. 11, *Bull.* 1857, p. 533.

FRÉVENT A GAMACHES.

L. 22 juillet 1870... Emprunt du département de la Somme pour subvention audit chemin de fer. — 2ᵉ sem. 1870, sér. 11, *Bull.* 1831, p. 139.

---

[1] Loi sur les conseils généraux; attributions relatives aux chemins d'intérêt local. (Pour mémoire.)

PICARDIE ET FLANDRES.

—

L. 22 juillet 1870...   Emprunt du département de la Somme pour subvention audit chemin
(Déjà citée.)   de fer. — 2ᵉ sem. 1870, sér. 11, *Bull.* 1831, p. 139.

MUTZIG A SCHIRMECK.

—

Au premier décret du 27 avril 1870 (Mutzig à la limite, près Wisches), ajoutez : — 2ᵉ sem. 1870, sér. 11, *Bull.* 1856, p. 427.

Au second décret du 27 avril 1870 (Wisches à Schirmeck), ajoutez : — 2ᵉ sem. 1870, sér. 11, *Bull.* 1855, p. 379.

ALENÇON A CONDÉ.

—

Au décret du 12 mars 1870, ajoutez : — 1ᵉʳ sem. 1870, sér. 11, *Bull.* 1807, p. 581.

GLOS-MONTFORT A PONT-AUDEMER, PONT-DE-L'ARCHE A GISORS, ÉVREUX A ELBEUF, GISORS A VERNON.

A. 24 juillet 1871... Cession à la compagnie d'Orléans à Châlons-sur-Marne des chemins de fer précités, lesquels continueront à être régis par la loi de 1865.

NIZAN A SAINT-SYMPHORIEN.

Au décret du 27 avril 1870, ajoutez : — 2° sem. 1870, sér. 11, *Bull.* 1856, p. 445.

L. 27 juillet 1870... Emprunt du département de la Gironde pour la subvention. — 2° sem. 1870, sér. 11, *Bull.* 1836, p. 191.

ORBEC A LISIEUX.

Au décret du 30 avril 1870, ajoutez : — 2° sem. 1870, sér. 11, *Bull.* 1857, p. 499.

FALAISE A BERJOU.

Au décret du (14, *lisez:*) 11 mai 1870, ajoutez : 2° sem. 1870, sér. 11, *Bull.* 1857, p. 516.

NANTES A PORNIC.

(Chapitre nouveau.)

—

L. 27 juillet 1870... Département de la Loire-Inférieure : emprunt pour l'exécution d'un chemin de fer de Nantes à Pornic. — 2ᵉ sem. 1870, sér. 11, *Bull.* 1836, p. 183.

BONSON A SAINT-BONNET-LE-CHÂTEAU.

(Chapitre nouveau.)

D. 24 sept. 1870... Concession dudit chemin. Texte de la convention et du cahier des charges.

LA LOUPE A SENONCHES, SENONCHES A CHÂTEAUNEUF, ETC.
(EURE-ET-LOIR).

(Chapitre nouveau.)

—

A. 31 juillet 1871.. Arrêté portant concession des chemins de fer de la Loupe à Senonches, de Senonches à Châteauneuf, à Nonancourt et à Verneuil, de Brou vers Saint-Calais, de la Loupe à Brou, de Maintenon à Auneau, de Dreux à Maintenon, de Chartres à Auneau, d'Auneau à la limite du département, de Chartres à Brou, de Voves à Toury. — Texte des conventions et cahier des charges.

CHEMINS INDUSTRIELS.

CHEMIN DE FER DU CREUZOT AU CANAL DU CENTRE.

D. 14 juin 1870 . . . Concession d'un embranchement reliant les puits Saint-Pierre et Saint-Paul. — 1er sem. 1870. sér. 11, *Bull.* 1816, p. 697.

CHEMIN DE FER DES MINES DE DOURGES.

D. 2 septembre 1870. Concession de cinq embranchements pour le service desdites mines. — 2e sem. 1870, sér. 11, *Bull.* 1856, p. 479.

CHEMIN DE FER DES MINES DE LA ROCHE (SAINT-ÉLOI).

D. 16 novembre 1870. Transformation de la société anonyme de Saint-Éloi. — 1er sem. 1871, suppl., sér. 12, *Bull.* 6, p. 111.

CHEMIN DE FER DES FORGES DE DENAIN.

D. 16 novembre 1870. Transformation de la société anonyme. — 1ᵉʳ sem. 1871, suppl., sér. 12. *Bull.* 6, p. 110.

CHEMINS DE FER SUR LA VOIE PUBLIQUE.

CHEMIN DE FER DU MONT-CENIS.

D. 1ᵉʳ sept. 1869..   Modification des tarifs. — 2ᵉ sem. 1869, ser. 11, *bull.* 1748, p. 590.